把一切麻烦之事都摆到理性的天平上。

——陈乐民

陈乐民

著

读史散记

人民东方出版传媒

东方出版社

图书在版编目（CIP）数据

读史散记/陈乐民 著．—北京：东方出版社，2020.10
ISBN 978-7-5207-1554-6

Ⅰ.①读… Ⅱ.①陈… Ⅲ.①社会科学—文集 Ⅳ.① C53

中国版本图书馆 CIP 数据核字（2020）第 100362 号

读史散记
〔DUSHI SANJI〕

作　　者：陈乐民
策　　划：陈　卓
责任编辑：张永俊
责任审校：金学勇
出　　版：东方出版社
发　　行：人民东方出版传媒有限公司
地　　址：北京市朝阳区西坝河北里 51 号
邮　　编：100028
印　　刷：北京联兴盛业印刷股份有限公司
版　　次：2020 年 10 月第 1 版
印　　次：2021 年 3 月第 2 次印刷
开　　本：880 毫米 ×1230 毫米　1/32
印　　张：12.5
字　　数：260 千字
书　　号：ISBN 978-7-5207-1554-6
定　　价：59.00 元
发行电话：（010）85924663　85924644　85924641

出版说明

陈乐民先生是一位有着丰厚学养的国际政治与欧洲学专家，同时也是一位潜心于中西历史文化比较的著名学者。曾任中国社会科学院荣誉学部委员，中国社会科学院欧洲研究所所长，中国欧洲学会会长。

陈先生1930年出生于北京，幼习诗文书画。初中起就读于教会学校，打下英语基础。1953年大学毕业后，因缘际会之下，陈先生进入"涉外部门"，成为一名长期驻外工作人员。1983年，陈先生离开外事工作，进入中国社会科学院欧洲研究所（时为西欧研究所），开始全职学者生涯。1991年前后，陈先生患上肾病。1998年病情恶化。此后十年，全靠"血液透析"维持生命。

用陈先生自己的话说，他的一生分为三个阶段：大学毕业以前读书；青年和中年时期做了从事"民间外交"的"小公务员"；进入老年则为"学者"之事。在二十多年的学术生命期，陈先生不仅打通了各个人文学科之间的藩篱，还打通了中西与古今。

纵览数千年的中国历史演进，亲历当世的国家磨难，陈先生仍然坚信社会总是在螺旋式上升，数十年来，一直奔走在追寻"德先生"和"赛先生"的路上。他眼里看的是欧洲，心里想的是中国。自20世纪90年代中期起，陈先生便不断思考一个问题："西方何以为西方，中国何以为中国。"

陈先生博览群书，笔耕不辍，直至生命的最后时刻，仍在孜孜思索。在以"血液透析"维持生命的十年里，陈先生笑称自己的"有效生命只剩下一半"，因为每个星期有三天要去医院做透析。但令人惊叹的是，陈先生学术上的累累硕果，大部分都是在这最后十年中结出的。

三十多年来，出版陈先生著作的出版单位多达十数家。自2014年北京三联书店出版"陈乐民作品"以来，作者家属又陆续整理出一批陈先生未曾公之于世的遗稿（手稿）及散落于各类刊物上的"遗珠"（十余万字），并注意到此前所出各种作品集在分辑、选篇、编排顺序以及编校质量等方面，尚有一些不够理想之处。

2018年陈乐民先生辞世十周年之际，我社有意推出"陈乐民作品新编"，陈先生家属欣然应允并给予充分配合。其实，早在1988年，陈乐民先生的第一部学术著作《"欧洲观念"的历史哲学》即是交由我社出版。陈先生与东方出版社，自有一种因缘在。

我社此次推出的"陈乐民作品新编"，是在充分参考此前陈先生各种著作版本的基础上，广泛辑佚、重新编次、细加考订、认真校勘的结果。当然，北京三联书店的开拓之功，是无论如何绕不过的，在此不敢掠美。

陈乐民先生是"一身跨两代"之人，既是"旧知识分子"的最后一代，又是"新知识分子"的第一代。在他们这代人身上，无论是新旧冲突还是新旧调适，都表现得非常"典型"。因此，"阅读陈乐民"在某种程度上就是阅读这一代知识分子的命运与思想，阅读他们一直想要厘清的新与旧、传统与现代在时代大潮中的纠葛与缠绕。

21世纪的第一个庚子年，诚为多事之秋。在此特殊时期推出陈先生作品新编，感慨良多。

谨以此集，作为对陈乐民先生九十周年诞辰的一种纪念。

东方出版社
2020年9月

目录

辑一

李卓吾论唐太宗 / 003

"史"与"论" / 006

子顺相魏 / 007

"小骂大帮忙"引出的闲话 / 009

汉文帝的"法治论" / 011

陆凯与陈寿 / 013

五人义 / 016

宦情与学境 / 019

古之黎轩 / 021

"大秦"辨 / 023

危素与《元史》/ 027

对历史的一种思索 / 029

读史琐记 / 032

才与德 / 036

郑庄公 / 039

鲁桓公 / 042

楚的扩张 / 045

司马迁写《五帝本纪》法 / 047

读史数则 / 049

翰林学士与辅弼之臣 / 051

隋炀帝亡国之象 / 054

主骄臣谄亡天下 / 056

逢蒙学射 / 059

狂态复萌苏世长 / 062

翁同龢与戊戌变法 / 064

晚清的改良梦 / 069

李少君若在今日 / 073

"察传"说 / 076

王荆公初心孤矣 / 078

谏诤之道与崔鶠上书 / 080

老生常谈一则 / 082

张岱论写史 / 084

从"以史为鉴"说起 / 086

乐以助思 / 089

在朝多昏昏 / 090

史学杂谈 / 091

读《史记·老庄申韩列传》二则 / 093

善谀之士,可厌! / 096

汉孝惠帝二事 / 098

"见知法"与"腹诽罪" / 100

明仁宗"慎用刑" / 102

岂有此理！ / 104

治史重在求真 / 106

再添一个"幸臣"如何？ / 109

晋处士戴达 / 111

汉李固 / 112

荀悦记汉末世风 / 114

"江南文化之盛基于五代"及其他 / 115

瞿兑之谈《明史》/ 118

张岱论史 / 119

以秦为界 / 121

封建与郡县 / 123

朱元璋删《孟子》/ 126

也谈"谁说得对就听谁的" / 129

《史记》不可复作 / 131

唐明皇与杨贵妃 / 133

朱元璋"求直言" / 136

《表微》发微 / 137

关于《一士类稿》和章太炎 / 148

辑二

坐视世界如恒沙
　——谈黄仁宇的"大历史"观念 / 155

释"历史的长期合理性" / 163

不见人间宠辱惊
　——读《顾准文集》/ 171

读汪熙老《英国东印度公司》/ 180

陈衡哲和她的《西洋史》/ 184

中西史学一通人
　——读雷海宗《西洋文化史纲要》有感 / 194

读赵复三译《欧洲思想史》琐记 / 198

祈念世间友好和平
　——读竹内实《中日关系之我观》/ 208

行己有耻与文明意识
　——读《宫廷社会》与《文明的进程》/ 213

欧洲地位的"边缘化"
　——托克维尔的启示 / 221

托克维尔：不自觉的自由主义思想家 / 226

美国独立战争与法国革命有无可比性？
　——评苏珊·邓恩的《姐妹革命》/ 230

辑三

英国外交史论要 / 237

西方文化传统与世界历史 / 261

远距离看欧洲 / 278

20 世纪欧洲与 19 世纪欧洲之别 / 289

历史是不是"理性"的? / 293

历史的遗产 / 297

附录　读韩浅记

关于《御史台上论天旱人饥状》/ 321

韩愈与平淮蔡之役 / 323

韩愈《平淮西碑》不公正吗 / 326

关于韩愈与二王、刘、柳 / 328

韩愈和张建封 / 332

韩愈不诡随 / 334

韩愈的小女儿挐 / 336

从韩愈与欧阳修谈起 / 338

韩愈的书法 / 341

韩愈的散文 / 342

漫话韩愈治史 / 352

韩柳史辩始末 / 355

韩柳史辩始末续一 / 360

韩柳史辩始末续二 / 361

新编版后记 / 375

*

辑一

*

李卓吾论唐太宗

李卓吾基本上是肯定唐太宗的,《史纲评要》屡赞为"圣主"。然而李卓吾也不讳言唐太宗的毛病,每每一语中的,其例不鲜见。

贞观二年(628),畿内有蝗,太宗入苑中掇数枚,说:"民以谷为命,而汝食之;宁食吾之肺肠。"遂吞之。这动作本身的确够虚伪的,使人要吐。卓吾于此批道:"沽名。"

李世民这类"沽名"的事还有。同年白鹊构巢于寝殿之上,合欢如腰鼓,左右称贺。太宗说:"我常笑隋炀帝好祥瑞;瑞在得贤,此何足贺?"命毁其巢,纵鹊于野外。对这类"小动作",卓吾说:"也不必。"

贞观六年(632)冬,以陈叔达为礼部尚书,太宗对叔达说:"卿武德中有谠言,故以此官相报。"于此,卓吾批曰:"一团私心。"

贞观七年(633),太宗宴三品以上及州、牧、蛮夷酋长于玄武门,奏七德、九功舞。魏徵欲上偃武修文。每侍宴,见七德舞辄俯首不视;见九功舞则谛观之。卓吾批道:"装腔!可厌!"按:"七德舞"原为"秦王破阵乐",太宗称帝后于贞观七年改此名。所谓"七德",即《左传》所谓"禁暴、戢兵、保大、定功、安民、和众、丰财"。"九功舞",

原名"庆善乐",贞观时改此名。太宗生于武功之庆善宫,既贵,宴宫中,奏"庆善乐"。"九功"者指《虞书》所谓"六府三事允治"。"六府":水火金木土谷;"三事":正德、利用、厚生。意思是指统治者(王和大夫们)应该关注的事。

贞观九年(635),以萧瑀为特进,参与政事。太宗说:"武德季年,高祖有废立之心而未定,我不为兄弟所容,实有功高不赏之惧。斯人也,不可以利诱,不可以死胁,真社稷臣也。"因赐瑀诗曰:"疾风知劲草,板荡识忠臣。"这是说太宗封官赐诗,都是为了报答萧瑀在关键时刻支持了李世民。于是卓吾批曰:"都是私心。"

贞观十三年(639),魏徵上书言事,凡十言,批评太宗不像当初那样"克终"了。太宗深加奖叹,令人挂在屏幛上,抄复本存于史馆;此外,还赏赐魏徵黄金十斤、厩马十匹。卓吾批:"好个魏徵;若太宗,到底有沽名之念在。"

贞观十七年(643),太宗对谏议大夫褚遂良说:"卿知起居注,所书可得观乎?"褚说:"史官书人君言动善恶,庶几人君不敢为非,未闻自取而观之也。"太宗说:"朕有不善,卿亦记之耶?"褚答:"臣职当载笔,不敢不记。"黄门侍郎刘洎说:"借使遂良不记,天下亦记之矣。"这是一则很有名的故事,卓吾看到了李世民的内心深处,批曰:"太宗好名之心,逗漏于此矣。"

同年,太宗对监修国史房玄龄说:"前世史官所记,皆不令人主见,何也?"房说:"史官不虚美,不隐恶。若人主见之,必怒,故不敢献也。"太宗说:"朕之为心,异于前世帝王,欲自观国史,知前日之恶,为后来之戒。"房玄龄于是与许敬宗一起删去了《实录》中有关李渊、李世民的部分交上去。太宗发现诛杀建成、元吉的事，"语多微隐"，便对房玄龄说："昔周公诛管蔡以安周，季友鸩叔牙以存鲁。朕之所为，亦类是矣。史官何讳焉？今可削去浮辞，直书其事。"太宗说得通达，只怪房玄龄顾虑太多。然而卓吾还是看破了太宗的内心活动，批曰："若无周公、季友在前，决要删去矣。好名者之心固如此。"

贞观二十年（646）十二月，太宗谓长孙无忌等曰："今日吾生日，世俗皆以为乐，在朕翻成伤感。今君临天下，富有四海，而承欢膝下，永不可得。此子路所以有负米之恨也。"卓吾说："未必真！"

摘此数段已见卓吾之犀利和率真。卓吾对李世民的总评是："读史至唐文皇，亦觉心开目明，其从谏处虽出好名，正所谓三代以下唯恐不好名也，不犹胜于愎谏者耶！"

1981 年 2 月 4 日

"史"与"论"

北京师范大学出了《史学史研究季刊》，今得其第三期。

有了历史，乃有史论，正如有文才有文论。最好是把"史"和"论"结合起来。

第一文署名田孔，谈中国史学史上的两个重大问题，即"对历史本身的认识的发展过程"和"史学的社会作用的发展过程"。所论甚是。尤其是第二个问题，即司马迁所谓"述往事，思来者"。

文章引了恩格斯一句话，曰：历史至多不过是一部供哲学家使用的例证和插图的汇集罢了。查原文，所引之义大异。恩格斯原意是对机械唯物主义史学的批判，说不把历史看作许多过程，而只是把空间发生的事情一件挨一件地排列的历史，无非是"供哲学家使用的例证和插图"而已。文章只引此一句，转成对历史的贬低了。

恩格斯的意思是，历史并非只是事例的罗列，"史"中必须有"论"；而"论"当从"史"出。

1984 年 10 月 23 日

子顺相魏

子顺，孔子的六世孙。应魏聘为相，他对魏王说：

> 若王能信用吾道，吾道固为治世也，虽蔬食饮水，吾犹为之。若徒欲制吾身，委以重禄，吾犹一夫耳，魏王奚少于一夫！

子顺到了魏国做的第一件事，就是"改嬖宠之官以事贤才，夺无任之禄以赐有功"，裁汰那些吃粮不当差的冗员和那些专事阿谀奉承以邀宠阿私的小人。向"大锅饭"和"关系网"开刀。结果那些被触动既得利益者都不高兴，于是就编织谣言，中伤子顺。文咨把这些情况告诉了子顺。子顺说：

> 民不可与虑始久矣！古之善为政者，其初不能无谤。子产相郑，三年而后谤止；吾先君之相鲁，三月而后谤止。今吾为政日新，虽不能及贤，庸知谤乎！

韩愈所谓"事修则谤兴，德高则毁来"是也。子顺不理会这些毁谤，继续干下去。但是，干了九个月，"陈大计辄不用"。为什么？不知道。是否魏王听从了"谤"言？书上没有交代；反正是"辄不用"了。于是子顺叹道：

> 言不见用，是吾言之不当也。言不当于主，居人之官，食人之禄，是尸位素餐，吾罪深矣！

子顺说的是牢骚话。既不见用，便赋闲在家，新垣固问他为什么抽身告退，子顺解释说：

> 以无异政，所以自退也。且死病无良医。今秦有吞食天下之心，以义事之，固不获安；救亡不暇，何化之兴！昔伊挚在夏，吕望在商，而二国不治，岂伊、吕之不欲哉？势不可也。当今山东之国散而不振，三晋割地以求安，二周折而入秦，燕、齐、楚已屈服矣。以此观之，不出二十年，天下其尽为秦乎？

子顺算得是个"预言家"，从这时至秦始皇二十五年而并天下，凡三十八年。子顺预测的大体不差。子顺是看穿了世情，"势不可也"。既然不见用，"死病无良医"，又何苦白费劲呢？遇上了魏王这样的君主，子顺及早抽身，不失为明智之举。

1986 年 6 月 5 日

"小骂大帮忙"引出的闲话

《资治通鉴》卷二二六中讲了一段故事：

> 上用法严，百官震悚。以山陵近，禁人屠宰。郭子仪之隶人潜杀羊，载以入城，右金吾将军裴谞奏之。或谓谞曰："郭公有社稷大功，君独不为之地乎？"谞曰："此吾所以为之地也。郭公勋高望重，上新即位，以为群臣附之者众，吾故发其小过，以明郭公威权不足畏也。如此，上尊天子，下安大臣，不亦可乎？"

裴谞可算"小骂大帮忙"的巧手，发其小过，是为了保护他，"上尊天子，下安大臣"，两头都顾到了。这也是一种权术，而且是很有中国特色的权术、有中国特色的心理学。裴谞可谓深通官场三昧，英文叫作"subtlety"。

有一种领导人对下属有一种"武大郎心态"，不愿意自己的伙计比自己高。有比武大高出一二分的，便故意稍许弯弯腰，使自己的身材比主子稍矮些，庶几可以上下相安。我过去吃亏常在于总比"武大"高一点儿，虽远比不上郭子仪的"勋高望重"，无奈没有人去"发其小过"，倒是颇有些为我鸣不平的，"武大"们照样左右看不顺眼，所以常有些跟我过不去。

后来我汲取了"教训"，学乖了些，凡事都让"武大"三分，略弯些腰，这样纵使没有裴谐式的人相帮，却足使"武大"感到没有什么威胁，我自己倒也心安理得。

不过如此汲取"教训"，人却变得有些"滑头"了。而且总也做不到彻底而不落痕迹，因为心里并不服气，是做出来的，这叫作"思想没有解决问题"。于是，有时谦恭得不大自然；有时就难免露出本色。

我已年近六十了，但离"耳顺"还差得老远，修养还差得紧。

中国古之贤人，有不少这类为人处世的故事，传为美谈，实际上是鼓励虚伪。不幸的是，这虚伪竟被当作美德同这个民族的血液流在了一起，于是使这个民族的性格里包含了一种极不坦率的痼疾，而且把这些痼疾装扮成德行用于人与人的交往当中。

无须说，我的血液里也有这种东西。

1987 年 2 月 6 日

汉文帝的"法治论"

《史记·孝文本纪》载:

　　十二月,上曰:"法者,治之正也,所以禁暴而率善人也。今犯法已论,而使毋罪之父母妻子同产坐之,及为收帑,朕甚不取。其议之。"有司皆曰:"民不能自治,故为法以禁之。相坐坐收,所以累其心,使重犯法,所从来远矣。如故便。"上曰:"朕闻法正则民悫,罪当则民从。且夫牧民而导之善者,吏也。其既不能导,又以不正之法罪之,是反害于民为暴者也。何以禁之?朕未见其便,其孰计之。"有司皆曰:"陛下加大惠,德甚盛,非臣等所及也。请奉诏书,除收帑诸相坐律令。"

这段话为《汉书·文帝纪》中所无。文帝主张"法正罪当",如实行"不正之法",社会便不会安定,所以文帝反对连坐株连。

再一则载:

　　上曰:"古之治天下,朝有进善之旌,诽谤之木,所以通治道而来谏者。今法有诽谤妖言之罪,是使众臣不敢尽情，而上无由闻过失也。将何以来远方之贤良？其除之。民或祝诅上以相约结而后相谩，吏以为大逆，其有他言，而吏又以为诽谤。此细民之愚无知抵死，朕甚不取。自今以来，有犯此者勿听治。"

汉文帝废"诽谤罪"，有远见。诽谤虽是很恶劣的行为，设罪则难免堵塞进言的通道。

还有在缇萦上书救父后，文帝下诏废肉刑事：

……天子怜悲其意，乃下诏曰："盖闻有虞氏之时，画衣冠异章服以为缪，而民不犯。何则？至治也。今法有肉刑三，而奸不止，其咎安在？非乃朕德薄而教不明欤？吾甚自愧。故夫驯道不纯而愚民陷焉。诗曰：恺悌君子，民之父母。今人有过，教未施而刑加焉，或欲改行为善而道毋由也。朕甚怜之。夫刑至断支体，刻肌肤，终身不息，何其楚痛而不德也，岂称为民父母之意哉？其除肉刑。"

汉文帝是懂得"人道主义"的。只是他所废除的肉刑没有包括司马迁所受的"宫刑"。

1989 年 1 月 27 日

陆凯与陈寿

在百无聊赖之际，抄几段书，纯为排遣日月。

吴主（孙皓，吴的末代皇帝也）居武昌，扬州之民溯流供给，甚苦之，又奢侈无度，公私穷匮。凯（左丞相陆凯也）上疏曰："今四边无事，当务养民丰财，而更穷奢极欲。无灾而民命尽，无为而国财空，臣窃忧之。昔汉室既衰，三家鼎立；今曹、刘失道，皆为晋有。此目前之明验也。臣愚，但为陛下惜国家耳。武昌土地危险埆确，非王者之都；且童谣云：'宁饮建业水，不食武昌鱼；宁还建业死，不止武昌居。'（毛泽东词："才饮长沙水，又食武昌鱼。"岂套用此词法欤？）以此观之，足明人心与天意矣。今国无一年之蓄，民有离散之怨，国有露根之渐，而官吏务为苛急，莫之或恤。大帝时，后宫列女及诸织络数不满百；景帝以来，乃有千数。此耗财之甚也。又左右之臣，率非其人，群党相扶，害忠隐贤，此皆蠹政病民者也。臣愿陛下省息百役，罢去苛扰，料出宫女，清选百官，则天悦民附，国家永安矣。"吴主虽不悦，以其宿望，特优容之。（《资治通鉴》卷七十九）

陆凯这些情辞恳切的话更详见于陈寿《三国志》卷六十一《吴书·潘濬陆凯传第十六》中。陈寿对于陆凯何以有此胆量是有些怀疑的，所以在全文援引凯疏后特别解释了一下为什么仍把这篇不能征信的文章收入凯传：

予连从荆、扬来者得凯所谏皓二十事，博问吴人，多云不闻凯有此表。又按其文殊甚切直，恐非皓之所能容忍也。或以为凯藏之箧笥，未敢宣行，病困，皓遣董朝省问欲言，因以付之。虚实难明，故不著于篇，然爱其指摘皓事，足为后戒，故钞列于凯传左云。(《三国志·吴书》)

陆凯这次上表，据司马光记载，孙皓虽然很不高兴，但吞下去了。但后来就不听了：

吴主作昭明宫，二千石以下，皆自入山督伐木。大开苑囿，起土山、楼观，穷极伎巧，功役之费以亿万计。陆凯谏，不听。(《资治通鉴》卷七十九)

陆凯是一位忠直敢谏的孤梗之士，群小毁谤他，向孙皓打他的"小报告"，他也不在乎：

（凯面责佞臣何定后）定大恨凯，思中伤之，凯终不以为意，乃心公家，义形于色，表疏皆指事不饰，忠

恳内发。(《三国志·吴书》)

为什么孙皓一度容忍了陆凯呢？陈寿说：

> 初，皓常衔凯数犯颜忤旨，加何定谮构非一，既以重臣，难绳以法；又陆抗（凯族弟，也是一个"刺儿头"）时为大将在疆场，故以计容忍。抗卒后，竟徙（徒？）凯家于建安。(《三国志·吴书》)

陈寿对陆凯的评语是："忠壮质直"、"节概梗梗，有大丈夫格业"。

陆凯的疏表大概都收在已佚失的《江表传》里了。陈寿引其二，宋裴松之注中引《江表传》数则。

陆凯的忠介耿直固足振人良心，而陈寿治史之严谨亦足为学者法。博问吴人凯表事足证。于虚实难明时亦在文中讲清楚，绝对不"跟着感觉走"！

1989 年 6 月 18 日

五人义

近读明季稗史，几处载颜佩韦等五人聚众反抗魏忠贤党捏旨迫害吏部周顺昌事，因忆及幼年间看过多次的京昆武戏《五人义》。当时富连成有此戏，五人中的周文元，武生应工，因是周吏部轿夫，故是便装短打扮，光头，道京白，据说是早年杨小楼演红了的。颜佩韦为架子花脸应工，打扮有点像水浒戏中的李逵。

那是一出很火爆的武打戏，戏的结局如何已忘得干干净净了。那完全是讴歌群众暴动矛头指向缇骑、东厂、锦衣卫及魏阉的反叛戏。肯定是因为魏忠贤早已是板上钉钉的浊乱朝政的酷吏，且五人分明拥戴的是忠直不阿的周吏部，所以这出戏似乎从来没有禁演过。新中国成立40年来这个戏几成绝响了。

记其事最详的，我所见到的，一见于计六奇辑《明季北略》中的"周顺昌"。五人随周顺昌死难后，葬于虎丘东，有石题记曰"五人之墓"，据传是东林党人文震孟书写的。其墓门额云"义风千古"，据传出自杨廷枢笔。

另见于张潮辑《虞初新志》中吴肃公（晴岩）撰的《五人传》。其事大同小异，而记述更为生动，更为摄人心魄。有些写法带有传奇色彩，如：

始，众以吏部故，用义气相感发，五人一呼，千百为群。闻捕诛，稍稍惧。五人出自承曰："我颜佩韦"，"我马杰"，"我沈扬"，"我杨念如"，"我周文元"。俱就系，曰："吾侪小人，从吏部死，死且不朽！"及吏部死诏狱，五人亦斩于吴市，谈笑自若。先刑一日，暴风雨，太湖水溢。而广陵人则言文焕（倪文焕，魏党）家居昼坐，忽忽见五人严装仗剑，旌旆导吏部来，忽不见。庭井石阑，飞起舞空中，良久乃堕，声轰如雷。

《明季北略》记的是另一种传奇：

殁后，五人为神。苏人有疾，必祭赛之。毛一鹭，严州遂安县人，一日，在家对客读邸报，忽见五人来追，默然入内，客讶之。已而闻内哭声，一鹭大叫一声而死。

有大冤案，就总会生出许多故事来。如张潮辑陆次云（云士）撰《纪周侍御事》：

明天启时，御史周公宗建，屡疏击魏阉，夺职被逮，棰楚至不能出声。许显纯向公厉声曰："此时复能詈魏上公不识一丁否？"卒毙于狱。七月还尸，家中讣音未至。

有清江浦舟子，接一秀士，许以一金雇舟。问其姓氏，自何所来。曰："我周季侯，自京师来。"又问吴中被逮诸公状。辇蹙曰:"俱死矣!"又问魏监曰:"伊罪恶贯盈,不久显戮矣。"至吴江,入门不出。舟子呼之,家人出,询知其故,曰:"季侯吾主人也,赴逮在京,安有此事?"喧闹间,夫人急出曰:"良有是事。昨梦侍御还家,备言死状,且云:上帝鉴其忠直,俾为神吴郡。'舟子许其一金,为我酬之,勿失信也。'"出金与之,举家环哭。舟人亦哭曰:"吾得载忠魂,生平奇事,肯受金耶?"夫人曰:"侍御生平清介。汝不受直,非其心也。"舟子拜领而去。

读了这个故事也想一哭。顿觉这是一个独幕京剧的极好素材。舟子以"苏丑"扮,道韵白;宗建以正生扮,最好是杨宝森一派;家人或丑扮,或"里子老生"扮;夫人以正旦扮,以程派为佳。若以昆曲出之,亦好。

1989 年 6 月 19 日

宦情与学境

　　高攀龙与顾宪成修东林书院，明神宗万历四十八年（1620）出来做官，熹宗元年一直当了太仆卿。当他回到东林书院时慨然曰："宦情秋露，学境春风，是可抉择矣。"高氏在东林28年，比较一下，觉得还是为学的好。

　　可是，宦情虽如秋露，高攀龙还是又卷进政治旋涡里去了。这回他当上了刑部侍郎、左都御史，弹劾起大贪污犯崔呈秀来，打算"依律遣戍"。殊不知崔某人有后台，攀上了魏忠贤，结果在阉党"尽空朝署"时，高氏也不得不回家了。但并未了结，结果《三朝要典》一出，高攀龙被牵进"移宫"一案里去了。于是"削籍为民，毁其东林书院"。魏忠贤不是王锡爵，高攀龙也不是顾宪成。因此在杨涟等十余人被杀后，缇骑就来抓高攀龙了。《明儒学案》记其事曰："缇帅将至，先生夜半书遗疏，自沉止水，三月十七日也。"《明季北略》记较详曰："至丙寅三月十六日（决定）逮公，官拟于十八日开读，而公先于十七日谒道南祠，有别圣文。归，看花后园，呼诸子，举'原无生死'四字以示曰：'急料理为出门计，独身就理，可免他累。作字二纸示两孙，无先发，明日，以此付官。'时已三更，命妻子暂退。移时，诸孙推户入，不见公，发所封，乃遗表也。诸子急遍视，则赴水死矣。"

高攀龙如此之于"静中着力",在死前却还忘不了皇帝,遗疏云:"臣虽削夺,旧系大臣,大臣受辱,则辱国。故北向叩头,从屈平之遗则,君恩未报,结愿来生。"计六奇记的措辞小有不同:"臣虽削籍,旧属大臣,大臣不可辱;辱大臣,则辱国矣。谨北面稽首,以效屈平之遗。君恩未报,愿结来生。臣高攀龙垂绝书。望使者特(疑为持)此以复皇上。""士可杀不可辱",这份儿意思还要告诉皇上。

高攀龙于"宦情""学境"之间虽已作出抉择,但终于仍死于"宦情"了。悲夫!

此二语不见于《明儒学案》,不知是否为黄宗羲的疏漏。

1989 年 7 月 5 日

古之黎轩

《史记·大宛列传》说:"而汉始筑令居以西,初置酒泉郡以通西北国。因益发使,抵安息、奄蔡、黎轩、条支、身毒国。"

安息即波斯,身毒系印度,已是公论。奄蔡大体在里海东北角。《大宛列传》谓安息"北有奄蔡……",方豪谓"奄蔡即 Aorsi"(方豪:《中西交通史》)。杨宪益称奄蔡是 Iazyges 的对音,公元 1 世纪间奄蔡为阿兰(Alani)所并,故其地改名阿兰。杨氏且谓:"据西方史籍,古代据此咸海及里海以北的种类总称为 Sarmatae 或 Sauromatae,其中最强大的两支则为 Iazyges 与 Alani……"(杨宪益:《译余偶拾》)至于条支,《大宛列传》记在安息以西,张星烺说,约为今之阿拉伯半岛,条支与大食均为 Tajik 之译音。(张星烺:《中西交通史料汇篇》第一册,《古代中国与欧洲之交通》)其大体之位置当无可怀疑。方豪且确谓条支在今叙利亚。

只有黎轩弄不准。有几种说法:

——黎轩即大秦,如《魏略》云:"大秦国亦号黎轩。"其意盖为黎轩是在大秦里面的一个地方。大秦,盖阿拉伯海以西皆属之。甘英抵海而返,认为海以西即大秦。

——黎轩约在叙利亚、埃及之间,依夏德著《中国与东罗马》云:"轩或靬当读若干,故为 Rekem 种族之对音,此

族住于 Petra，其地在叙利亚、埃及、阿拉伯三地之中。"（前引方豪书）

——张星烺意，黎轩原音来自 Rome："闽南及粤东两地人，今所用之话，多真正古代汉音。轩字粤人读为 gam（拿姆）或 ham（哈姆）。黎轩二字，就粤人之音而速读之，则与 Rome，或波斯人所用之 Rum 相近矣。"（前引书）

——张氏引无锡杨老圃"汉书之黎轩乃 Latium 之译音"。

——杨宪益则以之为希腊 Graecia 之对音，当指黑海一带古代希腊殖民地。"自远古时希腊商人即取道黑海与里海以北，东求西伯利亚的皮毛，故罗马在扩展领土以前，东方人所知的希腊系在黑海附近。"（《译余偶拾》）

——《辞海》"黎轩"条径称即今埃及之亚历山大城。范文澜《中国通史简编》同此说。

按：《大宛列传》称奄蔡、黎轩均在安息以北，《辞海》之说与之南辕北辙。

我想，《后汉书》说黎轩即大秦当无大谬。因为两汉时代的大秦只是泛指"海西"之国，而黎轩、奄蔡以目测自可被认为是在海之西另侧。

"海"何所指？依张骞看，可能是指阿拉伯海。若条支指叙利亚，则海西应是地中海。而奄蔡、黎轩以西，则是里海。张骞的了解是一"概数"；"甘英抵海"之海则可能是阿拉伯海。要之，司马迁所列汉使所抵的五地，除条支较远，其他四地皆在安息周围。汉使西及之地，首推条支，黎轩次之。

1989 年 9 月 13 日

"大秦"辨

古之大秦何所指，中外史家考之甚详。今之治中西文化交通史者均以两汉与"大秦"相通为美事，以示中西友好已自古始，其实这大半是适应了所谓"民间（！）友好往来"的政治旨要的。那时中国人并不详大秦为何物，而所谓大秦也不可能知道中国的两汉为何物的。

古之大秦何所指，杨宪益先生概括得很简明："……大秦或黎轩或后日的拂菻同指东罗马的拜占庭城，即后日的君士坦丁堡。"（《译余偶拾》）

这个问题，《后汉书》已解决了，只是那时根本不知道罗马帝国有那么多的文章。

《后汉书》中记有大秦其国的有两处。一见于《孝桓帝纪第七》，只一句话："（延熹九年九月）大秦国王遣使奉献。"李贤注："时国王安敦献象牙、犀角、玳瑁等。"（《后汉书》）公元166年，罗马帝国国王马可·奥里利欧·安东尼（Marcus Aureliu Antoni）在位，属安东尼王朝。李贤所谓"国王安敦"是从王朝名来的。

再见于更早时期的和帝永元九年（97）。《西域传第七十八》有云："和帝永元九年，都护班超遣甘英使大秦，抵条支。临大海欲度，而安息西界船人谓英曰：'海水广大，往来者逢善风三月乃得度；若遇迟风，亦有二岁者。故入海人皆赍三岁粮。海中善使人思土恋慕，数有死亡者。'英闻之乃止。"

甘英没有过海，但得到一个概念，即海以西便是大秦。"自安息西行三千四百里至阿蛮国。从阿蛮西行三千六百里至斯宾国。从斯宾南行渡河，又西南至于罗国九百六十里，安息西界极矣。自此南乘海，乃通大秦。"（《西域传第七十八》）

依杨解，阿蛮和斯宾应在黑海以南，阿蛮即亚美尼亚的埃克巴塔那，斯宾即赛巴斯提亚，于罗在美索不达米亚以北。这些地方在罗马帝国图拉真（Trajan）时代全盛时期都已在帝国势力范围以内了。甘英不察，实际上已接近罗马帝国，到了安息西界了，不必渡海，"大秦"已近在咫尺了。图拉真就王位是在公元98年，比甘英之旅只晚一年。按《后汉书》，甘英抵条支，已逼近叙利亚了，其至已经进入了罗马帝国的版图，也未可知。因为史家一说条支就是叙利亚。至于"海"，从地图上看应该就是地中海。

《后汉书》又云："大秦国一名犁鞬，以在海西，亦云海西国。"犁鞬，《史记》称黎轩，说是在安息以北。两说对不上号。古人很难详究。要之，黎轩、拂菻等等与大秦，在古人的朦胧的意识里，都是指安息以西，特别是海以西的不知何所起止的地域。

又，张星烺先生引《海内十洲记》载"西海国朝献"云："凤麟洲在西海之中央。""凤麟"岂即拂菻欤？又西海中有"流洲""聚窟洲"等，岂皆地中海中之岛屿欤？杨宪益先生考，拂菻或为拜占庭（Byzantium）的对音，其属罗马帝国必矣。

为什么叫大秦？杨解如下：

大秦一名在张骞去西域时尚不存在，公元97年甘英去西域时始为人所知，故其来源不难探考。我们知道黑海西南地方包括拜占庭在内原为希腊殖民地，曾保持独立至公元77年，该时其王尼可密三世（Nicomedes Ⅲ）始降于罗马，罗马皇帝维斯巴西昂（Vespasian）始将其地改为一省，此省的名称为Bithynia或简称Thynia，因其地原属于Thyni族人，大秦名称既为公元97年左右的事，当即为Thynia的对音。

杨说似较牵强。张星烺则另有一解：

明神宗万历时，大西洋人至京师，言天主耶稣生于如德亚（今译作犹太），即古大秦国也。（见《明史·外国传·拂菻》）明末教士所言，即根据景教碑文。耶稣生时，犹太已隶罗马帝国版图，来东方之景教僧，对中国人若言其教主生于犹太，而中国人素不知犹太何在。故不得不取中国人所已知之大秦，以示中国人也。中国历代史中，大秦国之记载，多赞美而无鄙贬之辞。以大秦国示中国人，正可为其教争光。耶稣生于大秦，而大秦未必即专指犹太也。（《中西交通史料汇篇》第一册，《古代中国与欧洲之交通》）

张氏所言指景教传入中国之后，则大秦之名已先于此，仍未回答为什么称作"大秦"。旋转述《爱利脱利亚海周航纪》（*Periplus of the Erythraean Sea*）记中国云：

> 过克利斯国（Chryse）抵秦国（Thinae）后，海乃止。有大城曰秦尼（Thinae）在其国内部，远处北方。（同上书）

是以古之洋人以 Thinae 名中国，岂中国对海西国无以名之，遂名之以"大秦"欤？这与杨氏以"大秦"为 Thynia 之对音是否有些联系，还需研究。

1989 年 9 月 21 日

危素与《元史》

朱元璋攻克北京后，得元十三朝《实录》，于是诏修《元史》。怎样修？他对负责修史的左丞相李善长有一段"指示"：

> 元初君臣朴厚，政事简略，与民休息，时号小康。季世嗣君荒淫，权臣跋扈，兵戈四起，民命颠危。间有贤智之臣，言不见用，用不见信，遂至土崩。其间君臣行事有善有否，贤人君子或隐或显，其言行亦多可称者，尔等务直述其事，毋溢美，毋隐恶，以垂鉴戒。

从这些话看，朱元璋是个讲道理的皇帝，至少在修《元史》上是如此。

元《实录》的得以保存，还应归功于元代老臣危素和那个很重视史料的和尚。《明鉴》记云：

> 先是，元都破，元翰林学士承旨危素趋所居报恩寺，将入井，寺僧大梓力挽之，曰："国史非公莫知，公死，是死国史也。"素遂止。兵迫史库，往告镇抚吴勉，舁而出之，元《实录》得无失。

所以危素保全史料之功不可小看。否则朱元璋诏修《元史》便成无米之炊。不过，危素并未因此而有个好下场，结局是很凄凉的：

　　……及素至京，授翰林侍读学士，年已七十余。一日，帝御东阁侧室，素行帘外，履声橐橐然。帝问："谁也？"对曰："老臣危素。"帝哂曰："朕谓是文天祥耳！"御史王著希旨，论素"亡国之臣，不宜列侍从"。诏谪居和州，守余阙庙，岁余卒。

　　"留用人员"终是矮人一头，危素保元史资料功不可没，若当初跳了井，元史中怕多了不少悬案。老人就是历史，有的人脑子里装了许多违碍的故事，人一死便都带到棺材里去了。"周公恐惧流言日，王莽谦恭未篡时。"保留下来的历史永远不可能是百分之百的信史，有的可能去事实十万八千里，甚至相反。不过，危素保存下来的《实录》果然是"实"录吗？

　　那个把危素从井沿拉回来的和尚大梓实是关键人物，不知后来怎样了。

1989 年 10 月 17 日

对历史的一种思索

许多事，经过长时期的考察，有时竟同奉为经典的、几乎万古不疑的"定论"正好翻了个个儿。那些发生过的事情是不会变了，可是考察这些事情的人却可能变，就是说看法起了变化。

例如，对中国历史上的农民运动的作用，我国的马克思主义者从来是不怀疑的。农民运动的领袖们，成功了的就是"朱元璋"，失败的太多太多了，都被当作英雄写在唯物史观的历史里。一部范文澜毕生未竟的《中国通史简编》都是这样写的，学生们也是这样学的。

冯友兰先生写《中国哲学史新编》却不然。洪秀全的太平天国究其实是拖历史后腿的，他的理想是在中国实现基督教神权统治。洪秀全是一个有中国农民意识的基督徒，这样的人是搞不了近代化的。冯友兰的这几段很使人开窍。穷人要翻身、要革命，天经地义，但这行动本身还不足以显现出对历史的作用，问题在于翻了身以后干什么、怎样干。如果翻了身以后照样维护原样的生产关系，只不过统治者换了个人，则这种为翻身的斗争除了博得同情，对社会生产力其实是起破坏作用的。

这样说几近"反动"，有必要找个大红伞来"保驾"。

冯先生当不了"大红伞"。

马克思在1862年写过一篇讲"太平天国"的文章，题为《中国记事》。文中有这么些话：

> 运动一开始就带着宗教色彩，但这是一切东方运动的共同特征。运动发生的直接原因显然是：欧洲人的干涉，鸦片战争，鸦片战争所引起的现存政权的震动，白银的外流，外货输入所引起的经济平衡的破坏，等等。看起来很奇怪的是，鸦片没有起催眠作用，反而起了惊醒作用。实际上，在这次中国革命中奇异的只是它的体现者。除了改朝换代以外，他们没有给自己提出任何任务。他们没有任何口号。他们给予民众的惊惶比给予老统治者们的惊惶还要厉害。他们的全部使命，好像仅仅是用丑恶万状的破坏来与停滞腐朽对立，这种破坏没有一点建设工作的苗头。[①]

下面对太平军的野蛮、愚昧、乱杀乱砍，描述了一番。文章的结语是：

> 显然，太平军就是中国人的幻想所描绘的那个魔鬼的 in persona［化身］。但是，只有在中国才能有这类魔鬼。这类魔鬼是停滞的社会生活的产物。[②]

---

① 《马克思恩格斯全集》第15卷，人民出版社1963年版，第545页。
② 同上书，第548页。

这样的军队显然是改造不了社会的，这样的"革命"也绝对不可能有什么"进步"的意义。幸亏是马克思写的文章，假如是别人，那就不是对农民革命的"丑化"吗！今天，冯友兰先生批评太平天国，还未见有人出来批判他，可见容忍度毕竟大得多了。

然而，马克思的《中国记事》依据的似乎是当时驻宁波的英国领事夏福礼给英国驻北京公使普鲁斯的信。这封信据中译本译者注称："发表在 1862 年 6 月 17 日《泰晤士报》上，信的内容与事实不符。"①

所以，这说明：第一，马克思依据了与事实不符的信息；第二，依据"立场倾斜便看不清问题的实质"的断语，马克思显然立场也不大稳，以致听信了英国人的"夸大"和"渲染"。译注没有这样说，可能是因为中国历来有为尊者讳的光荣而坚定的传统。

但是，历史上的农民运动究竟起了什么作用，总不是硬说出来的。

1989 年 11 月 30 日

---

① 《马克思恩格斯全集》第 15 卷，第 546 页。

读史琐记

病中乱读书，抓来便看，不逾数页即放下；或一跳数页，拣有趣的看——不管看什么，都与"史"联着。怪甚，亦趣甚。

欧史一主线是日耳曼史。日耳曼远古自亚洲悄然流动至北欧一带，不知逾几多年数，或许不少于人类的发展史吧。至公元前百数年，已与罗马人有了交往。此时的日耳曼人还过着游牧人的生活。据考古发掘，如在今丹麦一带，已有金属工具属日耳曼人所用。以上或为日耳曼人之第一时期。

罗马统帅凯撒征高卢，屡与日耳曼人部落遭遇，战甚频。《高卢战记》有不少关于日耳曼人之记述：彪悍，善战，打了便走，属于游牧状态，然似已有一定的"根据地"，且其活动范围显已渗到西欧的南地了。可以想见，日耳曼人已学着罗马人过生活的样子，受着罗马文化的熏陶了。至塔西佗时，即公元1世纪期间，日耳曼人已从游牧状态逐渐过渡到定居生活，尤其是那些早已深入西欧"腹地"的日耳曼人。

这一时期——从凯撒到塔西佗时期——可称为日耳曼人的第二时期。

对此，恩格斯说："日耳曼人从凯撒到塔西佗时期，在文明方面有了显著的进步，而从塔西佗到民族大迁徙（公元400年左右）以前，他们的进步更要快得多。"①

于是，从塔西佗到民族大迁徙以前的300年可算是第三时期。日耳曼人学会了在陆地上做生意（那些久居波罗的海沿岸各部落早已会造船、做买卖了），有了很粗糙的手工业。他们同罗马人的交流频繁多了。日耳曼人和罗马人的交流和相互影响，为日耳曼-罗马文明的形成作好了准备。

这显然是日耳曼人向整个西欧——罗马帝国的属地——实行大迁徙的前奏。随着罗马帝国的式微，一场日耳曼民族大迁徙已势不可当。由日耳曼世纪取代罗马世纪的势头已然在望。日耳曼正在罗马废墟上成为西欧的主人。

几乎与日耳曼人在西欧的活动同时，斯拉夫人在东部也正进行大规模迁徙。但他们的行动远没有那么集中有力，他们遇到的阻力比日耳曼人大，且更易受到小亚细亚和日耳曼的两面压力。

——从日耳曼跳到早期基督教。基督教受过罗马的迫害，却向罗马政权学到了严密的组织才干；由于它把祖先——古希腊罗马——流传于民间的神秘宗教文明都提炼、改造、融合在自己的教义里（如《新约》），并且通过《启示录》把这一切都集中为基督的旨意，因此它的理论便具有很高程度的普及性。基督教受过罗马政权的打击，但在日耳曼人那里却不仅没有受到排挤，反而被吸收进日耳曼的文明里，随着民族大迁徙而传播到四面八方。汤因比说，对于西

---

① 《马克思恩格斯全集》第19卷，第552页。

欧来说，基督教是从异乡来的。然而，它的思想的和民众的根子却扎在西方。

黑格尔记述，拿破仑一次与歌德谈论悲剧的性质。拿破仑发表了一个见解，他说，悲剧发展到他那个阶段已与古代不同，区别就在于当代已不再承认人类绝对屈从于命运了，政治占据了古时命运的位置。拿破仑认为，政治必须被用来作为悲剧中的命运的新形式，这是每个人都不能不为之俯首的"不可抵抗的环境力量"。

历史是政治的历史，悲剧的核心是政治。不理解这一点便是理想主义。或者说，只有理想主义者才不懂这一点。

——中国历史不能像西方史那样分期。中国没有欧洲那样的"中世纪"，也没有欧洲式的"文艺复兴"。中国文化思想的繁荣期是春秋战国那几百年：真正的百家争鸣，诸子百家没有定于一尊。熊十力十分厌恶"六国小儒"，说是把孔子的礼运经、周官经、春秋经给念歪了，按照他们的意思给窜改了：大道（乌托邦共产主义）变成了小康（有阶级的社会）。秦皇燔书，到了汉代，刘向父子索性把孔子改得面目全非了。[①] 熊氏以是不绝口地痛骂六国以下的"小儒"。不过我想，"六国小儒"的"窜改"，不是在儒家思想专制时期的"窜改"，它改不了那个伟大的时代。这同刘向父子之改，便大不相同。春秋战国以后，中国的思想，无论怎样花样翻新，再也没有先秦时的鲜活性和革命性了，一直在儒道释的混成体中爬来滚去，有时出现正统儒学的挣扎，如韩

---

① 参见熊十力：《乾坤衍》，中国科学院 1961 年影印版。

愈。而朱夫子一出，又进一步把儒学推向抽象理性化，并形成道统。春秋战国时的思想界的生机始终没有再见。

1991 年 9 月 14 日

才与德

司马光论"才与德",见于《资治通鉴》卷一,周纪一,威烈王二十三年(前403)。司马光评智伯之亡是由于他"才胜德也"。他写道:"夫才与德异,而世俗莫之能辨,通谓之贤。此其所以失人也。夫聪察强毅之谓才,正直中和之谓德。才者,德之资也;德者,才之帅也。"

现今所谓德才兼备,或由此论出。依照司马温公,"才德全尽谓之圣人,才德兼亡谓之愚人。德胜才谓之君子,才胜德谓之小人。凡取人之术,苟不得圣人、君子而与之,与其得小人,不若得愚人"。

准此,圣人是第一等人,那是德才兼备的;第二等人是德胜于才的,是为君子;第三等人是愚人,既无才又无德;最末一等是才胜于德的小人。

司马光宁要既无德又无才的人,也不要才胜于德的人。前者是愚人,后者是小人。

若把德解为"政治标准",则今之人是会赞成司马光的。何则?因为,"君子挟才以为善,小人挟才以为恶。挟才以为善者,善无不至矣;挟才以为恶者,恶亦无不至矣。愚者虽欲为不善,智不能周,力不能胜,譬如乳狗搏人,人得而制之。小人智足以遂其奸,勇足以决其暴,是虎而翼者也,其为害岂不多哉"！这番道理讲得点水不漏。

记得过去红、专之辩时，也曾有过类似议论。又红又专是上等，最要不得的是只专不红的"白专道路"，因为如果政治上被断为不行，则愈专愈糟，反不及无才少德的混蛋。又红又专的总是少数，因此"只红不专"、以整人为务的棍子便钻了空子。反右派的逻辑就是这样的。由于把"政治标准"弄得很窄、很绝对，容不得不同意见，于是"右派"的人数便多得惊人，其中不少人到现在还是被另眼看待的。每当有了运动，或者不叫运动的运动，司马光式的逻辑就起作用了。

实则，情况比这种逻辑复杂得多。

司马光论才德几页以后，出现了一个吴起，有这么几点：

一、母死不奔丧，他的老师曾参跟他绝了交。逆子之名到了白居易的诗里便是："昔有吴起者，母殁丧不临，嗟哉斯徒辈，其心不如禽。"这在古时自然是缺德的。（按：1966年初我下乡参加"四清"运动，也是母死不奔丧，"左"得可以，后来人性回归，着实觉得不太应该。何况河北衡水去北京并不远。我在特定的教育下，人性确实真心诚意地扭曲了一段，全以"政治标准"为一切原则。顺记于此，以志不忘，并以自责。）

二、"吴起者，卫人，仕于鲁。齐人伐鲁，鲁人欲以为将，起取齐女为妻，鲁人疑之，起杀妻以求将，大破齐师。"这里"德"该怎么样？为了自己的功名（求将）就把老婆杀了，确乎缺德，然而鲁君可能觉得吴起大大地有"德"。

三、接下来，有一段人们所熟悉的吴起与士卒同甘苦，为士卒吮病疽的故事。那个小兵的母亲听到后大哭起来，说，当年吴起就是这样吮孩子他爹的病疽，结果"战不旋踵，遂死于敌"。同样的命运也要落在儿子头上了。

四、吴起其实是很重"德"的。"（魏）武侯浮西河而下，中流顾谓吴起曰：'美哉山河之固，此魏国之宝也！'对曰：'在德不在险……若君不修德，舟中之人皆敌国也！'"

由此，可把"德"分成两类来理解：

一是"政治标准"。

二是"道德标准"。

这两种标准在一个人身上不一定是统一的。有时还可能是两股道上的"车"。例如公而忘私，于"公"是"德"，于"私"则不见得是"德"；也不乏这样的人，为了向上爬而做些昧着良心的事，等等。

自然，"德"还有一个"文化标准"，如《大学》首句："大学之道，在明明德，在亲民，在止于至善。"这个"德"即非政治和道德所可包括。朱熹所谓"明德者，人之所得乎天，而虚灵不昧，以具众理而应万事者也"。这就广博得多而又深邃得多了。一部《大学》都讲的这个"德"。这是哲学家之"德"，与德才兼备之"德"并不完全是一回事。司马光所谓"德"还只及于"政治"和"道德"的结合。

1992 年 1 月 20 日

郑庄公

《左传·鲁隐公》中把郑庄公的表演写得很充分。这个人是个滑头，十分伪善，而且心毒手狠。

隐公在位十一年（前722—前712）当中，郑庄公一直在打仗——"内战"和"外战"，或则忙于拉帮结派。

元年五月，郑伯克段于鄢，这是"内战"。

元年九月，郑共叔之乱，公孙滑出奔卫。卫人为之伐郑，取廪延。郑伐卫南鄙。

二年十二月，郑人伐卫，讨公孙滑之乱。

三年四月，周郑交质，周郑交恶。虽然没有打起来，但带了军队去抢周天子的庄稼，也算是一次"军事行动"，且是对"中央政权"的公然挑斗。

三年十二月，齐郑盟于石门。

四年春，陈侯、蔡人、卫人伐郑——导火线是宋公子冯没有当成国君，逃到了郑。

四年秋，诸侯再伐郑。

五年四月，郑伐卫，兼及燕。

五年九月，邾人郑人伐宋，至郛。

五年十二月，宋人伐郑，围长葛。

六年五月，郑伯侵陈，大获。

六年秋，宋人取长葛。

七年秋，宋及郑平，七月庚申盟于宿。

七年冬，陈及郑平，十二月，陈与郑结盟。

九年秋，郑以王命伐宋。前年的盟约于是破裂。

九年冬，北戎侵郑，郑大败戎师。

十年正月，鲁、齐、郑会于中丘，癸丑盟于邓。

十年夏，鲁、齐、郑伐宋。郑师入郜。

十年秋，宋、卫入郑，宋、蔡、卫伐戴。八月，郑围戴而克之。九月，郑伯入宋。

十年十月，齐人、郑人入郕。

十一年夏，鲁会郑于郲，谋伐许。

十一年七月，郑伐许，许庄公出奔卫。京剧有"伐子都"，即从此出。

十一年秋，郑息战于竟，息师大败。

十一年十月，郑师以虢师伐宋，败宋。

这是以郑国为主的"流水账"，卷进的有鲁、齐、宋、卫、陈、蔡等，有友有敌。郑国可算个小霸权主义者了。

在这笔"流水账"里，两件事最见郑庄公的人品。一是"郑伯克段于鄢"，郑庄公一步一步地把自己的胞弟推向决绝的路上，故意听任他"多行不义"，这大概是"引蛇出洞"之一法，为"克之"把铺垫的戏作足。然后把自己的母亲软禁起来，再假惺惺地对颍考叔这位大孝子表白"尔有母遗，惜我独无"。

再是，郑伐许后对许大夫百里和郑臣公孙获说的两句话，既以武力占领许，又假仁假义地说："天祸许国，鬼神实不逊于许君，而假手于我寡人。"他是"替天行道"。清人吴楚材、吴调侯评曰："已上两边戒饬之词，满口假仁假义，只为自家掩饰，绝不厌其词之烦；快意英锋，文中仅有。"

郑庄公式的人物，中外古今都有，所玩弄的，无非"权术"二字。

1992年1月28日

鲁桓公

宋国发生了内乱：华父督看到了孔父嘉的妻子，赞美说："美而艳"。华父督是个有野心的人，不久把宋殇公和孔父嘉都杀害了。

于是，鲁桓公于二年三月"会齐侯、陈侯、郑伯于稷"，为的是"以成宋乱"。华父督于是向众诸侯行贿。鲁得到的是一只在郜地的大鼎，这一年的四月，"取郜大鼎于宋，戊申纳于太庙"。这是《春秋》的记载。

这段故事引出一篇《左传》里的臧哀伯谏纳鼎。全文眼目是"昭德塞违"四个字。

怎么叫"昭德"呢？

臧哀伯说了一大篇，归结为："夫德俭而有度，登降有数，文物以纪之，声明以发之，以临照百官，百官于是乎戒惧而不敢易纪律。"

有"德"便表现出有一定的秩序、纪律，即礼之谓也，就是要按制度办事。

而受了别国的贿赂，还要堂而皇之地在太庙里陈列起来，就是所谓"灭德立违"了。

臧哀伯在这里有几句铿锵有力的话：

……今灭德立违而置其赂器于太庙，以明示百官；百官象之，其又何诛焉？国家之败，由官邪也。官之失德，宠赂章也。郜鼎在庙，章孰甚焉！武王克商，迁九鼎于雒邑，义士犹或非之，而况将昭违乱之赂器于太庙，其若之何？

结果桓公不听。周内史知道了这件事，称赞臧哀伯："君违，不忘谏之以德。"

鲁桓公在位18年，这一篇是有点意思的一个故事。

桓公就位于公元前711年至公元前693年。那时候已建立起一套典章制度了，不能随随便便地拿别人的东西。拿了，还要摆出来给大家看，就是一种"灭德立违"之举。

下面的官是可以提不同意见的。这还不比打仗时提战术上的意见。这一篇提的是有根本立国之道的意见，点出一个"国家之败，由官邪也"的要害问题。

臧哀伯的意见没有被接受，似乎也没有因此而获罪。

那时的史官很有些作用，鲁春秋就那么几行字，可谓"微言大义"：

二年春，王正月，戊申，宋督弑其君与夷及其大夫孔父。
三月公会齐侯、陈侯、郑伯于稷，以成宋乱。
夏四月取郜大鼎于宋，戊申纳于太庙。

第一条关键字是"弑"字，说明宋有内乱。第二条，主词是鲁桓公，关键词是"成"，说明"国际势力"乘人之危，火上浇油。第三条一"取"，一"纳"，说明乘人之危的结果，那手腕很不地道。

有这三条，才有臧哀伯一套说教。

1992 年 2 月 7 日

楚的扩张

《春秋左传》鲁桓公时期，楚国的扩张战争有好几节文字，都绘声绘色。

桓公六年，楚武王侵随，没有成功。文章的主角是随季梁。楚斗伯比计以小股兵力诱骗随国，如果随因此而麻痹，就会造成随盲目自大而与汉东诸小国的关系破裂，这就有利于楚了。

然而，这一招被随季梁看破了，他说："天方授楚，楚之羸，其诱我也。"接下去，季梁向随侯讲了一篇大道理。要紧的一句是："臣闻小之能敌大也，小道大淫。所谓道，忠于民而信于神也。"那么"民"与"神"怎样摆法呢？季梁的解释很精彩：

夫民，神之主也。是以圣王先成民而后致力于神。

他还说要使"民和年丰"，只有"民和年丰"了，神才会降福，再有所"动"（打仗），才能成功。否则，"民各有心，而鬼神乏主；君虽独丰，其何福之有"？因此季梁认为先要"修政"，同周围国家搞好关系（"亲兄弟之国"），先不要忙着打仗。随侯听了他的意见，努力去"修政"，于是

"楚不敢伐"。

然而，过了两年，楚还是得了手，原因是钻了随国不团结的空子。随少师董成得到了随侯的宠信。斗伯比说："可矣！仇有衅，不可失也。"董成主张硬拼，季梁主张攻楚的弱点。董成不听，结果楚胜随败，楚缴获了军车，俘虏了随的军官。随于是求和。楚王本不打算接受。斗伯比说："天去其疾矣，随未可克也。"于是楚随订了和约。

以后，楚接连几年打周围的小国。九年四月，联巴攻邓；十一年春败郧于蒲骚；十二年十二月伐绞。这些仗，楚都胜了。但十三年春伐罗则打了败仗，折了大将莫敖屈瑕。

伐罗未胜是有教训的，《左传》有记。主要是因为带兵的屈瑕独断专行。斗伯比早有所感，送行后对自己的车夫说："莫敖必败，举趾高心不固矣。"于是向楚王建议多派些兵去。然而来不及了，屈瑕既专横（"谏者有刑"）又不作周密准备，结果在罗与卢两个小国的夹击下大败，莫敖屈瑕自己则"缢于荒谷"。大将们都被关起来等着受处分（"群帅囚于冶父以听刑"）。最终还是楚王明白事理，说："孤之罪也，皆免之。"谁叫你宠信刚愎自用的莫敖屈瑕呢？

这样的故事，《左传》里不少，看了可以从中受益。

1992 年 2 月 7 日

司马迁写《五帝本纪》法

司马迁《五帝本纪》云：

太史公曰：学者多称五帝，尚矣。然《尚书》独载尧以来；而百家言黄帝，其文不雅驯，荐绅先生难言之。孔子所传《宰予问五帝德》及《帝系姓》，儒者或不传。余尝西至空桐，北过涿鹿，东渐于海，南浮江淮矣，至长老皆各往往称黄帝、尧、舜之处，风教固殊焉，总之不离古文者近是。予观《春秋》《国语》，其发明《五帝德》《帝系姓》章矣，顾弟弗深考，其所表见皆不虚。《书》缺有间矣，其轶乃时时见于他说。非好学深思，心知其意，固难为浅见寡闻道也。余并论次，择其言尤雅者，故著为本纪书首。

这段话讲的是司马迁写史的方法论。用今天的话说，就是重调查研究，然后与已有的文字资料相对照，必得"好学深思，心知其意"。对书上写的，和口传的，都不能偏听偏信。所以，《五帝本纪》并不是随意写出的。至今要了解初民阶段是个什么样子，《五帝本纪》仍是基本史料。《五帝本

纪》固因其是史之初，亦因其是司马迁的基本史论而列于卷
首。明乎此，亦足以明《史记》矣。

1993 年 4 月 29 日

读史数则

一

郑樵《通志》云："百川异趋，必会于海，然后九州无浸淫之患；万国殊途，必通诸夏，然后八荒无壅滞之忧。会通之义大矣哉！"

此处贵在"会通"二字。"会通"者，会通古今之意也。所谓"极古今之变"是也。郑樵《上宰相书》有曰："史家据一代之史，不能通前代之史；本一书而修，不能会天下之书。"能臻此境（极古今之变）者，司马迁可属之。郑樵重迁轻固，以为班固"浮华之士"，指其"全无学术，专事剽窃"。斯亦过矣。

二

中国史重相因。郑氏云："孔子曰：'殷因于夏礼，所损益可知也；周因于殷礼，所损益可知也。'此言相因也。自班固以断代为史，无复相因之义，虽有仲尼之圣，亦莫知其损益。会通之道，自此失矣。"断代史非不可治，而割裂其所因则断断不可；或治断代史亦当有通史之眼光。黄仁宇之"历史的长期合理性"必具通史眼光方能得之。黄氏治明史每言明史具有"收敛性"，乃因唐宋之具有"开张性"而言。相比之下，乃有明代"大跃退"之感。此是相因的"损"的一面。苟昧于前者，亦不知后者何所"损益"也。

三

章学诚曰："学贵博而能约，未有不博而能约者也。以言陋儒荒俚，学一先生之言以自封域，不得谓专家也。然亦未有不约而能博者也，以言俗儒记诵，漫漶至于无极，妄求遍物，而不知尧、舜之知，所不能也。"

四

章氏又曰："学文之事，可授受者，规矩方圆；其不可授受者，心营意造。至于纂类摘比之书，标识评点之册，本为文之末务，不可揭以告人，只可用以自志。"难在"心营意造"，能臻此者方为大匠。然则大匠之巧，不失规矩，要在于根本中得心应手。所谓"近日学者风气，征实太多，发挥太少，有如桑蚕食叶，而不能抽丝"，即"规矩方圆"也有余，而"心营意造"也不足耳。

1993 年 5 月 4 日

翰林学士与辅弼之臣

宋神宗欲命相,问韩琦曰:"安石何如?"对曰:"安石为翰林学士则有余,处辅弼之地则不可。"神宗不听,遂相安石。呜呼!此虽宋王朝之不幸,亦安石之不幸也。

查《辞源》"翰林院"条:"唐初置翰林院为内廷供奉之所。玄宗别置学士院,后遂兼翰林之称,为翰林学士,侍直禁廷,专司制诰。明设翰林院,掌秘书著作之职。清因之,设掌院学士侍读侍讲修撰编修检讨庶吉士等官。"

"辅弼"者,左辅右弼也。《汉书》:"自古帝王之兴,曷尝不建辅弼之臣,所与共成天功者乎。"

古之中国知识分子步入仕途,大体非此即彼,都是比较理想的出路。翰林院有点像"思想库",是发议论、出建议的地方。皇帝更看重的是"左辅右弼"。翰林学士主要的工作是讲和写;而辅弼之臣则是要做事的。这两者都是同政治、道德文章挂钩儿的。韩琦的意思是,王安石是当翰林学士的材料,而不是当宰相的材料。

这条路子一直延续到今天,当然时代背景大大不同了。传统心态还保留着,一见于仕途经济而有时才之功;一见于议论通明而收建言之用。两者都办不成、够不着的,就想着为学问而学问、倡言与政治无涉了。明人高攀龙所谓"宦情秋露，学境春风"。从中国士阶层的传统看，为学问而学问，是求仕不成反弹出来的，是仕途未通，或仕途不利的结果。中国的"士"大体总是从少年时代起就立了报效国家（朝廷）的志愿的。连洒脱如李白者，也要"生不用封万户侯，但愿一识韩荆州"，以便"一经品题，便成名士"的。宋无名氏《水调歌头》有句："银艾非吾事，丘壑已蹉跎。"翻过来说，如果有了"银艾"，大概丘壑就不"蹉跎"了。

从几千年"学而优则仕"的传统看，士阶层离不了"官守"和"言责"两端，孟子仕于齐，说他既无"官守"，又无"言责"，所以能"绰绰然有余裕"，那其实是言不得用的缘故，而孟夫子的"言"何尝有一句半句离开过这两端或其中之一呢？

中国知识分子到近代又增加了一个驱之不去或无以自拔的情结——那是在同世界上先进的西方国家横向比较中产生的特定心态。于是，在今天，中国知识分子中不少人，每每背负三个"包袱"：一是历史的积淀，知识分子生来就该是道德的化身，就该当服务于某种政治。二是现实的要求，国家兴亡，匹夫有责，因而必然地同时代的命运息息相通——从救亡到现代化，知识分子在内心深处离不开这条线。同一些别的国家比，发现不及它们之富且强，时时受欺侮，被人看不起，因而以图存图强为天职。三是求真知、求新知的本能，新的国内外条件使一切有出息的知识分子都更增益其求知的冲动。而同一些别的国家的知识分子的境遇相比，尤觉不及他们可以施展才能的机遇之多，天地之广。这三个"包袱"时常叠在一起，形成一种无法（也不应该）摆脱的使命。对于从事社会科学、人文科学的知识分子说来，尤其是如此。这里不存在应该背着还是应该甩掉这些包袱的问题，而是一些在深层精神世界里回避不了的问题。你可以举出某些学科是可以不管这些的，如研究历史考据的人，就研究学问而言是可以"躲进小楼成一统"的，但这不属从总体上看问题的范畴。深层精神世界不可能与现世绝缘，无论他的治学态度如何；而且有的力倡为学术而学术的学人，恰是在现世中碰壁失意所致，因此仍是不能忘怀于现世的反映。如果说得绝对一些，则愈是有意要避免现实政治，愈是证明不能离现实政治而去，所以才着意强调之；而且，若本即对现实政治不着于怀，又何必言之再三呢？

1993 年 5 月 22 日

隋炀帝亡国之象

隋立国不久，亡象即屡见。兹举三例（均见于《资治通鉴》卷第一百八十五）。

隋炀帝至江都，荒淫益甚，宫中为百余房，各盛供张，实以美人，日令一房为主人。江都郡丞赵元楷掌供酒馔，帝与萧后及幸姬历就宴饮，酒卮不离口，从姬千余人亦常醉。然帝见天下危乱，意亦扰扰不自安，退朝则幅巾短衣，策杖步游，遍历台馆，非夜不止，汲汲顾景，唯恐不足。

帝自晓占候卜相，好为吴语。常夜置酒，仰视天文，谓萧后曰："外间大有人图侬，然侬不失为长城公，卿不失为沈后，且共乐饮耳！"因引满沉醉。又尝引镜自照，顾谓萧后曰："好头颈，谁当斫之！"后惊问故，帝笑曰："贵贱苦乐，更迭为之，亦复何伤！"

有宫人白萧后曰："外间人人欲反。"后曰："任汝奏之。"宫人言于帝，帝大怒，以为非所宜言，斩之。其后宫人复白后，后曰："天下事一朝至此，无可救者，何用言之，徒令帝忧耳！"自是无复言者。

借以上三例以征隋亡国之象。中国每朝末代之君鲜有例外。尤其是第三例，表白萧后倒是个"明白人"；为了不给皇帝添烦，索性不把"无可救"之事告诉皇帝。

1993 年 6 月 6 日

主骄臣谄亡天下

唐高祖李渊初登基考第群臣，以李纲、孙伏伽为第一，因置酒高会，谓裴寂等曰：

> 隋氏以主骄臣谄亡天下，朕即位以来，每虚心求谏，然惟李纲差尽忠款，孙伏伽可谓诚直，余人犹踵敝风，俯眉而已，岂朕所望哉！朕视卿如爱子，卿当视朕如慈父，有怀必尽，勿自隐也！（《资治通鉴》）

《新唐书·孙伏伽传》亦记其事，孙因军兴敛重而数请厘捐，李渊对裴寂说了这段话，《新唐书》的记载要生动得多：

> 隋为无道，主骄于上，臣谄于下，下上蔽蒙，至身死匹夫手，宁不痛哉！我今不然，平乱责武臣，守成责儒臣。程能付事，以佐不逮，虚心尽下，冀闻嘉言。若李纲、孙伏伽，可谓谊臣矣。俯首嗫嚅，岂朕所望哉？

李渊说李纲"差尽忠款"，这四个字用得考究。李纲曾仕周为齐王宪参军事，忠心耿耿。又曾事隋为太子洗马，忠于隋。时杨素、苏威用事，"纲据正不诡迎随"。李渊称帝，纲任丞相府录参军，继拜礼部尚书兼太子詹事。唐太宗就位后为少师。八十五岁卒，赠开府仪同三司，谥曰"贞"。李纲在唐朝官运不错，他也很尽心尽力，高祖曾说："知公直士，幸卒辅吾儿。"纲也时时发言陈事，毅然不可夺。然而太子似乎不大听他的话，因此他每每感到抑郁。《新唐书》说"帝（李渊）以纲隋名臣，手敕未尝名"。想来还是"控制使用"的意思。李纲的官瘾也是不小的。《李纲传》最后有段小插曲很有趣：

> 纲在隋，宦不进，筮之得鼎。筮人曰："君当为卿辅，然待易姓乃如志。仕不知退，折足为败。"故纲虽显于唐，数称疾辞位云。

所以，"差尽忠款"与"手敕未尝名"是很配套的。

孙伏伽，也在隋做过小官（万年县法曹），仕唐后屡次谏言，使李渊深为嘉许的意见之一是武德初的上言三事。这第一事值得全文录下（第二事言禁淫风；第三事言宜选贤才佐辅皇太子诸王）：

> 臣闻"天子有争臣，虽无道不失其天下"。隋失天下者何？不闻其过也。方自谓功德盛五帝、迈三王，穷侈极欲，使天下士肝脑涂地，户口殚耗、盗贼日滋。当时非无直言之臣，卒不闻悟者，君不受谏，而臣不敢告之也。向使开不讳之路，官贤授能，赏罚时当，人人乐业，谁能摇乱者乎？陛下举晋阳，天下响应，计不旋踵，大业

以成。勿以得天下之易，而忘隋失之不难也。天子动则左史书之，言则右史书之。凡搜狩当顺四时，不可妄动。且陛下即位之明日，有献鹞者，不却而受。此前世弊事，奈何行之？相国参军事卢牟子献琵琶，长安丞张安道献弓矢，并被赍赏。以率土之富，何索不致，岂少此物哉？

孙伏伽的直言比之后来的魏徵，殊无逊色。李渊赞他"至诚慷慨，据义恳切，指朕失无所讳"。

在孙、魏者流是"争臣"，与李渊和李世民有容人之雅大有关系。李氏父子都算有雅量的皇帝，李世民做起来显得要勉强得多，对魏徵的唠哩唠叨，好几次忍到了极限几乎要发作了，有一次回到后宫忍不住说了句就差杀了这个"田舍翁"。涵养比乃父差得多了。我小时读历史、看旧戏，就有个印象，觉得李渊似乎比较憨厚，也没什么大本事，而李世民则是很锋芒外露的。其实很可能是李渊要更深沉、稳重而成熟些，是想得更远些的。因此父亲的"雅量"与儿子的"雅量"相比，似乎不那么勉为其难，或有意识地做出来。

王夫之尝比较李氏父子的高下说："人谓唐之有天下也，秦王之勇略志大而功成，不知高祖慎重之心，持之固，养之深，为能顺天之理、契人之情，放道以行，有以折群雄之躁妄，绥民志于未苏，故能折箠以御枭尤，而系国于苞桑之固，非秦王之所可及也。"用之于纳谏容人，二人的表现虽同，内涵却不同。李渊老到多矣。

1993 年 7 月 9 日

逢蒙学射

《孟子·离娄下》上有这么一段记述：

逢蒙学射于羿，尽羿之道，思天下惟羿为愈己，于是杀羿。孟子曰："是亦羿有罪焉。"公明仪曰："宜若无罪焉。"曰："薄乎云尔，恶得无罪？郑人使子濯孺子侵卫，卫使庾公之斯追之。子濯孺子曰：'今日我疾作，不可以执弓，吾死矣夫！'问其仆曰：'追我者谁也？'其仆曰：'庾公之斯也。'曰：'吾生矣。'其仆曰：'庾公之斯，卫之善射者也，夫子曰"吾生"，何谓也？'曰：'庾公之斯学射于尹公之他，尹公之他学射于我。夫尹公之他，端人也，其取友必端矣。'庾公之斯至，曰：'夫子何为不执弓？'曰：'今日我疾作，不可以执弓。'曰：'小人学射于尹公之他，尹公之他学射于夫子。我不忍以夫子之道反害夫子。虽然，今日之事，君事也，我不敢废。'抽矢扣轮，去其金，发乘矢而后反。"

春秋战国时国无定界，易主而事是常见的，故事里所谓"君事"是也。在"君事"与"友情"相矛盾的时候，卫庾公之斯"不忍以夫子之道反害夫子"，做了一个假动作，于

"君事"交了账，于师友之谊也算过得去了。至于逄蒙杀羿，在逄蒙，是嫉妒，觉得羿挡了他的路；在羿，由于他篡夏自立，孟子说他活该。

这里涉及一个道德标准问题。表明在春秋战国时代，道德标准一见于政治的，即文中的"君事"，为臣一定要忠，否则就是叛逆。然而孟子并不把做臣子的服从看成绝对的，也要看君是怎样对臣的，甚至君是"矛盾的主要方面"。同在《离娄》里，孟子对齐宣王这样说："君之视臣如手足，则臣视君如腹心；君之视臣如犬马，则臣视君如国人；君之视臣如土芥，则臣视君如寇雠。"孟子还进一步讲了当时的情况，提请齐宣王注意。他说："今也为臣，谏则不行，言则不听；膏泽不下于民；有故而去，则君搏执之，又极之于其所往；去之日，遂收其田里。此之谓寇雠。寇雠何服之有？"孟子不讲一面儿理，而是开导当君的如何恰当地处理君臣矛盾。

道德标准还见之于一般人的"私德"，叫作"大人者，不失其赤子之心也"，叫作"不忍人之心"。上文中的"不忍以夫子之道反害夫子"，就是这种道德标准的体现。

庾公之斯在道德标准上遇到了难题，他打了马虎眼。这种矛盾在没有统一的列国并立时是不可免的，很难谴责庾公之斯的行为不忠，因为郑卫之间若统一起来，就不存在卫或郑的"君事"，也不易在郑卫间求是非。所以在春秋战国时期去追究严格的政治标准，我总感到十分勉强。在那时讲爱国，落实下来是爱哪个所属的诸侯国和哪个国的"君"。这在当时，例不鲜见。

看来孟子毕竟是"亚圣",他的眼界是超越彼时的"国界"的,并不认为一定要忠于哪一个诸侯国的君,而是认为"无罪而杀士,则大夫可以去;无罪而戮民,则士可以徙"。在孟子的"天下恶乎定?曰定于一"的政治思想里,诸侯国的竞立并不是合乎天道的理想政局,而应是"以仁霸天下"的大一统格局。

准此,则屈原之被尊为"爱国"诗人,实也缺少政治逻辑。这是一个我要详考的问题。总之,至少孟子不曾鼓吹臣一定要忠于哪一个特定的国君。

1993 年 7 月 14 日

狂态复萌苏世长

《资治通鉴》，唐高祖武德四年（621），记苏世长事：

秋，七月，庚申，王世充行台王弘烈、王泰、左仆
射豆卢行褒、右仆射苏世长以襄州来降。上与行褒、世
长皆有旧，先是屡以书招之，行褒辄杀使者。既至长安，
上诛行褒而责世长，世长曰："隋失其鹿，天下共逐之。
陛下既得之矣，岂可复愁同猎之徒，问争肉之罪乎！"
上笑而释之，以为谏议大夫。尝从校猎高陵，大获禽兽，
上顾群臣曰："今日畋，乐乎？"世长对曰："陛下游猎，
薄废万机，不满十旬，未足为乐！"上变色，既而笑曰：
"狂态复发邪？"对曰："于臣则狂，于陛下甚忠。"尝侍
宴披香殿，酒酣，谓上曰："此殿炀帝之所为邪？"上
曰："卿谏似直实多诈，岂不知此殿朕所为，而谓之炀
帝乎？"对曰："臣实不知，但见其华侈如倾宫、鹿台，
非兴王之所为故也，若陛下为之，诚非所宜。臣昔侍陛
下于武功，见所居宅仅庇风雨，当时亦以为足。今因隋
之宫室，已极侈矣，而又增之，将何以矫其失乎？"上
深然之。

古之谏臣如苏世长者不少，皆所谓"旧态复发"者。上之能容之者，便是圣主"开明"的点缀。李渊、李世民固为开国之君，每有容人之雅，然亦不免沽名之意。居高位而喜闻己过，不为钓誉而纯为自谴者，未之见也。修史者常为粉饰、颂圣，相因至久，唯手法不同耳。

又，苏世长谏李渊修披香殿，记曰："上深然之。"然则，"然之"又当如何！

1993 年 7 月 31 日于病榻旁

翁同龢与戊戌变法

梁启超《戊戌政变记》云："自光绪十四年康有为以布衣伏阙上书，极陈外国相逼，中国危险之状，并发俄人蚕食东方之阴谋，称道日本变法致强之故事，请厘革积弊，修明内政，取法泰西，实行改革。当时举京师之人，咸以康为病狂。大臣阻格，不为代达……"

此时，翁同龢出场了。

梁云："于时师傅翁同龢兼直军机，性行忠纯，学问极博。至甲午败后，知西法不能不用，大搜时务书而考求之。见康之书大惊服，时翁与康尚未识面。先是康有为于十四年奏言日人变法自强，将窥朝鲜及辽台，及甲午大验，翁同龢乃悔当时不用康有为言，面谢之。"

翁、康见面后，翁自是"专主变法"，"比前若两人焉"。这是翁的第一"变"。以后，翁即向光绪报告了康有为关于变法的意见，"于是皇上毅然有改革之志矣"。便命令总署各大臣不得阻挠康有为上条陈，还要看康著《日本变政考》《俄皇大彼得传》等书。这时翁又"面荐于上，谓康有为之才，过臣百倍，请举国以听……"

梁启超言之凿凿，没有理由怀疑其确实性。

康有为自编《年谱》对翁也是极推崇的。后来康还写了一首《怀翁常熟去国》的诗："胶州警近圣人居，伏阙忧危数上书。已格九关空痛哭，但思吾党赋归欤。早携书剑将行马，忽枉轩裳特执裾。深惜追亡萧相国，天心存汉果何如？"诗当写于翁去职之后，所以"深惜追亡萧相国"。

然而翁氏《日记》却与康梁所记不同。

如："甲午五月初二日，看康长素《新学伪经考》，以刘歆古文无一不伪，审改六经，而郑康成以下皆为所惑云云，真说经家一野狐禅也，为惊诧不已。"此特从经学观点视康有为是"野狐禅"，未见翁记悔未用康有为光绪十四年（1888）关于日本变法将危及朝鲜辽台之言。

至戊戌四月初七日，翁氏《日记》记："上命臣索康有为所进书，令再写一份递进。臣对：'与康不往来。'上问何也？对曰：'以此人居心叵测。'曰：'前此何以不说？'对：'臣近见其《孔子改制考》知之。'"第二天，"上又问康书，臣对如昨。上发怒诘责"。

这里可见翁对变法的态度，并不像康梁所感觉的那样；或者在这期间翁受到了什么压力，于是改变了态度；更可能的是翁已感到风声不妙，为求自保而努力划清同康有为的干系。光绪一定觉得翁同龢支吾其词不可理解，所以问了几次"何也"，而且发了脾气。这些情节，康、梁是不知道的。个中缘由可以在另一则《日记》中看到：

> 己亥十一月二十一日，《新闻报》记十八日谕旨，严拿康梁二逆，并及康有为为翁同龢极荐，有真才百倍于臣之语。伏读悚惕。窃念康逆进身之日，已微臣去国

之后，且屡陈此人居心叵测，臣不敢与往来。上索其书，至再至三，卒传旨由张荫桓转索，送至军机处，同僚公封递上，不知书中所言何也。厥后臣若在列，必不任此逆猖狂至此，而转以此获罪，惟有自艾而已。

至此，翁同龢的复杂心态已是十分清楚了。情况该当是这样的：初见康著《新学伪经考》等，不以为意，以为只是经学上的问题；甲午后觉康关于日本变法的看法可信而荐之于光绪；临近变法时，翁或已听到些风声，西太后觉察到翁、康之间有联系，于是撤翁毓庆宫行走之职。翁正是在这样的处境下赶忙与康"划清界限"，而且尽量洗刷自己，以求自保。

至于翁同龢何时和因何被罢斥，印鸾章《清鉴纲目》记如下："时帝发愤变法，稍揽政权。同龢在毓庆宫授帝读最久，又为军机大臣，因鉴于世变，极赞成变法，并荐康有为才堪大用。以此为太后所恶，遂命开缺回籍。（一说太后本不喜新政，因帝锐意变法，颇不悦，遂有天津阅兵，潜图废立之隐谋。事为同龢所闻，密以告帝。故太后衔之，特罢其职。）"

王伯恭《蜷庐随笔》则记云："四月二十七日翁师相罢斥后，五月一日遂颁变法之诏，自后所有纶音，皆康有为口含天宪，虽军机大臣，亦不得稍参末议。而德宗与彼，言听计从，终不加重任。"王伯恭所记与梁启超不合：梁说翁罢斥在下变法诏之后，此处则说在颁诏之前三日。关于罢斥之由，梁说是因为西太后觉察了翁、康的联系。王伯恭之说则如次：

> 常熟既深结主知，断无骤发雷霆之事；而康有为经
> 常熟切保后，屡蒙召对，温谕褒奖，谓可畀以钧衡之任
> 矣，不意故我依然，仍是浮沉郎署。又调知保折后加之
> 辞，引为大恨；疑常熟从旁沮之，不去此老，终难放手
> 作事，乃于上前，任意倾轧，极口诬罔，德宗忠厚仁弱，
> 虽知其所讦过甚，竟不能正色折之。时在四月二十七日。
> 常熟六十九岁生辰，宗族亲友，门生故吏，争来亲贺，
> 常熟亦欣然置酒相款，特于是日乞假，在寓酬答，盖前
> 一日尚在内廷行走，上意固鱼水契洽如常也。忽清晨奉
> 严旨，以翁同龢在上前言语狂悖，渐露跋扈，本应严谴，
> 姑念平时尚无大过，加恩仅予褫职，以示保全云云，中
> 外哗骇，以为天威不可测也。

看来西太后已准备对变法派动手，而动手之前先夺去
翁的官职，实是为了"保护"他。而翁本人恐怕也庆幸因而
免受康有为的牵连，一走了事。显然翁同龢是先看出了光绪
的心思，也觉得康有为说得有理，于是便顺便向光绪推荐了
康有为。但是后来事态的发展又使他担心受到牵累，于是又
向光绪表示与康已无来往，理由是觉得康有为"居心叵测"。
翁是个没有骨气的文人。王伯恭记曰：

> 有为虚声所播，圣主亦颇闻之，将为不次之擢。常
> 熟窃窥上意，因具折力保，谓康有为之才，胜臣十倍；

既又虑其人他日或有越轨，乃又加"人之心术能否初终异辙，臣亦未敢深知"等语，以为此等言词，可以不致受过矣。孰意大谬不然，斯亦巧妙太过之一误也。

信如王伯恭所说，翁同龢确实老谋深算、工于心计。

1994 年 10 月 12 日于南京旅次

晚清的改良梦

中国之有变，起于外患，这是没有疑问的。外患之足以震撼中国之固有信念，始于 19 世纪中叶。以后涉外的事情越来越多，于是有总理衙门之设。戊戌变法以后，义和团之乱接着八国联军入京，国乃不国，遂又有变通政治之议。光绪二十七年（1901）设政务处，"变法"事委诸行时的大臣。这就是庆亲王奕劻、大学士李鸿章，以及荣禄、昆冈、王文韶、鹿传霖、刘坤一、张之洞等。这次变法不是起自康、梁而是"官办"的。

如何实行变法呢？政务处拟办的《条议》信誓旦旦地说："集思广益，公而忘私，其根本也；浑化中西，折衷至当，其指要也；端不轻发，令出必行，其措施也；任人善任，通观厥成，其归宿也。"

《条议》切要之一是"变通法制"，变通之法是引入"西法"。大纲有二：一是旧章本善，奉行既久弊窦丛生，这一类"旧章"要加以整理恢复；二是中国根本没有的法制，则参用"西法"，以期渐致富强。《条议》说："法当屏除成见，择善而从，每举一事，宜悉心考求。凡中国政书及上海所译各种西书，皆当购存公所。东洋与我同洲，变法未久，遽臻强盛，此尤切近可师者，当咨由日本出使大臣将彼国变易各大政行之有实效者，概行抄录赍送，并遍咨出使各国大臣将各国财政军政商务工艺诸大端择其要者，分别录送，以备稽核。"

据此，"变法"的第一步是向西洋学习，要引进的涉及政经工商各类，虽然不是"全盘西化"，也算是相当大的规模了。《条议》所议还不止于此。《条议》最可观的，是对中西思想制度的比较。这些诚然是纸上的东西，但在当时的情况看来，其认识程度几可与已成为"逆臣"的康有为比肩，值得摘录下来：

> ……且即以西法论，有西政西艺之不同，今学西法，欲学其事，先学其心。西人之心公，而中人多私；西人之文简，而中文太繁；西人之事实，而中事多虚；西人之言信，而中人多伪。本原大异，而徒取则于事为文貌之间，虽累万人不为功，累百手难求效也。

又说：

> 中人作事，百人百心，各利其身，身有利有不利，而国则无一利。此所以股票不售，公司涣群，凡西人有利之事，中国效之，皆赔钱之事。必先正中国之人心，乃可行西人之善法，正本清源，匪异人任矣。

这些话竟是何等坦率而又尖锐，拿到今天也不无可以参照者。从字面上看这份《条议》，说的都头头是道，执笔的人斟酌字句，料也不禁击节感叹。然而字句自是字句，行为另当别论。以当时情状，欲去私心，必须从帝后开始，次去厚厚一层的王公大臣的私心。在高度集权帝制及其官僚体制控制下的清王朝，实在看不出有何出路，但是却不能以此而言清廷根本无立宪之心，也不能简单地说都是虚情假意。当时逼于内忧外患而思自强之道，并不是不可设想的。形势已很危急，革命之势已在孕育，清廷一摇三叹迈着方步去求改革，已来不及了。

除政务院《条议》之拟定以外，清廷于辛丑后"回銮"，即派大臣"放洋"，考察西国政教，以为立宪之准备。军机处光绪三十一年（1905）六月十四日奉谕云：

> 方今时局艰难，百端待理，朝廷屡下明诏，力图变法，锐意振兴。数年以来，规模虽具而实效未彰，总由承办人员向无讲求，未能洞委，似此因循敷衍，何由起衰弱而救颠危？

于是派遣载泽、戴鸿慈、徐世昌、端方等"分赴东西洋各国考求一切政治，以期择善而从"。至光绪三十二年（1906）九月初六日，戴鸿慈等人就"放洋"所闻于政治者，编为欧美政治要义，进呈后帝。光绪三十四年（1908）七月十一日考察宪政大臣达寿就考察日本宪政情形上呈长篇奏折，详陈东西洋国体政体之沿革历史，说致强之道，最根本的是改良政体，所谓"万车连轨，不能容一乘之退行；列国争强，不能听一邦之终弱"，时势迫促，时不我待，唯此一途，更无退路。其言辞之恳切，可追康长素上书。

急是够急的了，但清祚已尽，起死无望。且中国已封闭太久，积弱太深，长睡之后顿觉已不能见容于世，求助于"强心剂"，旧躯体已经吸收不进，即使有改良之心，已无改良之力。醒得太晚，来不及了。

无论怎样评价清廷垂死时的"改良梦"，这批为立宪作准备的文件，仍是中国政治史的重要文献，其中颇有可为今日鉴者。

1994 年 11 月 16 日南京旅次

李少君若在今日

　　司马迁笔下的汉武帝根本没有传说中的雄才大略。"武皇开边意未已"，在《孝武本纪》只轻轻顺带过去，大部分是专门信邪的荒诞史。太史公在汉武治下受了宫刑，他对汉武是一点儿好感也没有的。《本纪》一开篇便说："孝武皇帝初即位，尤敬鬼神之祀。"通篇未见汉武政绩。

　　汉武帝很相信方士巫医的装神弄鬼。其中一例是李少君的行时。司马迁笔下的李少君是这样出场和时兴起来的：

　　　　是时而李少君亦以祠灶、谷道、却老方见上，上尊之。少君者，故深泽侯入以主方。匿其年及所生长，常自谓七十，能使物，却老。其游以方遍诸侯。无妻子。人闻其能使物及不死，更馈遗之，常余金钱帛衣食。人皆以为不治产业而饶给，又不知其何所人，愈信，争事之。

　　"能使物"，"物"有两解："鬼物"或"药物"。这"药"当然不是维生素 A、B，而大半是与神哪鬼呀的离不开的。后面李少君自己也解释说："祠灶则致物，致物而丹砂可化为黄金……""而事化丹砂诸药齐（剂）为黄金矣。"距此两千多年过去了，李少君式的神话不仅没有灭绝，而且还颇有些市场。在穷乡僻壤、民风愚陋的所在，倒也罢了；在现代化的大都市里竟也有时髦的李少君。

李少君能"却老"，能使人长生不老。但他自己毕竟"病死"了。史迁这个"病"字用得好。然而汉武帝却有青出于蓝的见识，"以为化去不死也"，而且命令其他方士"受其方"，于是"海上燕齐怪迂之方士多相效，更言神事矣"。这可叫作"上有好者，下必甚焉"了。

后来还有一个齐人少翁，也以鬼神方见上。这位少翁传说已二百岁了，居然"色如童子"。此人"跳大神"般给汉武帝的爱姬王夫人治病，被封为"文成将军"，而且"赏赐甚多，以客礼礼之"。不过后来这个人的法术露了馅，引起了天子的怀疑，结果悄悄地给杀了。史迁记曰："于是诛文成将军而隐之。"若不"隐"之反而"扬"之，那可能于天子本人脸面上也不大好看——谁叫你信那一套的！

《本纪》中求神求仙、走火入魔的事还很多。今天有些事，竟也多有相似处。而且描绘得神乎其神，说是亲眼得见、亲耳所闻，不容你不信。你若抱怀疑态度，虽然你怀疑的是荒诞不稽的事，却可能蒙"赶不上潮流"之讥！谓予不信，则某个"气功大师"之被揭穿，差可近之。我这人太"传统"，觉得仍是有病吃药更妥当些。否则，诸大医院纵不致关门大吉，也该门可罗雀才对。

不知科学为何物的司马迁，对汉武皇帝迷信的这一套似乎不大以为然。于是说："余从巡祭天地诸神名山川而封禅焉。入寿宫侍祠神语，究观方士祠官之言，于是退而论次自古以来用事于鬼神者，具见其表里。后有君子，得以览焉。"

今日之以"气功"骗人者，岂不是今天的李少君吗？

1995 年 3 月 10 日

"察传"说

《吕氏春秋·察传》开头几句说：

> 夫得言不可以不察，数传而白为黑，黑为白。故狗似玃，玃似母猴，母猴似人，人之与狗则远矣。此愚者之所以大过也。闻而审则为福矣，闻而不审，不若无闻矣。

接下来举了为人主者审与不审各二例，以示审则国霸诸侯，不审乃致国亡身死。这是指统治者需得言而察，不能听了便信，受了"误导"。

就一般平头百姓来说，也要"闻言必熟论，其于人必验之以理"。否则一传十，十传百，最后，"人之与狗则远矣"。下文举了三个以讹传讹的例子："乐正夔一足"、"穿井得一人"、"晋师三豕涉河"。然后总结如下：

> 辞多类非而是，多类是而非。是非之经，不可不分，此圣人之所慎也。然则何以慎？缘物之情及人之情以为所闻则得之矣。

陈奇猷先生认为此篇系"阴阳家言"，不知何所据。平直地说，用意在于不要轻信传言，与今天所常说的不要"信谣、传谣"、不要听信"小道消息"之类是相同的意思。这诚然没有错。但还有一层意思没有说到，就是"无风不起浪"一类，那并不是都可以以"人之与狗则远矣"目之。同样要"缘物之情及人之情"，然而其结果并不是简单的"辨误"，而可能是"顺藤摸瓜"地通向某些问题的实质。"察传"用以揭示真实是对的，若用以塞人之口而意在"隐恶扬善"，那便是某些大人先生压制民意、堵塞言路的手段了。

　　"察传"也不等于"辟谣"，说一声根本没那回事便算了事，那往往也会坏事。如听到"晋师三豕涉河"之后立刻否认了事，就必定会误事。当事人子夏则不仅是"辟谣"，而且是把传言弄清楚说："非也，是己亥。夫'己'与'三'相近，'豕'与'亥'相似。"结果信如子夏所说，调查的结果正是"晋师己亥涉河"。

1995 年 6 月 15 日

王荆公初心孤矣

扬之水《脂麻通鉴》有文《同文馆狱》，言及宋元祐党后乱局中的人事关系。汉末有党锢；晚唐有牛李。北宋晚岁变法与反变法，几度折腾，及至绍圣、元符，新"变法派"非特整肃元祐党人，且互相倾轧，乱作一团。

岳珂《桯史》卷十一"王荆公"条云：

> 余尝侍楼宣献及此（指党锢之祸），宣献诵荆公《是时尝因天雪有绝句》曰："势合便疑埋地尽，功成直欲放春回。农夫不解丰年意，只欲青天万里开。"其志盖有在。余应曰："不然，旧闻京师隆冬，尝有官检冻死秀才，腰间系片纸，启视之，乃喜雪诗四十韵，使来年果丰，已无救沟中之瘠矣。况小人合势，如章、曾、蔡、吕辈，未知竟许放春否？"宣献忻然是其说。及今观之，发冢之议，同文之狱，以若人而居位，岂不如所臆度，荆公初心，于是孤矣。

同文馆之狱已见扬之水文。"发冢"之议，指新"变法派"假复王安石新法之名，交章论司马光等"变更先朝之法，畔道逆理"，章惇、蔡卞请发司马光、吕公著之墓，"斫棺暴尸"。哲宗问许将,许将说:"此非盛德事也。"于是被哲宗制止。冢固未发,但撤销了司马光和吕公著的封谥,则是不可免的。

王荆公受到宋神宗的支持,以为遇不世出之主,大更旧法,时事崭然一新,当时他是没有想到后果的。他不曾想到祖宗成法是不可轻易去碰的,更没有想到他所信用的继承人,没有一个不是假新法以欺世盗名的。其中的许多人如岳珂说的是"小人合势",像制造同文之狱的那些手段,全是一派阴谋诡计;"文化大革命"期间罗织罪名的种种名堂可说有所师承而青出于蓝了。

王安石之"初心"在熙宁时因势单而孤,到哲宗元符年间则是因"小人合势"而孤了。这是王荆公的悲剧。

1995 年 6 月 23 日

谏诤之道与崔鹗上书

宋哲宗元符三年（1100）正月，帝崩。神宗第十一子端王继位，是为徽宗。

新主登基，历来要做广开言路的样子，大臣们自会有人一本正经地坦诚进言。这个当口说出的话，时时有些铿锵而掷地有声的话。

端王临朝，照例"诏求直言"。有筠州推官崔鹗者上书陈用人纳谏之道，开头几句话述开言路之委曲处，颇有可观：

> 臣闻谏诤之道，不激切不足以起人主意，激切则近讪谤。夫为人臣而有讪谤之名，此谗邪之论所以易乘，而世主所以不悟，天下所以卷舌吞声，而以言为戒也。

此言不虚，不虚在于"谏诤"与"讪谤"的界线难明。说得过于含蓄，则语意隐晦，人家听不出来；说得过于明白而激切，尽管说的是大实话，也难免被目为讪谤。于是为求自保，便宁可含蓄些。但含蓄得露出了真意，又难免"打擦边球"之虞，那也就和"讪谤"差不了许多。最后便只好"卷舌吞声，而以言为戒"了。

崔鹦上书，洋洋洒洒一大篇，要在给司马光等恢复名誉，劾宰相章惇等"狙诈凶险""破碎善类"。语虽激切，但与徽宗意合，所以"览而善之"。崔鹦是看准了才说的。一是章惇在哲宗元符年间整肃元祐党人，手段险恶，哲宗已觉太过，在朝臣中已经怨声充耳，论惇过者日众。再则哲宗崩后，向太后要立端王佶，章惇说："端王轻佻，不可以君天下。"而主张立申王佖。结果，太后属意于端王。所以崔发章惇过，再激烈也没有风险。这个"谏诤之道"，崔鹦没有写进去。然而这才是规诫上司最常用的手段，即揣摩上头的意图，把欲言未言的话说出来。

崔鹦是否如此，史无明文；所以难免冤枉了这位筠州推官。

按："推官"，唐始置，宋因之。为节度观察两使之僚属，各州皆置，亦曰"军事推官"，其次为"衙推"。元明各府置推官一，理一府之刑名，即"刑厅"；清初尚因之，后废之。故推官是地方僚属，如今天的办事员，非"言官""台谏"之属。崔鹦上书当是响应皇上"诏求直言"的号召。

1995 年 7 月 4 日

老生常谈一则

宋哲宗元祐年间（1086—1094），鸿胪丞常安民上书吕公著云："善观天下之势犹良医之视疾，方安宁无事之时语之曰'其后必有大忧'，则众必骇笑。惟识微见几之士，然后能逆知其渐。故不忧于可忧，而忧之于无足忧者，至忧也。"

这是几句老生常谈，即居安思危之道。然而不可轻视这类"老生常谈"。"老生常谈"虽然说的是至理，但很不容易做到，所以就要常常重提，所以成了"老生常谈"。有些"老生常谈"却往往是"放之四海而皆准"的。可怕的是，已无须识微见几之"忧"，即已是足可忧者，但仍或视而不见，粉饰太平，或讳疾忌医，不容置喙，则是更可忧者。

常安民又言："今怨忿已积，一发，其害必大，可不为大忧乎？"姑置元祐、熙丰之争不论，这几句话又是一条至理。天下事常见，有史可鉴。而怨忿之所以积，又每每是由于怨不得舒，捂得太紧、盖得太严，以致一旦捂不住时就要爆炸。此是物理，也是人情。中国古代早有"防民之口，甚于防川"的老话。其救治之道在于宣之泄之，而不是壅之塞之。这是聪明的统治者所应懂得的。

吕公著对于常安民的信没有任何反应。过了两年，吕公著就死了。司马光、吕公著死后，元祐党没有了"精神领袖"，又不团结，绍圣而后就被翻过手来的章蔡等假熙丰传人之名整肃得很厉害，几番折腾，北宋不待外敌之入，自身已很虚弱了。

1995 年 7 月 13 日

张岱论写史

写史极难，张宗子多论及此。

《石匮书自序》云："能为史者，能不为史者也，东坡是也。不能为史者，能为史者也，弇州是也。"

弇州何以不能作史？曰："弇州高抬眼，阔开口，饱蘸笔，眼前腕下，实实有非我作史更有谁作之见，横据其胸中。史遂不果作，而作不复能佳，是皆其能为史之一念有以误之也。"

其得太史公意却不率尔作史者，是苏东坡："太史公其得意诸传，皆以无意得之，不苟袭一字，不轻下一笔，银钩铁勒，简练之手，出以生涩。至其论赞，则淡淡数语，非颊上三毫，则睛中一画，墨汁斗许，亦将安所用之也。后世得此意者，唯东坡一人。而无奈其持之坚，拒之峻，欧阳文忠、王荆公力劝之不为动，其真见于史之不易作与史之不可作也。嗟嗟！东坡且犹不肯作，则后之作者亦难乎其人矣。"

史难有信史。"第见有明一代，国史失诬，家史失谀，野史失臆，故以二百八十二年总成一诬妄之世界。"

宗子可谓尖刻矣。虽然，史时有诬，原因何在？原因在于作史者脱不了干系，史官乌纱碍了手脚也。宗子家藏甚丰，国变后仍能隐迹山林，秉笔而书之。宗子一身轻、无官累，故可不作昧心语。曰："幸余不入仕版，既鲜恩仇，不顾世情，复无忌讳。事必求真，语必务确，五易其稿，九正其讹，稍有未核，宁阙勿书。故今所成书者，上际洪武，下讫天启，后皆阙之，以俟论定。"

治史者真当再三玩味宗子深意。

1995 年 12 月 22 日

从"以史为鉴"说起

1月9日《光明日报》"史林"版有署名宋衍申文说"殷鉴",谓:"正是摆脱了'殷鉴'的思想束缚,代之以'以史为鉴',史学界才产生了大解放,史学才在极为宽广的领域里展开了翅膀。"

我国史学素有"以史为鉴"的传统,这本是不错的。但把"以史为鉴"作为一种史学理论,且说因而使史学得一"大解放",则过矣。

中国史历朝历代,实际上是"政治史",许多问题如经济史、社会史、民族史等等,都是空缺的。这是中国史学的先天不足。这是因为中国历史是在史官"实录"的框架里写出的。(即使在较为发达的政治史方面,像陈寅恪先生的《隋唐制度渊源略论稿》《唐代政治史略稿》那样的专著也不多见。)启功先生说:"史官为帝王所雇佣,其所书自必隐恶扬善,歌功颂德。春秋董狐之笔,不过一时一事,其前其后,固不俱书赵盾弑其君也。"又说:"史书自名实录,盖已先恐人疑其不实矣。"这些话当是通人之论。因此,"以史为鉴"便有相当大的局限性。而且"以史为鉴",也要看所鉴者何;若治史先存此想,那么在对待一些历史问题上便可能按自己的主观意图去取鉴,则历史就难免要失去它的客观性。宋周密《齐东野语》中说:"国史凡几修,是非凡几易。"韩愈《答刘秀才书》说:"传闻不同,善恶随人所见,甚者附党(指王伾、王叔文)、憎爱不同,巧造语言,凿空构立,善恶事迹于今何所承受取信,而可草草作传记令传万世乎!"明末张岱说得更绝:"第见有明一代,国史失诬,家史失谀,野史失臆,故以二百八十二年总成一诬妄之世界。"

因此,历史研究首要应是力求客观而准确地研究历史,使后来的人愈来愈接受历史的真实;而不是先抱着"以史为鉴"的目的去研究历史。"以史为鉴"是历史研究的"副产品"。有可鉴者而鉴之;若先以取鉴为主,并以之为指导性的史学理论,则可能是与"殷鉴"相同的另一"思想束缚",是不可能有史学界之"大解放"的。

我国的史学是有深厚传统的:卷帙之浩繁,史料之丰富,世界上是少见的。然而有两大缺欠:

第一,修史是掌握在史官手里的,多是帝王政治活动的记录,原只是给皇帝看的;在中国的历史上没有专门以治史为务的历史学家,在史学理论方面亦难有独立的发展。刘知幾等人的史论著作,多是在写作技巧上发议论。司马迁之"通古今之变,究天人之际"也就是十分笼统的几句话。章学诚讲"六经皆史",讲"史德""史才""史识",都还是在"史官文化"樊篱中论史。所以我们没有比较完整的经济史、社会史、民族史。

第二,马克思主义史学为我国历史研究注入了新的活力,使史学研究有了很大突破。但有时把马克思对西欧社会历史分期论断简单地搬用在中国历史研究上,致使许多含混不清的概念成为不可移易的成说。而为了要突出历史是人民创造的和农民运动是历史的推动力等思想，对诸如历代农民起义等问题的描写和评述，便每每失之于简单化和缺少说服力。更兼政治运动的干扰，致使中国历史的研究，到现在似乎还没有突破某种"原地踏步"的定势，如今《中国通史》已经出齐，我最近翻阅宋史部分的王安石变法和农民运动各节（此卷出于"文化大革命"甫过之时，可能若干问题尚未及清理），即有此感。

1996 年 1 月 10 日

乐以助思

唐李肇《唐国史补》云：

> 李翰文虽宏畅，而思甚苦涩。晚居阳翟，常从邑令皇甫曾求音乐，思涸则奏乐，神全则缀文。

余作文亦习以音乐做伴，以肖邦、莫扎特为好。贝多芬大气磅礴，乐之圣者，然鲜能以之助文思，盖其强律摄人情感，反无助于成文矣。至轻音乐则多浮飘之声，难以定写家之心性，非文思所需。若时下流行（通俗）歌曲，则避之犹恐不及矣。

1996 年 3 月 7 日

在朝多昏昏

　　大抵在朝者多昏昏，位愈尊愈昏。顾宪成调侃王锡爵，谓外间以为非者，内阁以为是，何也？顾、王是非易位，朝野不同故也。身在野心亦在野，了无挂碍，此所以为野也。

　　《唐国史补》记：

　　　　德宗既贬卢杞，然常思之。后欲稍迁，朝臣恐惧，皆有谏疏。上问李泌公曰："卢杞何处奸邪？"勉曰："天下以为奸邪，而陛下不知，所以为奸邪也。"

　　德宗，尊者之尊，故亦昏中之昏。

　　在朝而具"野"心，可免昏，或少昏；此所谓"在朝多昏昏"，非"在朝皆昏昏"也。然而在朝之不昏且不昧心装昏者，必不能久居其位。

1996 年 3 月 9 日

史学杂谈

常说中国最富史学。古云"六经皆史",刘知幾概为二体。至于野史稗史,车载斗量,难以尽数。然而不尚史论。如有议论,多属由史实而发感慨,修史者或时引为向上做的诤言,真如司马迁说的"究天人之际,通古今之变"的不多,充其量能做到也是他说的"考其行事,稽其兴衰成败之纪",已不错了。总之不脱"以史为鉴"的目的。孔子说:"我欲载之空言,不如见之于行事之深切著明。"中国少有无实用目的的史论,这或是中国史学的一个传统。

然而笔载行事是否真能"深切著明",却也不尽然。为前者讳,为贤者讳,这是从消极方面说的。而歌德、颂圣般的溢美之词,则是从积极方面说的。于是骂杀、捧杀,"隐恶扬善",经过一番打扮粉饰,历史便也差不多成了一张白纸上的字画。宋周密说"爱憎一衰,议论乃公";张岱重写明史的时候,已是"不入仕版,既鲜恩仇,不顾世情,复无忌讳"了。斯宾格勒也有类似的话:"一个时代的历史,只有当它在时间上是相隔很远的,而历史学家也根本和它无利害关系的条件下,才能得到客观的论述;我们已发现,我们优秀的史学家们甚至在评判或描述伯罗奔尼撒战争和亚克兴战役时,都不能不或多或少地受到当前的利害关系的影响。"

可见作史者必要弃绝功利之心，是非之念，才好作得公道。以史为鉴，于为人行事，未始不当；但不必以为作史之唯一准则。因为"以史为鉴"难免受作史者的个人好恶所左右，以为可鉴者取之，无足鉴者则去之；又且易为一时实用所需，所谓古为今用，矫史以应时，则史将不史矣。"文化大革命"评法批儒之类亦正坐此病。

顷见报章有文，因现要实行公务员考核制度，便引譬如雍正皇帝如何用人，独不见其时之"文字狱"乎？

中国昔日治史、国史必史官之史，隐恶扬善，必其大弊。这一传统，绝对不是好传统。

近几十年来，史学又添一新病，曰：机械唯物史观。其极端表现便是"以阶级斗争为纲"，把农民运动标为历史的推动力，而其内容却又少有鲜活生动的史实，其发展、经过和终结，除少数延续时间较长如"太平天国"之类，率多大同小异，雷同一响。

我史学所缺者，概为一种实证的科学研究。每每先有一种判断在脑中，为确证这个判断而去寻找乃至裁量材料，终将以史料强合观点，实行的正是本末倒置之法。此种反实证的机械唯物史观，正是辩证唯物史观的反方向。惜常人习以为常而不自知耳。

吾固云，中国史学的包袱有二：一曰"以史为鉴"，由此坐病"实用主义"。一曰"机械唯物史观"，由此坐病教条主义。治此二病者，其为"年鉴派"史法乎？

1996 年 5 月 11 日

读《史记·老庄申韩列传》二则

一

老庄申韩共列一传，看去不是一路人。司马迁似乎认为根子在老子。因为老子固然"修道德，其学以自隐无名为务"，但原因却在于"见周之衰，乃遂去"，他的根本仍是"君子得其时则驾，不得其时则蓬累而行"。世人把老与儒对立，学老即远儒，学儒亦避老，"道不同不相与谋"，其实都还是很现世的。不过老子更注重"良贾若虚"式的风格，无为自化是为了清静自正。

庄子则从始至终都"无为自化"，他以老诋儒，其实只是以老子清静无名的那一半去诋儒，庄子并没有"治大国若烹小鲜"的抱负，不管周是不是衰，反正"无为有国者所羁，终身不仕"，"以快吾志"。司马迁传庄周笑谓楚使的那几句话："千金，重利；卿相，尊位也。子独不见郊祭之牺牛乎？养食之数岁，衣以文绣，以入大庙。当是之时，虽欲为孤豚，岂可得乎？"比那"神龟"的譬喻更为明白刻削，其中可见司马迁的愤世嫉时的感情。

申生、韩非是另一路；申不害"本于黄老而重刑名"，韩非"喜刑名法术之学，而其归本于黄老"，他发挥了黄老刑名之术的那一面。老子一以通庄周，一以通申韩，两又归于一源。

司马迁特别强调韩非的"知说之难"，特转述《说难》原文，可谓有深意在焉。而"余独悲韩子为《说难》而不能自脱耳"，更是司马迁深藏内心的无限感慨。

列传最后数语不仅是全篇的总结，尤其是理解老子的钥匙：

> 太史公曰：老子所贵道，虚无，因应变化于无为，故著书辞称微妙难识。庄子散道德，放论，要亦归之自然。申子卑卑，施之于名实。韩子引绳墨，切事情，明是非，其极惨礉少恩。皆原于道德之意，而老子深远矣。

老子的"深远"在于以无为饰有为，所以能传出庄周和申韩两路。老子的哲学终是政治哲学。

1996 年 12 月 3 日

二

韩非《说难》里的现象，凡在专制体制下和专制时期里都是有普遍性的；但在中国别有其精微机巧之处。即使拿到今天，仍未过时。如韩非说的几种"身危"：

> 夫事以密成，语以泄败。未必其身泄之也，而语及

其所匿之事，如是者身危。（一危）贵人有过端，而说者明言善议以推其恶者，则身危。（二危）周泽未渥也而语极知，说行而有功则德亡，说不行而有败则见疑，如是者身危。（三危）夫贵人得计而欲自以为功，说者与知焉，则身危。（四危）彼显有所出事，乃自为也故，说者与知焉，则身危。（五危）强之以其所必不为，止之以其所不能已者，身危。（六危）

这六种"身危"总结得实在妙极了。反正是怎么说都不行，是也不是，不是更不是；深了不是，浅了也不是。逆着说，所谓批其逆鳞，当然不是，顺着说过了头也不是。"此说之难，不可不知也！"谁说传统文化过了时，韩非就没有过时。"听听他们学者的！"学者之为"他们"，以别于"我们"，对此绝不含糊。最近在郑州讲了一番话，事后故意问在座的《光明日报》记者，我这篇讲话如果整理出来投寄《光明日报》，能登吗？她很干脆："绝对不行；就冲您那结论就不行。"我的结论是：传统文化通不向现代化，现在还是"拿来主义"时代！

鲁迅的话也不行吗？明明"拿"得比谁都厉害，但一听学者说"拿来主义"，就神经紧张。说来说去，还是张之洞，还是"中体西用"，还是皇家心态。

1996 年 12 月 4 日晨

善谀之士，可厌！

《吕氏春秋》"先识"篇讲了这样一个故事：晋太史屠黍因晋乱逃到西周威公那里，周威公问他天下的国哪个最先亡，答说晋先亡。因为日月星辰乱了套；人事多不义，老百姓怨声载道；同邻国关系紧张，国中没有贤人。三年后，晋果然亡了国。威公又问屠黍，下面轮到哪个国家亡呢，答说中山。因为国君不分好歹，对亡国之风毫不理会。两年后，中山也亡国了。威公又问：轮到谁了？屠黍起初不答。威公一个劲儿地追问，屠黍便说，轮到你了！威公害怕了，于是遍访贤人、聘请谏臣，废除了39件苛政，然后把这些事告诉屠黍。屠黍说这差不多；因为，"国之兴也，天遗之贤人与极言之士；国之亡也，天遗之乱人与善谀之士"。

一个国家的兴亡要看它是否留得住"有道之人"。晋国留不住屠黍这样的人，所以亡了国。周威公能容得下"极言之人"，礼聘了史骓、赵骈这样的谏臣。周威公虽不见得兴国，却没有亡国。后来，惠公的两个儿子发生了内讧，于是惠公分周为二。这段故事，史所未详。反正周威公没有亡国。如果威公不听屠黍的话，也许自己就先垮下来了。所以文章说："故有道者之言也，不可不重也。"

人总是喜欢听顺耳的话，所以世多有"善谀之士"。喜欢听顺耳的话的人，容易上当受骗，这是善良的人也在所难免的；倒是"善谀之士"讨厌，因为此类人必怀鬼胎。

1997 年 10 月 22 日

汉孝惠帝二事

汉孝惠帝在位只七年。有两件事可以一提：

一是吕后开始擅政，滥杀了赵王如意，然后切断戚夫人的手足，去眼耳，给她灌致哑的药，囚禁厕中，称为"人彘"。并且叫孝惠帝去看，孝惠帝吓得大病一场，使人请太后曰："此非人所为，臣为太后子，终不能治天下。"于是整日价喝得烂醉，不理朝政。司马光说他父母有过不敢谏，遂且自暴自弃，纵酒色，是"笃于小仁而未知大义"。

二是"萧规曹随"的典故出在这几年。曹参留下的名言：高帝与萧何定天下，法令既明，遵而勿失，就可以了。不求进取，墨守成规，直至无所事事者，皆可效法曹参矣。这样的人喜欢的人也都是平平庸庸、麻木不仁的人。曹参择吏，木讷重厚长者；那类"言文刻深"的人，则一概不用。曹参是怎样一个人呢？《史记》说他能打仗，有野战略地之功。后来孝惠帝封他为齐丞相，政绩如何呢？《史记》有段话："参尽召长老诸生，问所以安集百姓，如齐故诸儒以百数，言人人殊，参未知所定。"有人发现曹参一天天混日子，就去提意见，然而，参一见有人来，便"饮以醇酒"。来人稍候又想找机会谈谈，曹参"复饮之，醉而后去"，这样的事常有，想提意见的也只能作罢。曹参下属也照着他的样子，整天大吃大喝；曹参也去凑在一起吆三喝六，歌呼应和；属下犯了错误，曹参便眼开眼闭，所以"府中无事"。

一次孝惠帝对曹参的儿子、当了中大夫的曹窋发牢骚，说："你的老子吃粮不当差，你回家时看有机会劝劝他，跟他说：高帝刚离开人世不久，当今皇上没经验，您老人家作为丞相，只是饮酒取乐，不干正事，怎么能管理国家大事呢？可千万别说是我叫你去说的。"曹窋照办了，曹参大怒，打曹窋的屁股二百下棍子，说："滚，干你什么事？"一天上朝，惠帝说："为什么揍你儿子呢？那是我叫他去劝你的呀！"曹参赶忙脱帽致敬："陛下您自己觉得比得上高帝吗？"惠帝说："我怎么敢与先帝相比呢！""那么，陛下看我比萧何怎么样？"惠帝说："你似乎不如萧何。"曹参说："这陛下您就说对了。何况高帝与萧何在平定天下的时候，把法令都定明白了；如今陛下当朝，我们这班人照原样办，不就可以了吗？"惠帝说："好吧，就算了罢！"

这么一个曹参，似乎老百姓却对他有些"好感"，他死后百姓歌之曰："萧何为法，较若画一；曹参代之，守而勿失。载其清净，民以宁一。"于是后人善于当官而又没有肩膀的，都学会了曹参的精神：一切按前人说的办。

1997 年 11 月 19 日

"见知法"与"腹诽罪"

汉文帝以下诏书立法，其中有一则甚妙，即废除诽谤妖言罪，理由是这样做会堵塞言路，人人都怕犯上这一条不敢说话了。只看这一条，汉文帝比起周厉王之监谤、秦王之禁偶语，不知要"开明"多少倍了。

不过汉文帝这一条没有坚持多久，以后"赐死"的不在少数。到景帝已不是那么回事了。史书中文景并提，其实景帝已去文帝远甚。

常说吕后擅杀，残害戚夫人的手段，心毒手辣。皇帝杀人，于被杀者结果都是一样的，不同的是罗织罪名的手段。

汉武帝时，最令人心颤的"创造"要算有所谓"腹诽"罪。主意是酷吏张汤出的，武帝时是大中大夫，他说颜异对于武帝发行"鹿皮币"心以为非，但不说出来，是为"腹诽"，当处死。史书上说：自是之后，有"腹诽"之法，而公卿大夫，多谄谀取容矣。

"腹诽"现在的名词叫"思想罪"，比"言论罪"还厉害。不过张汤也没有好下场，犯在朱买臣手里，自杀了。

张汤还有一个"创造"，叫"见知法"，就是知情不报的"故纵罪"。到唐朝武则天则发明了举报的办法。为告发别人提供方便，挟私报复的小人得以通行，"知情人"也可免犯"见知法"了。

中国历代的"法律"一般都是律人、惩人的居多，但至少皇帝是不受法律约束的。到刑不上大夫，则所谓法者便只剩下对付平头百姓了。所以皇帝嗜杀是无罪的。

到明太祖朱元璋、明成祖燕王棣的杀人，则根本算不了什么了。燕王棣登基杀齐泰、杀董子澄、杀方孝孺，灭门九族，不过举手之劳；传说方孝孺被灭了十族，他的学生算是第十族。汉文帝有废"连坐"法，恐怕一天也没能实行；"株连罪"倒是成了"传统"。

据说朱元璋的妻子马皇后是个明白人，传说她勤于"内治"，讲求"古训"。病重时，大臣们要为她祷祀求神、广寻良医；她对朱元璋说死生有命，求神有什么用！如果医药都没有效验，陛下您能不因为我而把医生们杀掉吗？看样子皇后不行了，皇帝问她可有什么话留下；她说但愿陛下求贤纳谏、子孙皆贤、臣民得所而已。马皇后是了解丈夫的，过去朱元璋在前殿决事，怒气未消回到后宫时，马皇后便常相机劝他缓用刑戮。当然马后的意见根本不起任何作用。

应该写一部历代皇帝嗜杀史。这也是"传统"。

1997 年 12 月 6 日

明仁宗"慎用刑"

明太祖、明成祖杀人如麻，冤狱如林。明仁宗高炽践皇帝位，一年而卒，是个短命皇帝。不过，在这短短的一年中，他做了两件不同于乃祖乃父的事。

第一是给一些人平了反、复了官。

第二是慎于用刑。他谕杨士奇等人说：比年法司之滥，朕所深知；所拟大逆不道，往往出于文致；自今审决重囚，卿三人（杨士奇、杨荣、金幼孜）必往同谳，有怨抑者，虽细故必以闻。

后来又下诏慎用刑，说："刑者，所以禁暴止邪，导民于善，非务诛杀也。吏或深文傅会，以致冤滥，朕深悯之。自今其悉依律拟罪。或朕过于嫉恶，法外用刑，法司执奏，五奏不允，同三公大臣执奏，必允乃已。诸司不得鞭囚背，及加人宫刑。有自宫者，以不孝论。非谋反，勿连坐亲属。古之盛世，采听民言，用资戒儆；今奸人往往摭拾，诬为诽谤，法吏刻深，锻练成狱。刑之不中，民则无措。其余诽谤禁，有告者，一切勿治。"

但是，说归说，三月下诏，五月即以酷刑处置"抗疏言事"的侍读李时勉和罗汝敬。仁宗怒召李时勉至便殿，李不屈；于是即命武士以金瓜击之，把肋骨打断，死了过去。罗汝敬也因言事而下狱。

这是仁宗皇帝死前做的一件事。所以皇帝的"好话"，都是信不得的。设仁宗不死，那诏书也必是一纸空文。

1997 年 12 月 9 日

岂有此理！

明宣德（宣宗，朱瞻基）年间，御史陈祚提出要给皇帝讲一讲《大学》衍义。宣宗大怒，说，这个陈祚以为我没有念过《大学》吗！这样看不起我，不可不杀。于是抄了他的家，把他的亲属交给了锦衣卫，其中的妇女给送到"浣衣局"罚劳役去了。

陈祚自是多事，宣帝以此而"罪"及陈祚全家，则真真是岂有此理！

同在宣德年间，宣帝大兴土木，修建离宫别馆。刑部主事郭循力谏不可，触怒了宣帝，宣帝命人把郭循用毯子裹起来拖到内殿，亲自审问，郭循不服，皇帝火气更大了，亲自揍了他一顿，交由锦衣卫处置。

这两件事都反映了皇帝的真面目。当然还有虚情假意收买人心的一面。也举宣帝两件事：

一天，皇帝去看内库收藏的书画，发现了赵孟頫所画的"豳风图"，"诗兴"大发，吟诗一首，叫人抄出来挂在便殿的墙上；那时正是暑伏天气，宣帝私下对侍臣说："天气这样热，正是农民在田地里干活的时候呵！"于是吟诵了聂夷中（一作李绅）"锄禾日当午"的话，并且说："我每背这首诗，心里都想着农民呵！"

我想，皇帝与侍臣私语，外间哪得知，史官何得知？当然是侍臣故意传给史官的。"左史记言，右史记事"，史书里便有了这类皇帝的装腔作势。

另一日，有一个男子在西华门外大喊大叫，语涉讪谤，守门人把他抓住，带到宣帝面前，他仍然喊叫不止。大臣们提出送法司治罪。宣帝说："圣人之世，设诽谤木以来谏者，此人宁可罪邪！其释之。"宣帝此时变得何等"宽容"，上可以比尧舜之设"诽谤木"①的古风了。

所以，皇帝说的话，哪个真，哪个假，是需加辨别的。

1997 年 12 月

---

① 《大戴礼》：唐尧时立木为表，使民书政之愆失以自儆，名曰："诽谤木。"

治史重在求真

明人王世贞说："天地间无非史而已。"

此语不虚。任何学问都离不开历史；可以说无史难以言学。不仅人文社会科学诸学科如此，即使自然科学，也有自己的发展史。

所以，历史——历史学——是一门大学问，是一门极难、极复杂的学问。中国历代"国史"出自史官，事涉君亲，必有隐讳，以是历朝不可能有信史，或不可能完全是信史。宋周密所谓"国史凡几修，是非凡几易"是也。于是有各种野史、稗史、记闻等出，或匡正史之误，或补正史之缺。然而这些口耳所传就一定可信吗？所以，治史之难，难在求真。求完全的"真"，是不可能的。写出的史书与当时的真正的历史，总不可能一模一样。但是求其尽可能地接近真，则是可能的。于是史学家常常皓首穷经，倾其一生在浩如烟海的史料里，梳耙考证，也正是为了求个"真"字。史料是不可穷尽的，史家对史料的分析也不能定于一尊，因此治史愈久，求之愈精，永无终结。史学之大、之难、之复杂，原因在此。

史之为用，不是实用主义的"用"，故不囿于一时一事，而在于会通万方古今。太史公治史有"三条方针"，我觉得至今仍适用：

一、"述往事，思来者。"这是治史的社会价值，叫作"鉴往知来"。司马迁的《史记》一半以上是"当代史"，"往事"包括刚刚过去的眼下的事情；司马迁"述事"不隐恶，是为作史者立下的一条大规矩。

二、"网罗天下放失旧闻，考之行事，稽其成败兴坏之纪。"这是研究方法，要积累材料，是"网罗"，而不是拾掇一星半点，在此基础上综合、归纳、分析，弄清事情的所以然。

三、"究天人之际，通古今之变，成一家之言。"这是讲研究者所要努力达到的水准和境界。

这里再顺便讲两句对人们常说的"以史为鉴"的补充意见。"以史为鉴""鉴往知来"，都是说明历史的作用的，这没有错。问题在于前提必须是"求真"。否则，把它"实用主义化"，便可能有两个后果：一是为了自证而"六经注我，我注六经"；二是为了"配合"眼下的时政举措而在史中寻找先例和根据，因而难免有倾向地打扮甚至歪曲历史。这两种后果都是主观主义的，有违历史的真实，终必使史学"庸俗化"。

20 世纪二三十年代有位文学家陈衡哲说："历史不是叫人哭的，也不是叫人笑的，是叫人明白的。""叫人明白"，就要尽可能求真。历史是一种科学，治史者必须冷静、客观。

最近看到杨奎松先生在《"恩怨"之中的思考》一文中有几句话，讲得很透，我完全赞同。兹转录如下作为这篇短文的结语：

对错谁属，责任大小，并不是一部历史书必须讨论的问题。要做到实事求是，"客观"两个字非常重要。如果研究者带有强烈的主观倾向和感情色彩，基于鲜明的政治功利主义，着眼于批判的目的，其研究就难以做到实事求是，许多问题的来龙去脉甚至就根本搞不清楚。

1999 年 2 月 20 日

再添一个"幸臣"如何？

1月22日的《文汇读书周报》载吴小如先生文《奸臣、权臣、贰臣》。我以为还可以再加一个"臣"，即"幸臣"，佞幸之臣。

这种"臣"专门以拍马屁媚上邀宠，因此天子倍加私爱。这种"臣"品级不一定都很高（当然也可以是很大的官），但却能在天子周围转来转去，时不时地递上一些害人害事的鬼主意、坏主意。这种人极善于弄虚作假，专门报喜不报忧，把黑说成白，把丑说成美，把非说成是。

这种臣子是封建官僚体制的产物，历史上常有他们出场。司马迁始作《佞幸列传》，把汉高祖、孝惠帝、文景二帝时的宠臣嘴脸一一列出。尤其可贵的是揭露了"今天子中宠臣"，把他们淋漓尽致地勾画了一番。《佞幸列传》在《史记》中是个短篇，用笔犀利，观点鲜明，是一篇精彩的讽时之作。

司马迁在这篇"列传"中有两点很重要：一是重点在于"士宦"，"非独女以色媚，而士宦亦有之"。再一点是说这种人古已有之，代有传人，所以他在"太史公曰"里作结论道："弥子瑕（春秋时卫灵公的幸臣）之行足以观后人佞幸矣；虽百世可知也。"好个"虽百世可知"！

唐明皇时口蜜腹剑的李林甫可算是个十分典型的"幸臣"，可作为这类人的代表。史传他柔佞多狡数，与宦戚一流结交很深，非常善于留意和体察皇上的心意和颜色，因此说出来的话颇中皇上的意，于是，"上悦之"，提拔为礼部尚书。李卓吾对他有几句评语："交游既妙，应对复乖，那得不大官！"

　　"幸臣"，同时也可能是"奸臣、权臣、贰臣"，但以其别有特色，所以可以单独立为一类。

2000 年 1 月

晋处士戴达

晋孝武帝太元十二年（387）征召会稽处士戴达，达累辞不就；郡县敦逼不已，达逃匿于吴。谢玄上书曰："达自求其志，今王命未回，将罹风霜之患。陛下既已爱而器之，亦宜使其身命并存，请绝召命。"帝许之。事见《资治通鉴》。皇甫谧《高士传》未及收此条。

达自求其志，不肯就仕途，逃匿于吴。陈寅恪远居岭南，亦匹夫不可夺志之属。

2000 年 2 月 29 日

汉李固

后汉李固，骨鲠直臣，愚忠汉室而获罪于外戚权臣梁冀，终遭诛，时年五十四岁，二子基、兹死狱中，小子燮得脱亡命。

梁冀暴固尸于外，令有敢临者加其罪。有汝南郭亮，固弟子也，年始成童，诣阙上书，乞收固尸，不许；因往临哭，守丧不去。夏门亭亭长呵之曰："卿曹腐生，难道不怕死吗？"亮答曰："义之所动，岂知性命，你不要用死来吓唬我！"亭长受到感动，说："居非命之世，天高不敢不跼，地厚不敢不蹐；耳目适宜视听，口不可以妄言也。"诗云："谓天盖高，不敢不跼，谓地盖厚，不敢不蹐。"这位亭长把当时的高压气氛形容得很透彻。

当时梁冀凭椒房之亲，权重当朝，李固屡撄其锋，终于死在梁冀手里。梁冀立蠡吾侯为帝，是为桓帝。桓灵党锢之祸在立帝问题已启其端，耿介之士与外戚权臣，每不相得，但耿介之士终于是斗不过皇帝和权臣的，吃亏的总是耿介之士。这是一种专制体制之所必然。或被杀或被投狱中，甚或连及族亲。

于此还有一路人，不恋庙堂、心向山林。固死临尸者还有一个南阳人董班。太后怜之，居然许其收殓归葬，还要封他做官。他没有接受，隐居起来，莫知所归。楚国先贤传称他"才高行义，不交非类"，一直"耦耕泽畔，恶衣蔬食"。

在中国历史上可称为善良的士，每属此两类：一者敢批逆鳞，终至杀身；再则不与俗流，洁身自好。多数人浑浑噩噩，但求苟全。

2000 年 4 月 9 日大风扬沙中

荀悦记汉末世风

瞿兑之《铢庵文存》读《三国志》笔记摘荀悦《汉纪》云："世有三游，德之贼也。三曰游行，色取仁以合时好，连党类立虚誉以为权利者，谓之游行。"另两个"游"是什么，瞿未录。"游行"意"游衍""衍溢"等，都有"自姿"之义。

续录荀悦文曰："奔走驰骋，越职僭度，饰华废实，竞趋时利。简父兄之尊而崇宾客之礼，薄骨肉之恩而笃朋友之爱，忘修身之道而求众人之誉，割衣食之业以供享宴之好。苞苴盈于门庭，聘问交于道路，书记繁于公文，私务众于公事。"

瞿兑之录此数语后说："悦于建安中亲见此种风气，故言之深切明著如此。"

这种风气今日亦是如此。只"简父兄之尊而崇宾客之礼，薄骨肉之恩而笃朋友之爱"似是张扬了"旧礼教"，细一琢磨，实是"竞趋时利"的必然结果；其实在今日之高官大款，不是经常可见的吗？所谓"宾客之礼"和"朋友之爱"实是"连党类立虚誉以为权利"罢了。"苞苴盈于门庭，聘问交于道路"，真是形象极了。

2001 年 11 月 22 日

"江南文化之盛基于五代"及其他

瞿兑之《读〈五代史〉偶识》云："五代之中，中原将士，远征四方，因而久留不返者必甚多。虽其后王、孟、刘、高诸氏子孙纳土归朝，其将佐从而北者，殆不及原从十之一。故五代之变，诚民族移殖一重要时期，今日江南文化之盛，实基于此也。"

又录马令《南唐书》："南唐跨有江淮，鸠集典故，特置学官，滨秦淮开国子监，复有庐山国学，其徒各不下数百，所统州县往往有学。"兑之注曰："宋初诏学官训校五经，苦于讹舛，及得金陵藏书十余万卷，其书多雠校精审、编秩完具。北方经五季之乱，文籍荡然，宋初犹稍有存者，皆南唐之功也。"

南唐素以后主名，而后主则以词名，哀艳凄恻，宜其不能久国。然南唐文物典籍之中，为古文化之存绪当有一功，兑之之言不虚。

《南唐书》有陆游著，亦有马令著。瞿谓："马氏《南唐书》不如陆氏书遒美，而多存文献，似颇胜之。如江南铸钱沿革，即见《后主书》中，即无形中补一篇《食货志》也。徐铉、潘佑议婚礼一节，即见《小周后传》中，即无形中补一篇《礼仪志》也。马氏亦深通史裁者。"

又云："马氏书尤喜载琐语异闻，如卢绛梦耿玉真相见固子坡之事，彭利用对吊客掉书袋之语，皆是。然当时传闻即广，久播人口，史家附记之，亦足见民间风习，所谓与其过而废也，不如过而存之。"

按：据《辞海》"南唐书"条，北宋马令撰《南唐书》，30卷，纪传体。令祖元康，世居金陵，熟悉南唐旧事。陆游撰《南唐书》，亦纪传体。清初李清有《南唐书合订》，合马陆书为一，未刊。

兑之《读〈五代史〉偶识》，其中甚有可读者。辽宁教育出版社有瞿氏《铢庵文存》，中辑入读史笔记若干。《文存》不知谁人辑编。

又按：瞿兑之（1894—1973），湖南善化（今长沙市）人，名宣颖，号铢庵，自称铢庵居士，晚号蜕园。世家出身，乃父瞿鸿禨为清季军机大臣、外务部尚书，其外姑即曾国藩之女曾纪芬。兑之是王闿运（号湘绮）的入室弟子，曾"受文词于湘绮翁"；又自称"粗解绘事，则尹翁和白导之"。其后又在上海圣约翰大学和复旦大学受教。在仕途中，曾任北洋政府顾维钧内阁的国务院秘书长、编译馆馆长、河北省政府秘书长等职，又曾以教授身份执教于南开大学、燕京大学。1949年以后，长期寓居沪上，以著述为业。唯不知其在历次"政治运动"中特别是在"文化大革命"中处境如何耳。

瞿氏著述宏丰，有《方志考稿》《历代职官简释》《人物风俗制度丛谈》《汉代风俗制度考》《养和室随笔》《杶庐所闻录》《北京建置谈荟》《北平史表长编》《燕都览古诗话》

《江辉祖传述》《中国骈文概论》等，还辑有《中国社会史料丛钞》和《同光间燕都掌故辑略》等。另有《李白集校注》和《刘禹锡集笺注》等。观其著录书题，足见其文史词章学识之富。

吾购有其《中国骈文概论》一小册，以其对骈体文誉之过甚过偏，未读完。

2001 年 12 月 1 日

瞿兑之谈《明史》

瞿氏《涤砚余沈》之《明史》条云：

> 诸生有以读史当何先为问者，应之曰：当先读《明史》。盖吾国一切政治社会制度，秦汉一变，隋唐一变，南宋一变，而明又一变。近代各种规模，皆创于明，相沿至今，大体犹是。如欲明了中国人情世事，仅读古史无益，莫妙于从《明史》入手。即以史笔之雅洁，史裁之谨严而论，《明史》亦为近古诸史之冠。其有助于行文，较之古朴、疏阔之《史》《汉》，弥觉切于实用也。惟《明史》中专门名词亦多费解，事实头绪亦繁，倘有为沈钦韩作疏证者，为功匪细。

瞿兑之这些话不知何时写的，用于清代或有道理。唯及至辛亥，当又是"一变"；虽然非驴非马，但创于明的"各种规模"已经变了。若从兴趣出发，则明代的历史确实有趣，尤其是彼时知识分子的各种心态，确实有"相沿至今"者。最近看了施亮写的小说《黑色念珠》，以当今的知识分子与明末士子们的故事相穿插，或许作者有所体悟，只是未能写得贯通。

2001 年 12 月 11 日

张岱论史

黄裳书跋云得张宗子《琅嬛文集》，中收张岱《史阙序》。

张岱说史书多有"阙文"，该写的故意不写，他于是问道："岂以此事为不佳，故为尊者讳乎？抑见之不得其真乎？"

接下来张岱说："余于是恨史之不赅也，为之上下古今搜集异书，每于正史世纪之外，拾遗补阙。得一语焉，则全传为之生动，得一事焉，则全史为之活现……"是以"书隙中有全史在焉"。

《琅嬛文集》另收文《石匮书自序》。张岱晚年治史，《史阙》《石匮书》皆是。他在《石匮书自序》中有一段文字讲他写史的动机和过程，很是醒豁：

> 第见有明一代，国史失诬，家史失谀，野史失臆，故以二百八十二年总成一诬妄之世界……余自崇祯戊辰，遂泚笔此书，十有七年而遽遭国变，携其副本，屏迹深山，又研究十年而甫能成帙。

重要的是：

幸余不入仕版，既鲜恩仇，不顾世情，复无忌讳。事必求真，语必务确，五易其稿，九正其讹，稍有未核，宁阙勿书。故今所成书者，上际洪武，下讫天启，后皆阙之，以俟论定。

作为一代大散文家的张岱，其文以散淡性灵为特点，自称纨绔子弟，极好繁华，好精舍，好美婢，好娈童，好鲜衣，好美食，好骏马，好华灯，好烟火，好梨园，好鼓吹，好古董，好花鸟……（参见其《自为墓志铭》）是个"大玩家"。但做起学问来，却是如此谨严求真，即今之学者读之，亦当深有感触，只此"不顾世情，复无忌讳"，谈何容易！

2002 年 1 月 13 日

附记： 去岁得黄裳《来燕榭读书记》上、下两册，辽宁教育出版社出版。印刷、装帧、封面均精美而很典雅。中可见黄裳藏书之丰，令人羡煞。这类书及黄先生跋语，恐今日之读者多在七十以上。文事文风，随世风的变化而有变化，各领风骚，此乃天道人事使然，只能是这样。黄氏书跋偶见于报刊，望识者亦辑印成书，俾不忘好古爱书之风，犹可在"文化多元"中占一席之地。

以秦为界

我曾作文，多次引孔孟王夫之语，以说明秦以前为"封建"，以后至 19 世纪为皇权专制，并证郭沫若等把先秦说成"奴隶制"而把秦汉以后说成"封建制"为谬。

陈登原《国史旧闻》第一三〇则"秦法与秦制"、第一三一则"汉时仍秦严法"、第一三二则"封建与郡县"，摘录有关内容甚丰。今更择录其要者如次：

桓谭《新论》："秦始皇见周室失统，自以为当保有九州。见万民碌碌，以为群羊聚猪，可以竿而驱之。"（一三〇）

《史记·六国表》："学者牵于所闻，见秦帝位日浅，不察其终始，因举而笑之，不敢道。此与以耳食无异。"

《礼书》（《史记》卷二三）："秦有天下，悉内六国礼仪，采择其善。虽不合圣制，其尊君抑臣，朝廷济济。依古以来，至于高祖，光有四海，叔孙通颇有所减益增损，大抵皆袭秦故。"（一三〇）

《朱子语录》（卷一三四）："黄仁卿问：自秦始皇变法之后，后世人君皆不能易之。何也？曰：秦之法，尽是尊君卑臣之法，所以以秦为界后世不肯变。且如三皇称皇，五帝称帝，秦则兼皇帝之号，只此一事，后世如何肯变。"同书同卷："自秦变法之后，后世屡变屡易，终不出秦，何也？

（此为吕伯恭语）曰：此意甚好，但使伯恭为相，果能尽用三代法度否？问：后有圣贤者出，如何？曰：必须别有规模，不用前人硬本子。"（一三〇）

朱熹这些话说得非常之透：中国专制主义何以阴魂不散？朱熹已尽言之矣。

恽敬《三代因革论》（《大云山房文稿》卷一）："是故秦也者，古今之界也。自秦以前，朝野上下，所到者，皆三代之制也。自秦以后，朝野上下，所行者，皆秦之制也。"（一三〇）

魏源《治篇》（《古微堂内集》卷三）："后世关塞险要，尽屡王朝。长城之限华夷，戎狄攘诸塞外。此郡县之制优于封建者也。由是言之，五伯者，三王之罪人，诸夏之功臣；嬴秦者，功在方世，罪在一时。"（一三〇）

《越缦堂日记补》（册一，页三〇）引《中和堂随笔》："五帝三王之法，所存无几。秦始皇虽至不道，然其所为，后世有不能改者：称皇帝，一也；立郡县，二也；修长城，三也。"（一三〇）

谭嗣同《仁学》（卷上）："二千年来之政，秦政也，皆大盗也。二千年来之学，荀学也，皆乡愿。惟乡愿工媚大盗，惟大盗利用乡愿。二者相交相质，而罔不托之于孔。"（一三〇）

以上析秦为"古今之界"甚详；自汉至清，皆同调。

2003 年 11 月 28 日

封建与郡县

此摘自陈登原《国史旧闻》第一三二则。

旧题苏轼《志林》卷五：

> 圣人不能为时。三代之兴，诸侯无罪，不可夺削，因而君之，虽欲罢侯置守，其可得乎？此所谓不能为时者也。周衰，诸侯相并，齐晋秦楚，皆数千里，其势足以建侯树屏。至于七国称王，皆行天子之事，然终不封诸侯，不立强家世卿，以鲁之三桓，晋之六卿，齐之田氏，为戒久矣。世之畏诸侯之祸，非特始皇、李斯知之。始皇既并天下，分郡置守，理固宜然也。如夏葛而冬裘，时之所宜，固非一人之私知独见。汉高祖立六国之后，张子房以为不可，时未有诽之者。李斯之论，与子房何异？世独以成败为是非耳。故吾以为李斯、始皇之言，天下之公言也。

顾炎武《封建论》，《亭林集》卷一：

> 自汉以后之人，莫不谓秦以孤立而亡。不知秦之

123

亡，封建亡，不封建亦亡。封建之废，固起于周衰之时，而不始于秦也。封建之废，非一日之故也。虽圣人起，亦将变而为郡县矣。何则？封建之失，其专在下；郡县之失，其专在上。古之圣人，以公心待天下之人；今之君人，尽四海之内，以为郡县，而固以为未足也。

《二程语录》（卷一四）程伊川语：

嘉仲问：封建可行否？曰：封建之法，本出于不得已。柳子厚有论，已窥得权益。秦法固有不善，然有不可不变者，罢侯置守是也。

《朱子语类》（卷一三四）：

周自东迁以后，王室益弱。畿内疆土，皆为世臣据袭；畿外土地，又为诸侯争占。天子虽欲分封，如何可得？即如封郑桓公，亦是先用计指射郐地，罔而取之，亦是无土以处也。其后王室子弟，罔而取之，亦是无土以处也。其后王室子弟，安得复有疆土分封？某尝以为郡县之制，已兆于此。至秦时，乃是事穷势极，行不得了，必须如此做去。

封建郡县之相接，柳宗元、王夫之前后均有阐发，今益以苏轼等四条，意更足征。意郡县之制已兆于秦前，而秦并六国于统一，必行专制之势；专制需以一统为前提。西欧

封建后未有统一局面，而成各自为政之王权分治，迅即开产
业革命和思想启蒙之新局。此中西之大异其趣者也。

2003 年 12 月 7 日

朱元璋删《孟子》

陈登原《国史旧闻》第一二二则"非孟与孟子节文"摘录有关朱元璋删《孟子》数则，甚有可观，转录于此。

彭孙贻《明史纪事本事本末补》(卷一)："洪武二十三年十月，命修《孟子节文》，凡不以尊君为主，如'谏不听则易位''君为轻'之类皆删去。"

何伟然《广快书》(卷五一孟子节文条)："洪武二十七年，诏征天下耆儒，同校蔡氏书传，锡名曰《书传汇编》。又校《孟子》一书，中间语气太峻者八十五条，科试不以命题；其余七十余条，颁之中外，俾皆诵习，命曰《孟子节文》。"

《典故辑遗》："上（指明太祖）读《孟子》，怪其对上不逊，怒曰：'使此老在今日，宁得免耶！'"（参见《明史·太祖纪》后条）

容肇祖《明太祖的〈孟子节文〉》(《读书与出版》二卷四期1947年4月上海生活书店刊)："廖燕《二十七松堂集》第一卷，有《明太祖论》，谓其以八股取士，与秦之焚书，同一愚民。今北平图书馆，藏有洪武二十七年刊《孟子节文》一部，可见所删八十五条内容如何。如《尽心篇》，删'民为贵'以下十字；《梁惠王篇》，删'左右曰贤'至'然后可以为民父母'；《离娄篇》，删'桀纣之王天下'，至'兽之走圹也'；《万章篇》，删'泰誓曰'五句，'天与贤则与贤'十句。以上云云，尊民抑君之禁止也。《尽心篇》，删'吾今而后'七句；《离娄篇》，删'君之视臣如手足'六句；《梁惠王篇》，删'邹与鲁哄'至'死其长矣'；删'古之人与民皆乐'至'夫岂能独乐哉'。以上云云，人民批评统治阶级之禁止也。《梁惠王篇》，删'无恒产而有恒心者'至'然而不王者未之有也'。以上云云，人民要求生存之禁止也。《梁惠王篇》，删'庖有肥肉'，至'使民饥而死也'；《尽心篇》，删'不信任贤'四句，删'不仁而得国者'四句，《离娄篇》，删'恭者不侮人'六句；《万章篇》，删'伯夷目不睹恶色'十七句。以上云云，人民批评政治之禁止也。《尽心篇》，删'有布缕之征'七句，删'古之为关者'四句。以上云云，人民反对苛敛之禁止也。《离娄篇》，删'争地以战'七句；《尽心篇》，删'有人曰'六句，'孟子曰：不仁哉！'十七句；《梁惠王篇》，删'今夫天下之人'八句；《告子篇》，删'吾欲使慎子为将军'六句。以上云云，反对内战之论之禁止也。《告子篇》，删'今之事君者'二十一句；《离娄篇》，删'惟仁者宜在高位'十句。以上云云，谴责官僚政治之禁止也。《滕文公篇》，删'民之为道也'至'可坐而定也'；《公孙丑篇》，删'王者之不作也，惟此时为甚'，又删'得百里之地而君之'六句；《梁惠王篇》，删'若杀其父兄'八句；《滕文公篇》，删'其君子实玄黄于筐，至何畏焉'。以上云云，仁政救民之说之禁止也。《离娄篇》，删'至仁莫不仁'之句，又删'国君为仁'五句，又删'人有恒言'

六句，又删'人必自侮'六句；《公孙丑篇》，删'仁则荣'十七句。以上云云，败坏善良风俗，当由君主负责之说之禁止也。至如《离娄篇》，'齐人有一妻一妾两处室者'，三十四句，亦被删去。则是抨击虚伪。亦不能许可之列矣。"

这些文字曾抄录一过。一日湘人朱尚同来访，谈及《孟子》，因以示朱元璋删《孟》事，并撕下笔录付之。此系补抄。

《孟子》中有些话十分精彩，《论语》里没有这类话。固然不必把"民贵君轻"之类的话与近代思想妄作比附，但它是时代特点的反映，所以才有"百家争鸣"。先秦的这段"自由空气"，没有舆论一律的束缚，诸子百家说话都没有太大的顾忌。那时也没有"新闻检察官"，所以孟子敢这样说。

2004 年 9 月 12 日

也谈"谁说得对就听谁的"

《书脉》中之"冉云飞四题"颇夺我心，特别是《谁说的对就不听谁的（引谢泳语）》那一篇。上世纪的黄万里先生、马寅初先生均遭此难。而遭此难者，至今未绝。想起《明儒学案》中的一个"段子"。录如下：

> 娄江（王锡爵）谓先生（顾宪成）："近有怪事知之乎？"先生曰："何也？"曰："内阁所是，外论必以为非；内阁所非，外论必以为是。"先生曰："外间亦有怪事。"娄江曰："何也？"曰："外论所是，内阁必以为非；外论所非，内阁必以为是。"

王锡爵是代表"内阁"说话的，当时虽然"相与笑而罢"，但是后来还是削了顾宪成的"籍"，再后来，"东林党"的命运是人人皆知的。这个"段子"的妙处在于它说出了我民族至今仍有效的一种"传统"痼疾。

这种传统若用今天的现实来表述，就是"长官意志"与"理性和科学"之间的冲突。这样的事例几乎俯拾皆是。大家知道有一位前两年被推举为"感动中国"人物的高耀洁大夫，她以八十高龄，为了防治艾滋病、宣传艾滋病的危害和病源，摩顶放踵，以科学态度做广泛的调查研究，大声疾呼，揭发主要病源之一是非法采血。她自费编写、印刷、散发自己编写的书，她的忘我、利国利民的行为，岂止感动了中国，在国外也知道中国有这样一位特立独行的老太太。可以说，她是"理性和科学"的化身，是一位心里装着苍生黎民、为着国民的健康而贡献自己的伟人、贤者，理应大大提倡高耀洁精神。但是，怪哉、怪哉！她的作为却与当地的"长官意志"（利益）发生了冲突，以致她的自由受到了莫须有的限制。这就不只是"谁说的对就不听谁的"，而简直是"倒行逆施"了。

最近她出国领奖，其过程曲曲折折，若不是最高领导批准，老太太可能还动弹不得。广州《南方都市报》发表长篇访谈，披露此事，并发一"社论"，勇气可嘉。

老太太并不孤独，因为有那么多热心的志愿者和受惠者协助她，有那么多善良的人同情她、支持她，所谓公道自在人心。我也是快八十岁的人了，比起她来，我深感惭愧。相信，高耀洁三个字定是大写的，中华民族有这样一位藐视权势的大无畏的科学家、医生、"理性和科学"的化身，不屈不挠地坚持真理是值得引为骄傲的，虽然"谁说的对就不听谁的"仍很顽强。但祈河清之日，"长官意志"让位给"理性与科学"，是为斯民之幸。

祝老太太健康长寿。

2007 年 4 月 4 日

《史记》不可复作

《五杂组》"事"部有论治史数则，今之治史亦当鉴之：

> 《史记》不可复作矣，其故何也？《史记》者，子长仿《春秋》而为之，乃私家之书，藏之名山，而非悬之国门者也。故取舍任情，笔削如意，它人不能赘一词焉。即其议论，有谬于圣人，而词足以自达，意有所独主，知我罪我皆所不计也。

又说：

> ……太史公与张汤、公孙弘等皆同时人，而直书美恶，不少贬讳。传司马季主而抑贾谊、宋忠，至无所容，封禅书备言武皇迷惑之状。如此等书，今人非惟不能作，亦不敢作也。

关键在于若允许私人"治史"，没有官修历史那么多的顾虑。"二十四史"多是官修史，是为皇帝取鉴的，只有司马迁是"私家之书"，可以"取舍任情"，可以"笔削如意"，可以"谬于圣人"。到了谢肇淛的明代，便是"非惟不能作，亦不敢作"了。

宋人周密作《齐东野语》说，"国史凡几修，是非凡几易"，深觉他祖父所记与"国史"时有不合，遂泚笔为史，称《齐东野语》。

晚明张岱谓有明一代，国史为一"诬妄之世界"，立志重修，因为"不入仕版，既鲜恩仇，不顾世情，复无忌讳"。

冯友兰逝世前完成《新编》第七册，其中对毛公甚不敬；心知其可能出版不了，于是作"藏之名山"，作"吾其为王船山矣"之想。

《五杂组》中又一则云：

> 董狐之笔，白刃临之而不变；孙盛《阳秋》，权凶怒之而不改；吴兢之书，宰相祈之而不得；陈桱之记事，雷电震其几而不动容。如是者，可以言史矣。

何方修《党史》，庶可当之。

2008 年 2 月 2 日

唐明皇与杨贵妃

京沪一流剧院正在"热演"唐明皇与杨贵妃的故事。先有京剧《大唐贵妃》，继有昆剧全本《长生殿》。媒体介绍说演的是李隆基和杨玉环"生死不渝"的"爱情"悲剧。戏演得精彩，娱人耳目，是不成问题的。但我要说，那不是什么"爱情"，而是皇帝玩弄女性的一段故事，这在皇权加男权制度下是司空见惯的。

白居易《长恨歌》、陈鸿《长恨歌传》都有个"恨"字。那么，谁恨？恨什么？或说，因为是"爱情悲剧"，所以有"恨"。读白居易、陈鸿，以及元稹的《连昌宫词》等等，大概可以得出结论：是杨玉环该当有"恨"。十五岁时被弄入禁中，先入"寿王府"，继被寿王的父亲唐明皇看中，硬抢过来赐浴华清池，"始是新承恩泽时"，"六宫粉黛无颜色"，"从此君王不早朝"，李隆基不坐班了。

杨贵妃所恨何来？本来一个普通小女子，"及笄"之年当了皇帝的妃子，三十八岁被皇帝因迫于"安史之乱"而缢死马嵬坡。其间二十多年，在深宫中想来不总是如胶似漆、夜夜笙歌，《唐书》上说她也有被"谴"的时候。

一人得道，鸡犬升天，皇权制度下之常事。杨玉环一入宫中，三个姐妹立马被封韩、虢、秦三国夫人，一个无赖哥哥杨国忠当了丞相。所谓"姊妹弟兄皆列土"。史书载，他们每年陪唐明皇"幸华清宫"，或入"禁中"，车马如云，排成五大队，"照映如百花之焕发"，观者如堵。杜甫所谓"炙手可热势绝伦，慎莫近前丞相嗔"是也。比较形象的描述，备于杜甫的《丽人行》，不具引了。

安史之乱，皇帝慌了手脚、失魂落魄。"六军不发"，把罪责先怪在杨国忠身上，再怪在杨玉环身上。此是吾国封建传统中一条混账通则：女人是祸水。那些"六军"的长官说不处死杨玉环就不发兵，"六军不发无奈何，宛转蛾眉马前死"，"君王掩面救不得，回看血泪相和流"。杜甫《哀江头》写得更"酷"："明眸皓齿今何在，血污游魂归不得。"结果是唐明皇被开脱了，传位于太子，自己当了太上皇，杨贵妃则丢了性命。我认为，《长生殿》五十折以"剑阁闻铃"写得最好，概括了全过程。试想，杨玉环在地下能不"此恨绵绵无绝期"吗？"在天愿为比翼鸟，在地愿为连理枝"，无非是杨玉环想得而终未得的哀怨之词，把这当作"爱情誓言"，岂不误会了诗人的本意？因此，悲剧"悲"在杨玉环这个女人的一生，而不是贵为天子的李隆基，无论他在舞台上何等"儒雅""潇洒"。

这场悲剧留与世人不少兴叹和谈资。元稹诗云："寥落古行宫，宫花寂寞红。白头宫女在，闲坐说玄宗。"闲说了些什么？元稹《连昌宫词》中的老宫女回忆说："上皇正在望仙楼，太真（杨贵妃）同凭栏杆立。楼上楼前尽珠翠，炫转荧煌照天地……"后来传说，马嵬坡附近的一个老妇存有杨贵妃死时的绣鞋一只，过往行人看上一眼，要付"百钱"，老妇因此"前后获利极多，媪因至富"。老太太大大地"发"

了一把（唐李肇撰《唐国史补》）。

某日，偶然在电视上看到"音配像"京剧《梅妃》，是一出程派戏，很久不见于舞台了。《贵妃醉酒》演到醉酒时，听说唐明皇到梅娘娘的西宫去了，不来了，便连歌带舞，醉醺醺、闷悠悠、酸溜溜地"回宫去也"。《梅妃》则倒过来，江采萍被唐明皇始乱终弃，一个人喝苦酒，忽然高力士奉旨送来外国进贡的珍珠。梅妃于是含有"醋意"地唱道："长门久已无梳洗，何必珍珠慰寂寥。"随后，安禄山破了潼关，此时唐明皇已逃走蜀州，杨妃被迫自缢了。杨妃也好，梅妃也好，反正都是"大唐"的牺牲品。据知，上世纪二三十年代梅兰芳唱红《贵妃醉酒》，程砚秋演出《梅妃》；一个以雍容华贵胜，另一个幽咽如抽丝。梨园界向有唱"对台戏"之说，这是否一例，界外人不得知，须由戏曲史家考证。

戏剧中描述纯真爱情的本不多，像《牡丹亭》那样感动人的，怕是极少极少。至于洪昇的《长生殿》说到底是帝王妃子戏，帝王妃子有什么真感情？他写时声明尽弃"史传秽语"，所以是一"洁本"，但是毕竟是皇家权势下强加的"爱情"，出不来纯真感情的情节。

戏曲里反映权势们调戏、玩弄女性，而且还活跃在舞台上的，至今不鲜见。例如被奉为经典的《游龙戏凤》，据传是经过大师们精雕细刻过的。究其实，唐明皇与杨贵妃也不过是同一类的戏，不同的是涂上了一层"雅"的颜色。

2008 年 6 月

朱元璋"求直言"

朱元璋以草莽登皇位，洪武九年"以灾异求直言"。是年十一月乃有不知深浅的平遥训导（此是何官，未详）叶伯巨上书曰："臣观当今之事太过者三：分封太侈也；用刑太繁也；求治太速也。"

关于"分封太侈"，叶伯巨说："今秦晋燕齐梁楚吴蜀诸国，无不连邑数十……臣恐数世之后，尾大不掉，然后削其地而夺之权，则必生觖望……"

至于"用刑太繁"，则谓："历代开国之君，未有不以任德结民心，以任刑失民心者……用刑之际，多裁自圣衷，遂使治狱之吏务求意旨……"

叶洋洋洒洒写了一大篇，历数时政之弊，问道："岂陛下所乐为哉？"

结果，"书上，帝大怒曰：'小子间吾骨肉！'"，于是叶伯巨被抓起来，"下狱瘐死"。

皇帝"求直言"，"直言"者下狱死，皇权之逻辑也。

2008 年 8 月 14 日

《表微》发微

陈垣著《通鉴胡注表微》读过半矣，虽因对《通鉴》不熟及对所征引史料一知半解而不能全懂，仍充分感到内容含蓄的深厚，每得人文之妙，而陈著《表微》的时代又与胡三省注《通鉴》的时代相比，可以引起类似的感慨。一伤于外邦之入侵，一痛于异族之主夏，其为不自由之民则一也。

看《表微》时多在血液透析时，精力难以专注，过目即忘，然其微中之微每有契于心焉。聊追记一二，遗其大半，遣时而已。

"书法篇"第二有："（周威烈王二十三年）初，智宣子将以瑶为后，至豫让为智伯报仇。"

胡注曰：

自智宣子立瑶，至豫让报仇，其事皆在威烈王二十三年之前，故先以"初"字发之。温公之意，盖以天下莫大于名分，观命三大夫为诸侯之事，则知周之所以益微，七雄之所以益盛；莫重于宗社，观智、赵立后之事，则知君臣之义，当守节伏死而已；观豫让之事，则知策名委质者，必有赏而无贰。其为后世之鉴，岂不昭昭也哉！

陈垣表其"微"云：

> 文、谢、陆三公之殉国，所谓"守节伏死，有赏
> 无贰"者也，故身之（即胡三省）以此自励。或疑身之
> 《鉴序》撰于至元二十二年乙酉，叠山被逼入燕而死，
> 在至元二十六年己丑，身之何能预知？曰：身之卒于大
> 德六年壬寅，书成后经十六七年而后卒。此十六七年中，
> 自必续加修订。《光绪宁海志》载身之子幼文所撰墓志，
> 言身之"旧注《通鉴》，中经散逸，购求他本为注，手
> 自抄录，虽祁寒暑雨不废，诸子以年高不宜为言，则曰：
> '吾成此书，死而无憾。'一日晨兴，言笑自若，忽曰：
> '吾其止此乎？'寝至三日而殁，年七十有三"。若乙酉
> 自序之年，仅五十六耳，未足为年高也。

此则有两"微"可发。第一，胡注得"温公之意，盖以
天下莫大于名分"之旨。这是中国政治史一条金科玉律般的
传统。陈于两条胡注后"表微"云：先儒必以当时之政治
勘合天象，"以为有关于君相之措置，此古代政治家之妙用，
读史者深知其意焉可矣"。接着又有"此亦谨名分之意"。
"臣"心必以"君"心为己心，千古未异，于今犹然。以时
政勘合天象已不再有，观政治以猜度决策领导人的心思，从
而屈己意的事，则是极常见的。至于"名分"之用，排名次
排座次，丝毫不爽，不得僭越，几为昭昭然政治上的头等大
事。李维汉谏邓小平，曰反封建未彻底，邓称李谏为善。文
见《百年潮》。然则今年纪念"五四"运动八十周年，提及

反封建者，几乎哑然无声；从上贯下的宣教口径，全在以民族主义的精神倡导爱国主义；其声音的洪亮，远盖过"五四"时的"两位先生"。

其"微"之二则在于陈注中言及胡三省以治史为生命之事的精神。从来以治学为终生之事，死前最后一刻仍不忘所事的人，过去很多，今天这样的"呆子"已寥若晨星了。

仍见《书法篇》第二："（唐玄宗）开元十二年，命南宫说测南北日晷极星。"皇帝历来以天象测量自己皇位的吉凶，此条无甚稀奇。胡三省特注云："温公作《通鉴》，不特记治乱之迹，至于礼乐历数，天文地理，尤致其详。读《通鉴》者如饮河之鼠，各充其量而已。"陈垣有感曰："《通鉴》之博大，特于此著明之。清儒多谓身之长于考据，身之亦岂独专于考据已哉！令之表微，固将于考据之外求之也。"

我尤其喜欢"饮河之鼠，各充其量"的读书法。胡三省于考据之外求之，陈垣更于胡注以外求之。

《解释篇》第四："周赧王二十三年，楚襄王迎妇于秦，温公论曰：甚哉秦之无道也，杀其父而劫其子，楚之不竞也，忍其父而婚其仇。"胡注："谓楚襄王父死于秦，是仇仇之国也，忍耻而与之婚。"陈注云："此有憾于宋高宗之忘仇也。宋高宗父死于金，忍耻而与之和。"陈氏表微，处处揭出胡三省注《通鉴》不忘宋痛史。

同篇："周赧王四十九年，应侯使须贾归告魏王曰：'速斩魏齐头来，不然，且屠大梁！'"胡注："屠，杀也。自古以来，以攻下城而尽杀城中人为屠城，亦曰洗城。"陈垣先生特引申出一段历史："屠城之义甚浅，而重言以释之者，有痛于宋末常州之屠也。德祐元年十一月，元兵围常州，知州姚訔、通判陈炤、都统王安节，力战固守，皆死焉。伯颜命尽屠其民。文文山《指南录常州咏》曰：'山河千里在，烟火一家无。壮甚睢阳守！冤哉马邑屠！苍天如可问，赤子果何辜？唇齿提封旧，抚膺三叹呼！'明丘濬《世史正纲》亦论之曰：'作《元史》者谓伯颜下江南，不杀一人，呜呼！常州非江南之地邪？伯颜前此潜兵渡汉，固已屠沙洋矣。至是攻常州，忿其久不下，城陷之日，尽屠戮之，止有七人伏桥坎获免。残忍至此，而中国之人秉史笔者，乃亦曲为之讳，至比之曹彬岂其伦哉！或曰：所谓不杀，谓入临安之时也。呜呼！伯颜至皋亭，谢太后即遣使奉玺迎降，寂无一人敢出一语。当是之时，苟具人心者，皆不杀也，岂但伯颜哉！'丘濬生异代，犹为此论，文山、身之，接于耳目，其感怆为何如耶？"

陈垣深知三省，其所以能，痛于时值日寇侵华也。

文中曹彬，佐宋太祖，伐蜀克南唐，不妄杀一人，不妄取一物；封为鲁国公，位兼将相，史称良将。明人丘濬，待查。

《解释篇》第四："唐懿宗咸通七年，上好音乐宴游，殿前供奉乐工，常近五百人，每月宴设，不减十余。"

胡注："宴设，谓宫中置宴也，宋朝内臣谓之排当。"陈氏又注："《宋季三朝政要》言：'理宗端平初，励精为治。在位久，嬖宠浸盛，宫中排当频数，倡伎傀儡，得入应奉，端平之政遂衰。'今以'排当'释'宴设'，明其弊不减于咸通也。《钱塘遗事》五，有专条记之云：'宫中饮宴名排当。

理宗朝排当之礼，多内侍自为之，一有排当，则必有私事密启，度宗因之，故咸淳丙寅，给事陈宗礼有曰：内侍用心，非借排当以规羡余，则假秩筵以奉殷勤，不知聚几许汗血之劳，而供一夕笙歌之费。'其说可想矣。"

几年前在宁见有所谓"大排档"，系较平民化的饮食摊点之聚集。"排档"之称想源于宋宫廷中。北京西城也有一"大排档"，当系南风北渐，但规范远不及之。

《感慨篇》第九："（宋文帝）元嘉三十年，诏省细作并尚方雕文涂饰，贵戚竞利，悉皆禁绝。中军录事参军周朗上疏言：'细作始并，以为俭节，而市造华怪，即传于民。如此，则迁也，非罢也。几厥庶民，制度日侈，尚方今造一物，小民明已瞵睨；官中朝制一衣，庶家晚已裁学。侈丽之源，实先宫闱。'"

胡注云："此等语切中当时之病。凡欲言时政，若此可也，否则迎合以徼利禄耳。呜呼！我宋之将亡，其习俗亦如此，吾是以悲二宋之一辙也。呜呼！"

陈氏又注："两汉、两晋，尝闻之矣，以是例之，所谓两宋，亦南北宋耳。今身之所谓二宋，乃指刘、赵，前此所罕闻也。呜呼！湖山华侈，至宋之南渡两极，读四水潜夫《武林旧事》，而不兴忾我寤叹之悲者，谁乎！王厚斋曰：'楚之兴也，筚路蓝缕；其衰也，翠披豹舄。国家之兴衰，视其俭侈而已。'语见《困学纪闻》六。其伤感时事，与身之同。《宋史·度宗纪》载咸淳八年正月诏曰：'朕惟崇俭，必自官禁始。自今官禁敢以珠翠销金为首饰服用，必罚无贷。臣庶之家，咸宜体悉'云。噫！晚矣！《宋季三朝政要》以禁珠翠事隶咸淳五年，谓：'珠翠既禁，宫中簪琉璃花，都人争效之。时有诗曰：京城禁珠翠，天下尽琉璃。好事者以是为流离之兆也。'悲夫！"

胡氏两"呜呼"，陈公一"悲夫"。皆所以伤居国者之窃国也。

同篇："唐僖宗乾符二年，右补阙董禹谏上游畋，乘驴击球，上赐金帛以褒之。邠宁节度使李侃奏，为假父华清宫使道雅求赠官，禹上疏论之，语颇侵宦官。枢密使杨复恭等列诉于上，禹坐贬郴州司马。"

胡注曰："谷永专攻上身，不失为九卿；王章斥言王凤，则死于牢狱。呜呼！有以也哉！"

陈氏发其微云："宁宗初，韩侂胄用事，吕祖俭为太府丞，上封事曰：'今之能言之士，其所难非在于得罪君父，而在忤意权势。姑以臣所知者言之，难莫难于论灾异，然言之而不讳者，以其事不关于权势也。若乃御笔之降，庙堂不敢重违，台谏不敢深论，给舍不敢固执，盖以其事关贵幸，深虑乘间激发而重得罪也。'疏既上，有旨，吕祖俭安置韶州。宁可得罪天子，不可得罪天子左右，有如此者。"

陈垣何为君父留情？天子不可得罪，天子左右为天子鹰犬，也不可得罪。鹰犬有假主意以肥己者，亦有狗仗人势以凌人者。若夫"首长"出行，地方官每对"身边工作人员"唯恭唯谨，赠送"土特产"，否则即有"小鞋"得穿。尝闻某"首长"出国，当地使领馆伤尽脑筋伺候"身边工作人员"；"首长夫人"示意要这要那，更需百般逢迎，不敢怠慢。吕祖俭曰："所难非在于得罪君父，而在忤意权势。"陈垣曰：

"宁可得罪天子，不可得罪天子左右。"都只说对了一半。慈禧、李莲英，都得罪不得。此中国之政治也。

《劝戒篇》第十："陈宣帝太建七年，齐王纬一戏之费，动逾巨万。既而府藏空竭，乃赐二三郡或六七县，使之卖官取直。由是为守令者率皆富商大贾，竟为贪纵，民不聊生。"

胡注："史极言齐氏政乱，以启敌国兼并之心，又一年而齐亡，有天下者可不以为鉴乎！书名《通鉴》，岂苟然哉！"

陈氏曰："政治不修明，不能禁人之不窥伺。'上下交征利而国危矣'，孟子所言之定律，后世莫能推翻也。故敌人兼并之心诚可恨，然实己之乱政有以招之，则盍反其本矣。"

陈氏固有感于时，日寇得乘中国乱政以逞也。然，《通鉴》中所述地方官卖官取直，而富商大贾即可以钱买官，鱼肉百姓，今日犹常可见。不久前电视剧《走过柳源》即一写照。

《劝戒篇》第十："唐武宗会昌三年，仇士良致仕，其党送归私第，士良教以固权宠之术曰：'天子不可令闲，常宜以奢靡娱其耳目，使无暇更及他事，然后吾辈可以得志。慎勿使之读书，亲近儒生，彼见前代兴亡，心知忧惧，则吾辈疎斥矣。'其党拜谢而去。"

胡注："观仇士良之教其党，则阉寺岂可亲近哉！"胡注不及司马温公原文入木三分。

陈氏发之曰："阉寺亦人耳，未必其性独恶也。因为人主之左右近习，故易于为不善，人主所当戒避之。王深宁曰：'奸臣惟恐其君之好学近儒，非独仇士良也。吴张布之排韦昭、郑冲，李宗闵之排郑覃、殷侑，亦士良之术。'语见《困学纪闻》十四。然则左右近习之欲蒙蔽其主，自昔而然，非独阉寺。故凡有国有家及为人上者，皆不可不察也。"

陈胜于胡，然均不及温公。

同篇末条："后周太祖广顺二年，唐司徒致仕李建勋卒。且死，戒其家人曰：'时事如此，吾得良死幸矣。勿封土立碑，听人耕种于其上，免为他日开发之标。'及江南之亡也，诸贵人高大之冢，无不发者，惟建勋冢莫知其处。"

胡注："李建勋知国事之日非，而骸骨得保其藏，可不谓智乎！"

陈氏更辩其意："《南唐书》九论之曰：'李建勋非不智也，知湖南之师必败，知其国且亡，皆如蓍龟。然其智独施之一己，故生则保富贵，死犹能全其骸于地下。至立于群枉间，一切无所可否，唯诺而已，视覆军亡国，君父忧辱，若己无与者。'呜呼！放翁之论若此，建勋之智，果足尚乎？身之何为而称道之？《癸辛杂识》续集上曰：'自杨髡发陵后，江南掘坟大起，天下无不发之墓矣。'身之盖有感于此而称道之也。夫枯骨无保存之必要，然就社会秩序及风俗习惯言之，岂不以得保藏为'智'乎！"

吾家于全骸之墓似不甚措意。永定门外本有一席墓地，祖父葬于斯；吾父更早葬于斯。祖父死于新中国成立前夕，与祖母、庶祖母并葬。时雇工守墓。新中国成立后政府征用此地，似可付偿金若干，限令如某日不领，即以放弃论。其时家业已凋零，守墓人早弃地而去，墓地实已沦为荒地。吾母以保此墓地本无意义，且私家墓地必在没收之列，何必领偿金而鬻祖父母骨骸？遂决意捐献。几座坟茔因尽被平铲。1966年母病逝时，吾适在农村"四清"，遵母遗嘱未奔丧。（此吾一大憾事，有感于"昔有吴起者，母殁丧不临"也；其时思想之"左"可见。）

《出处篇》第十四："汉顺帝永建二年，张楷谓樊英以不訾之身，怒万乘之主。"

胡注曰：按《英传》："英强舆入殿，犹不以礼屈，帝怒谓英曰：朕能生君，能杀君；能贵君，能贱君；能富君，能贫君。君何以慢朕命？英曰：臣受命于天，生尽其命，天也；死不得其命，亦天也，陛下焉能生臣？焉能杀臣？臣见暴君，如见仇仇，立其朝犹不肯，可得而贵乎？虽在布衣之列，环堵之中，晏然自得，不易万乘之尊，又可得而贱乎？陛下焉能贵臣？焉得贱臣？非礼之禄，虽万钟不受也；申其志，虽箪食不厌也，陛下焉能富臣？焉能贫臣乎？帝不能屈，而敬其名，使出就太医养疾，月致羊酒。"

陈注云："此《后汉书·方术传》语也。樊英之言，与皇甫谧《高士传》成公对成帝之言相类。温公既略之矣，身之何为具引？曰：温公以其言慢上，故不载；身之则有感于当时之贱士，故先严衍而补之，所以振逸民之气也。温公、身之，易地则皆然，学者观二家之弃取，则知史之为用广矣，考据云乎哉！"

身之有感于贱士，或然。而樊英之刚直不阿，尤当秉笔大书。结果送去养病，所以"敬其名"。此种例事，后仍延之。

《出处篇》第十四："陈宣帝太建十二年，周丞相坚执柳庄手，言当相与共保岁寒。"

胡注："孔子曰：'岁寒然后知松柏之后凋。'何晏注曰：'大寒之岁，众木皆死，然后知松柏不凋伤。平岁众木亦有不死者，故须岁寒而后别之。喻凡人处治世，亦自能修整与君子同，在浊世然后知君子之不苟容。'后之言保岁寒者，义取诸此。"

陈垣申其义曰："此眼前成语，《鉴》中屡见，何须注，而此独详引以释之者，正以见保岁寒之不易也。《癸辛杂识》续集上，载：'陈宜中、曾唯、黄镛、刘黻、陈宗、林则祖，皆以甲辰岁史嵩之起复上书，时人号为六君子。既贬旋还，时相好名，牢笼宜中为伦魁，余悉擢巍科，三数年间，皆致通显。及镛知庐陵，文宋瑞起义兵勤王，百端沮之，遂成大隙。既而北兵大入，则如黄如曾，皆相继卖降，或言其前日所为皆伪也，于是有为之语云：开庆六君子，开元三搭头。宋之云亡，皆此辈有以致之。'按淳祐四年甲辰，上书论史嵩之不当起复者，是黄恺伯等（详《宋季三朝政要》），陈宜中、黄镛等，是宝祐四年丙辰上书攻丁大全被贬，开庆元年丁大全罢，六人放还，故称开庆六君子。此误记丁大全为史嵩之，又误记丙辰为甲辰。六君子始皆负盛名，而其中二人晚节不终，遂予人口实，岁寒之不易保如此，故身之特书以自儆。"

"岁寒然后知松柏之后凋。"身之以此自儆，援庵特重笔曰"岁寒之不易保"。岂意指当时投降日伪之汉奸欤？盖陈垣时困于日寇铁蹄下之北平，非有憾于认贼作父一类文人乎？今日时有对周作人敬爱有加者，几乎把他捧得上了天，

146

且每有明里暗里扬周作人抑周树人之意。在我还是小孩子的时候，就知道在日本人建立的伪政权里有个管"教育"的周作人。当时大哥、表哥们在一起臧否人物时，常议论到周作人如何如何，只可惜了他的文采。不齿之情，我印象一直深刻。再稍大些便知道了"汉奸"这个词。1940年，我上小学四年级，校方选中我参加小学生作文比赛。命题是"卢沟桥事变三周年"。母亲和大哥知道了，又急又气，只记得母亲厉声说，这种东西，咱们不参加，什么"三周年"是日本人来了三年。后来不知道他们用了一个什么办法，使我没有参加这次"比赛"。海德格尔也是现时捧得很高的人，他的名节问题都不在话下了；甚至好像谁要是提这类人在民族大义上的问题，谁就是不懂得他们的价值似的。

1999 年 7 月 20 日毕

关于《一士类稿》和章太炎

　　《博览群书》第 5 期载王学泰先生文《从徐致靖谈到
〈古城返照记〉》，我很喜欢看这样的文章，不仅给读者以知
识，而且文清字顺，没有洋腔洋调洋概念，看起来不费劲。

　　徐致靖几代书香，他倾向改革，差一点成了戊戌菜市口
的第七位被杀头的烈士。王文中写到了致靖几个侄子中的徐
凌霄，即《古城返照记》的作者。我少年时曾对他有印象，
在报上常看见他的比较通俗易懂、反映市井风俗的文章，好
像他对"梨园界"特别熟。我那时年纪不大，眼界却很高，
看不大上这样的作家，实在幼稚得可以。

　　致靖的另一个侄子徐仁钰（1890—1971），号一士，
也是徐门中的一个才子。王文提到他一笔。正好我在看他于
20 世纪 40 年代自辑的《一士类稿》，因看到王学泰先生的
文章而对之更加留意。现在我看的《一士类稿》是辽宁教育
出版社校订重印的，前有瞿兑之、孙思昉、谢刚主写的序，
还有徐一士本人的序。这是一本讲清末民初时期以及军阀割
据时的"掌故史"。

　　掌故常见于笔记一类的散集，这是中国史学中的一大特
产，不仅可以补充所谓正史之不足，而且还可以纠正正史中
的某些错讹。就像宋代周密在《齐东野语》中说的，"国史

凡几修，是非凡几易"，反倒不如私家亲临后记下来的更可信些。还有，这类笔记比较"贴近生活"，所以往往更能反映当时活着的社会状况，也更生动活泼。

以上是些闲话，现在说这本《一士类稿》。别看它不太厚的一本，装的人物却不少，有王闿运、李慈铭、章太炎、陈三立、胡雪岩、吴汝纶，还有像陈夔龙那样的"胜清之显宦，民国之遗老"，有"清季词臣中著淹雅之誉"的吴士鉴，也有民初武夫段祺瑞、孙传芳等等。旁及人物更不可胜数。一共 24 篇，篇篇都有"看点"。

这里面我最喜欢看的是关于章太炎的四篇：《谈章炳麟》《章炳麟被羁北京轶事》《太炎琐话》《太炎弟子论述师说》。

章太炎国学硕儒，鲜有其匹，而性格奇诡，特立独行，也世所少见。这些文章在这两方面都把老夫子写活了。章太炎对康梁以来的国学很看不顺眼，认为太离谱，他有四句话的批评，所谓"以今文疑群经"、"以赝器校正史"、"以甲文黜许书"（许慎《说文解字》）、"以臆说诬诸子"。《太炎弟子论述师说》就是讲这四句话。这篇文章的别致之处，就是通过太炎弟子姜亮夫和孙思昉关于理解这四句话的往返通信来诠释章太炎的学术思想。当时姜留学巴黎，孙在天津。姜亮夫在巴黎从徐一士录孙思昉《谒余杭先生（章太炎）纪语》中看到前述四语和对四句话的解释，觉得与他本人的理解有所同异，于是写了一封长信给徐一士，徐原文照录；孙思昉看了也给徐写信，详述与姜同异。以后姜孙续有相互的回应，徐均原信照录。至此，姜、孙还没有见过面，徐一士便做了"联络站"。徐一士在照录这些信之后说，等姜亮夫从巴黎回国后，"拟介绍两君晤面，以同门之雅，从容扬榷切劘也"。

这篇《太炎弟子论述师说》实际上就是由姜孙两君的几封信所组成。他们的辩难，从容说理，平和雅驯，对于"章学"的理解十分精当，令人心折。而吸引我的有两点。一是那学术探讨的气氛，既严谨认真，又虚怀若谷。二是这些信的文字（可能有人认为是"末端"）之清新可诵。信自然是文言的，整本《一士类稿》都是清末民初流行的那种所谓"新文言"，不尚浮华，绝无废话。读这种文字是一种享受。

太炎性格倔强，是众所周知的，《类稿》中所记"在闹总统府"（章太炎在京遭袁世凯羁留），生动至极，活灵活现。一士提到民国三年（1914）十一月出版的一本作者名"沪隐"的小说《纪念碑》，写民国二三年间政闻，以讽刺袁世凯为主，小说第八回《章疯子大闹总统府》写道："他老先生这一天忽然高兴起来，于清晨八时径赴总统府，请谒见总统。他身穿一领油烘烘的羊毛皮袄，脚踏着土埋了似的一对破缎靴，手擎着一把白羽扇，不住的挥来挥去；又有光华华的一件东西，叫作什么勋章，不在胸襟上悬着，却在拿扇子那一只手大指上提着……歪歪斜斜的坐在总统府招待室里头一张大椅子上，那一种倨傲的样子，无论什么人他都看不到眼里。"这本《纪念碑》现在不知道找得到找不到，如果看到全本或重印出来，一定很有意思。

章太炎人讥为"章疯子"，实则"疯"也不"疯"。《类稿》中《谈章炳麟》引清光绪三十二年（1906）在日本留学界欢迎会上即席演说云：

> 大凡非常的议论，不是神经病的人断不能想，就能想亦不敢说。遇着艰难困苦的时候，不是神经病的人断不能百折不回，孤行己意。所以古来有大学问成大事业的，必得有神经病才能做到。……为这缘故，兄弟承认自己有神经病，也愿诸位同志人人都有一两分的神经病。近来传说某某是有神经病，某某也是有神经病，兄弟看来，不怕有神经病，只怕富贵利禄当面现前的时候，那神经病立刻会好了，这才是要不得呢！

这种孤鲠而坦荡，何等可爱！一士评曰："'章疯子'之自量其疯如此，亦隽语也。"其实不只是"隽语"，而是性情中人说的大实话。尤其那最后一句话，确是警世之语，说得多么透彻啊！

以上简略地谈到关于章太炎的几篇。至于整本《一士类稿》，孙思昉序中的几句话可作参考："宜兴徐君一士，当世通学也，从事撰述，多历年所先后分载杂志之属。凡所著录，每一事必网罗旧闻以审其是；每一义必纠察今昔以观其通。思维缜密，吐词矜慎，未始有毫末爱憎恩怨之私凌杂其间。于多闻慎言之道，有德有言之义，殆庶几焉。而有清一代掌故，尤所谙熟，盖其强识颖悟有绝人者，故能殚见洽闻如此。"

总之，《一士类稿》是一本挺好看的书，欲知其详，您还是自己去看书吧。匆匆草成此文，以为王学泰先生《从徐致靖谈到〈古城返照记〉》续貂。

2003 年 6 月 25 日

*

辑二

*

坐视世界如恒沙
——谈黄仁宇的"大历史"观念

近得海外历史学家黄仁宇先生写的三本书:《放宽历史的视界》、《资本主义与二十一世纪》和《地北天南叙古今》。三本书用一种生动活泼的体裁系统地讲历史,推事及理,有叙有议,读下去自会尝出兴味来。

所得印象之最要者是书中屡次出现的"大历史"(macro-history)的观念。言其是最要者,是因为它涉及指导人们观察历史的一条通路。这是个历史观问题。"大历史"之"大",自然非关细节,而在于规律。黄先生自己解释就是"用长时间远距离视界的条件重新检讨历史"。我想略近于司马迁之"究天人之际,通古今之变"。南宋周密在《齐东野语》自序里记述周密的父亲如何用周氏先人的"手泽数十大帙"来训示周密,说只有周氏家乘不可删,而国史之论异,每多"私意",因而"国史凡几修,是非凡几易",意思是史无信史。这是指某些具体史实和它们的细节而言。冯友兰先生在 30 年代写《中国哲学史》时也曾说,晚年写《中国哲学史新编》时又重说,写出的"历史书"与真正演过的历史永远不可能完全契合。他说的也是指史实以及古来哲学家们的思想。我想,这正是历史研究没有止境的原因;

否则，天下有一定本便可了事，何劳没完没了地炒冷饭。殊不知历史并非由人摆布的物件，总会时不时有新资料、新看法冒出来。因此大学要设历史系，研究所也有各种历史研究所；许多史学家皓首穷经，无非此史。

若夫黄仁宇先生之所谓"大者"，却不全是周密和冯先生说的那些意思，当然要重史实，但着重点却放在历史何以如此而不如彼，即论证"历史的长期合理性"（long-term rationality of history）。就像"资本主义"这种怪物，从萌芽到形成，是在西欧的历史长过程中进行的，它是"动态"的，并不是谁先打好了腹稿然后写出来的文章，是先有其物，后得其名的。资本主义肇始于中世纪后，而有"资本主义"之称谓则最早是在19世纪。世界之所以为现今之世界，中国之所以为现今之中国，都有其"长期合理性"。只能是这个样子，不可能是别的样子，用不着去做那种"如果"怎么样就可能怎么样的假想。明乎此，也就不至于陷进某些事理（哪怕是很重要的事理）的争论中去了，对历史人物之臧否，自只能置于广阔的历史背景之中多些冷静的分析而少有情感上的好恶。

这里的"大"，黄氏是根据英文的"macro"，非单纯指其包罗面之宽、之大，而更言其纵贯性之深、之远。如中华帝国中央集权及其官僚结构，从秦汉，历经隋唐宋，而及于明清这三个历史阶段，几乎系于一根脉络，它是破除了先秦封建制而建立起来的。这三个阶段的经济财政情况基本上是"内向的""非竞争性的"；商业间有繁荣，政策举措间有改动，但都不曾形成突破性的、使社会结构发生变化的进展；即使有王安石新法一类，只因缺乏"低层机构"的支撑而不果行，并非只因政治上反对派作梗。欧洲史却不同，文艺复兴作为中世纪的反动，冲破了神学禁锢，同时又在市镇社会结构的基础上推动了"分层机构"的建设，商业繁荣引出工业革命，直到成为绵延了好几个世纪的"全球性庞大组织与运动"，实现了资本主义的所谓三点"技术性格"："资金的广泛流通"（wide extension of credit）、"经理人才不顾人身关系的雇用"（impersonal management）和"技术上之支持因素通盘使用"（pooling of service facilities）。[①]三种"技术性格"合在一起构筑成黄先生书中频频提到的用"数目字"来管理的社会机制。

黄先生提倡"大历史"观念，自有其深层的现实意义在，即着眼于外界对中国之认识和中国对外界之认识。常有这样的事，外界人（特别是西洋人）每每奇怪于中国何以尔尔而不尔尔；中国人也常有对外界的一些事情惑然不解的。其中原因固然很多，不了解彼此的历史必然性当系重要原因之一。这实际涉及对世情、国情的了解深度问题。黄氏著书，笔在历史，意在当今，特别要从中国人的立场看历史，以探索近代中国的问题根源，并利于廓清为何和如何把今天的改革推向前进的问题。为此，黄先生以为至少需了解四百年来的世界文明发展历史，若能回溯更早时期则更好："好像凡有一件重要的事件发生，必有后面的背景，只要它能与

---

① 黄仁宇：《资本主义与二十一世纪》，台北联经出版事业公司1991年版，第32—33页。

以前或以后的人与事互相映证，就取得它在历史上长期的合理性。"①"历史上长期的合理性"，刚才说过是很要紧的几个字。历史，就是历史，如实看就是了。外界研究中国或对中国有兴趣的人也该如黄先生所说的，先得看透中国的情况，不便看了些皮毛就率尔用海外标准量来量去。

这四百年，在中国属明清两朝。中国正是在这期间很快地与欧洲拉开了差距。我们时时听到一种说法，现在中国落后了，16 世纪以前可了不起呢。也许是。不过到四百年前的 1600 年前后，实在已没有什么了不起了。利玛窦等到中国来的时候，至少在徐光启的眼睛里，在泰西水法、几何、兵器、气象、地理等项上，西方是可以为中国之师的。徐光启师事利玛窦等人，用功最勤的是在自然科学方面；天主教义云云，徐多是用来"补儒易佛"的，虽然他皈依了天主教。以黄先生的表述方式，当西方正在用"数目字"管理国家经济的时候，明清两朝还实行着向"落后"或"低水平"看齐的政策，商业活动远未引出资本的集中和生产力的跃进，相反，封闭式的、非竞争性的、内向的、中央集权的政策，形成了一种长期的惯性。因此，黄先生以为，在这种情形下硬说明代已有"资本主义萌芽"，实乏充足根据。黄先生从《三言》里分析明代经济，没有得出彼时有"资本主义萌芽"的结论。这使我不禁联想到一种相当普遍的说法，即《金瓶梅》《红楼梦》等都反映了当时的中国社会有了"萌芽"。我自愧谫陋，没有研究，一直是只作为一种小说来看的。

---

① 黄仁宇：《放宽历史的视界》，台北允晨丛刊 19，第 194 页。

与"大历史"相联系，黄先生十分着力于对欧洲资本主义（以及封建主义）的分析。这里也有学理的和实际的两层意义。我意一向以为，资本主义之产生于欧洲有其深刻的历史内因，简言之有其人文的（希腊思想、文艺复兴、宗教革命）、科学技术的和经济生产的三重密切胶合的意义。或许也就是黄先生所谓西欧资本主义乃是"思想、宗教与法制及经济互相衔接"之产物。[1]恩格斯在分析18世纪的英国状况时早就作出过精辟的剖析。然而，黄仁宇先生特意强调的，是资本主义的"技术问题"（或曰"技术性格"），尽量剔除其"道德问题"（或意识形态因素）。这是黄先生的苦心。今日我们的改革中提倡的引进这些"技术"，包括股份、股票、商品市场之类属于"用数目字"管理的东西，都可以用来为中国特色社会主义服务；若是一提到"意识形态"，就立即会出现判断问题，至于其是否有用倒丢在一边了；设若陷于"资""社"之辩而久久不能自拔，那么，大好时机不免又会放过，到头来只会比别人再次落后一大截。

事实上，不必，也不应把"技术问题"当作成套数的（package）"资本主义"。成套数的"资本主义"是西欧的特产，美国独立战争以前，这宗特产已经传到了美洲，它不能不顾历史条件地到处移植。中国的"大"历史决定了在中国产生不了欧美式的资本主义。

黄仁宇先生有些话说得是很直截了当的。例如他说，中国要改革，就必须把外国的好东西拿来用，在这种"构成一

---

① 黄仁宇：《放宽历史的视界》，第105页。

种可以在数目字上管理的目标之下，一定要考究这种体制带有多少资本主义的色彩，是否够得上称为社会主义，或者是否与共产主义冲突，在我看来这些问题大部已属于摩登学究的领域，与实际情形已无具体的关系"[1]。这样当然可能招致责难：难道"资""社"之分都不要问了吗？黄先生的意见是："（中国）今后的趋向，无法抄袭西欧和日本，所以今后发展必带着浓厚的集体性，也必有社会主义的性格，在这种不能过左也不能过右的场合之下，如果朝野人士对一时一事作政策上和具体上的争辩，还讲得通，要是劈头劈脑，犹在整个轮廓上以主义为名，坚持我们个人理想上空中楼阁之整齐完美，则为不智。"[2] 黄先生是用"大历史"的视角来看历史的，我也是用"大历史"的视角去读他的书，并不拘泥于他对某人、某事、某物的评论，因为仍诚如黄先生说的，仅以 20 世纪以来的中国革命史论，即的确是"人类历史中最庞大的一次革命"，"此间经过事迹的背景及发展，已非平常尺度所能衡量，也超过各人的人身经验"[3]。我觉得，黄仁宇先生的善意和运笔时的匠心，给人的印象确是十分深刻的。

黄先生用了很多笔墨论证现在通用的"封建主义""资本主义"等概念，说到底都是源于西欧历史的观念，现在用开来，内涵和外延都起了很大的变化。中国的历史学也实在不幸，古史就少有创造概念的习惯，而自从中西文化发生接触以来，西洋的治史法就渐渐影响着中国史学，并且占了主

---

[1] 黄仁宇：《放宽历史的视界》，第 260 页。

[2] 同上书，第 261 页。

[3] 黄仁宇：《资本主义与二十一世纪》，第 447 页。

要的位置。记得我青年时（新中国成立初期）初读社会发展史就曾惶惑了好一阵子，小时候读柳宗元《封建论》，明明说："彼封建者，更古圣王尧舜禹汤文武而莫能去之。"又说："夫尧舜禹汤之事远矣，及有周而甚详：周有天下，裂土田而瓜分之，设五等……"然而这显然与根据社会发展史写的中国历史对不上号；在这些历史教科书里大多说那该属于"奴隶制社会"，而秦始皇之"废封建，立郡县"才算进入了"封建社会"。我太钻牛角尖了：柳宗元笔下的"封建"本与洋文的"封建主义"（feudalism），差可比拟，怎么取消了"feudalism"的秦始皇反倒是"feudalism"了呢？读了郭沫若先生的《奴隶制社会》和《中国古代社会研究》才恍然觉得问题是可以说圆的：因为这"封建"并非那"封建"。一二十年后，我参加农村"四清"工作队，到一个生产很落后而贫穷的生产队去打"走资本主义道路的当权派"，这次，跟我学过的马克思《资本论》又对不上号了，在火热的斗争中当然不敢说什么，只心里嘀咕了一下就是了，最后懂得了原来"资本主义道路"是可以划得很宽的。到了"文革"时期，又是"社会主义的草"，又是"资本主义的苗"，虽然又一时犯过糊涂，不过醒悟总不算慢，原来那仍是政治立场问题，并无关学理上的界定和探讨。"百无一用是书生"，但倒也从中学会了注意"提法"的本领，因为那确实是十分重要的；至于实质是什么，反而成为次要的了。

　　黄仁宇先生青壮年时期，军旅匆匆，对政治风云的变幻颇多体验和感触；解甲后潜心治史，尤专明史；数十年来足迹遍布海内外，所见者广，积累了丰富的人生经历，所以治学才能升东岳而知众山迤逦。黄先生对某些问题的见解在三本书中屡次出现，适足说明他对所关心的问题之刻骨铭心，因而不惮三复斯言。三本书涉及的问题很多，实际上把中国历史和欧洲历史从中古到当今爬梳了一遍，我这篇短文只单单拣出一个作为认识论的"大历史"问题来蛇足一番，因为我以为那是三书之眼，其余几乎都是对"大历史"作的注解和发挥。听说，黄先生还将有直接以"大历史"命书名的新作，我深信同已发表的著作一样，都将是对史学的贡献。

1992 年 8 月

释"历史的长期合理性"

看黄仁宇的几本书，尤其是即将看完的这本《中国大历史》，脑子里总转着"历史的长期合理性"。黄氏会通上下千数百年的欧洲史或中国史，都是在注解这几个字。任何一个国家（特别是一个有古老历史文明的大国）从远古发展到今天，都不是谁的主观愿望决定的。西方有个笛卡尔，中国就是没有，你想让他有，也办不到；同样，中国有程朱陆王，而西方却没有，这也不是谁的主观意图决定的。古希腊罗马接下来是中世纪，是日耳曼文明的基督教化，不可能斜出一个秦汉式的"废封建，立郡县"。中国没有与西欧的中世纪相应的政治历史社会时期，自也没有作为中世纪之反动的文艺复兴。这都没有是非曲直可言。在这里，道德的力量是无能为力的，起作用的是社会规律。所以用西洋史来参比中国史，每每对不上路。不幸的是，我们编写自己的历史，常常套用了西方史的分期法，左右不对劲。中国的历史就是按照自己的轨道运行的，它自己不会横出一个西方史期来。说来说去，最能概括中国接触西洋文明以前的漫长历史的，还是孔、孟的两句话。孔子认为，殷因于夏礼，所损益可知也；周因于殷礼，所损益可知也。周以后怎么样？孔子没有看见，属于"未来世界"。到了秦，算是历史的一个断裂，而秦以后又是汉承秦制，而且以皇帝为象征的中央集权的官僚体制，代代相因，所损益可知也。孟子在列强纷争的时候说了句几千年的历史予以验证的预言："天下恶乎定？定于一。"怎样定法？孟子的意见有两条，要么"以力假仁者霸"，要么"以德行仁者王"。孟子当然主张后者。他到处宣讲，但历史并没有按他的意思发展。不过，"定于一"还是长期历史的规律。虽说天下大势分久必合，合久必分，中国历史总是以一为主。一是"相因"，再加上"定于一"，1840年以前的中国历史，大体如是。

秦汉以降的两千来年，形成了一种社会模式，一朝一代地传下来，格局大致未变。黄仁宇作了一个通俗的形象化的比喻，说是好像美国所谓"潜水艇夹肉面包"（submarine sandwich）："上面是一块长面包，大而无当，此即是'文官集团'；下面也是一块长面包，大而无当，即成万成千的农民，其组织以纯朴雷同为主；中层机构简单，传统社会以'尊卑男女长幼'作法治的基础，无意增加社会的繁复。上下的联系，倚靠科举制度。"这是一个中央集权的官僚主义体制——上面这块长面包，象征着以皇权为首的整套官僚机制，压在社会上头，使整个社会动弹不得。这块长面包到了16世纪的明代，不仅毫无松动迹象，而且更加强化了：为了加强专制统治，在中央机构中，废去了中书省和丞相，分相权于吏、户、礼、兵、刑、工六部，直属皇帝。而锦衣卫和东厂之设，更标志着君主专制的加强。这与同一时期的西欧正在冲击中世纪的束缚，自是鲜明的对照。

在这样的社会结构里，纵有王安石一类人物，奋发图强，动作甚大，也动不了这种结构的一根毫毛。黄仁宇举王安石的例子最多，其实中国历史上凡有些新思想的（且休说"改革"），大多人亡事废，例不鲜见。明朝中晚期有个张居正，结局很是不妙，多少接触了一些"洋务"的徐光启，为重整国防，屡次上疏言事，甚至得到了万历皇帝的"恩准"主持兵事，然而各部不配合，该派人的不派人，该拨饷的不拨饷，弄得年届古稀的徐光启光杆司令一个，空有"圣旨"一纸在手，在官僚机器中呼天不应、呼地不灵，结果只好上表"乞骸"！所以这样的社会结构着实厉害得很！

这种社会结构的最大特点，黄仁宇认为在于它不是一个"用数目字管理的社会"，因此不能在技术上、运作上使社会自动地发挥作用，像一架机器一样。而一个社会只要不能用数目字来管理，只要它是靠人的主观意愿来管理，这个社会就很难进入现代化。因为，某一个人，例如王安石，可能很聪明，他的新法对社会经济也很有利，但是那个社会不配套，也没有相应的财政、货币和税收政策和实行这些政策的机制，结果新法终是行不通；当然所用非人和终于陷入党争，也使新法变了味道。

黄氏着意于从一个社会的"技术性格"来考察问题，绕开了那讨厌的"道德性格"，实为解决难题的一个好办法——把一个社会（传统的和现代的）的"技术性格"摸透，无疑对于我们今天的事业也大有裨益。所谓"技术性格"，那是有其自身规律的；它是在历史当中形成的，有其"长期的合理性"，也就是有其规律性和历史的必然性。然而，这在康德看来仍然属于现象（phenomena），而"现

165

象"是依照自然律作为原因的结果而被决定的；作为本体（noumena）或物自身，人类的行为是被"道德律"所决定的。因此，"技术性格"背后还是藏着更深的原因。如果要打破砂锅问到底，则"技术性格"还不能算是"底"。"道德律"这个形而上学的问题最终还是避免不了的。

说到这里，不免又要联想到中国传统文化的特点（且不说是缺点或弱点吧），特别是中国传统哲学何以未能像西方哲学那样产生出自然科学来。我觉得，中国传统文化有两个相互抵牾的品质：一曰博大精深；一曰疏可走马。每有所发明，往往气吞六合，然而却不肯再深挖下去。有论者说，中国哲学的精髓是"人学"，讲人性。《中庸》云："唯天下至诚，为能尽其性；能尽其性，则能尽人之性；能尽人之性，则能尽物之性；能尽物之性，则可以赞天地之化育；可以赞天地之化育，则可以与天地参矣。"确确实实地"极高明而道中庸"。宋儒也继承了这个。问题是刚提出"尽人之性"就拐了弯，拐到"圣人之德""无人欲之私"上去了。最典型的是孟子，说"人皆有不忍人之心"，并且举看见小孩子落井的例子说，这时人们的怵惕恻隐之心，是发自人性之本源的，"非所以内交于孺子之父母也；非所以要誉于乡党朋友也；非恶其声而然也"。后人所谓"非思而得，非勉而中，天理之自然也"。今天尝有英雄冒险救人者，记者每喜欢问："你当时是怎样想的？"当时情势可能间不容发，来不及先想好冒险救人的政治的或道德的意义，这些思想不可能是当时"想"出来的。这样的提问就超出了孟子的"不忍人之心"的本意。而当孟子立即由"恻隐之心"引出"羞恶之心""辞让之心""是非之心"，并进而与"仁、义、礼、智、信"联系起来，则是融进了伦理道德标准，已是"不忍人之心"之"扩而充之"了。孟子的"人性"开其端，旋即没入道德规范之中，"人学"终成为"仁学"矣。所以我觉得中国哲学的第一性格是"仁学"而非"人学"。"仁学"本质上是政治的、伦理的哲学。西人谓为"应用哲学"，即政治社会哲学，道德文章、典章制度、行为规范均属之。自然科学不会从这里产生。

中国传统哲学的第二性格属于宇宙论，理气心性之学可属之。"天人合一"的大范畴，其中有与西哲本体论相类者。然而同样没有彻底，也是很快就拐到道德范围里去了。孟子说："我善养吾浩然之气。"这个"气"何所指？孟子回答说："难言也。"到了宋儒，"气"有些物质性了，"气者，器也"，是与形而上的"理"相对的形而下，然而就是张横渠讲了些"气"的种种性质，也还没有超出古希腊时原始的唯物论。而且也不想再探究下去，很快就让"气"去"体仁"，从而拐到道德范畴里去了。所以，中国传统哲学的"理气心性"终于也产生不出自然科学来。当今有些新儒家给"内圣外王"以新义，外延到可以包容产业革命后的现代化，则是孤陋如我者所不敢想的。在我看来，中国传统文化，是历史文化，我们可以因其恢宏博大而自豪，但要发展现代化，它却帮不了多大忙，需得更新的文化来承此重任。这与民族虚无主义无关，而是实事求是的。这是另一个问题，姑不赘述。

总之，举凡写史，尽管史不厌详，都是写的这个"历史长期性"。黄氏的《中国大历史》是写给外国人看的，是一种粗线条、扫描式的写法。然而有条线串着，即"历史长期合理性"。起决定作用的是那些长时期的基本因素，如社会经济结构、政权性质、思想状况等等（黄氏在《中国大历史》中对思想状况着墨不多，至少没有像《资本主义与二十一世纪》写西欧思想状况那样）。在这点上，法国年鉴派的史学观是可以借鉴的。

所以，中国史有中国的历史长期合理性；西方史有西方的历史长期合理性。言中国史则必先秦、秦汉、魏晋南北朝、隋唐、五代十国、宋元明清……重在朝代更替，而政治文化每多连续性，多继承而少断裂。言西史，则必古希腊罗马、中世纪、文艺复兴及宗教革命、启蒙运动、产业革命、近代资本主义……重在此一阶段对前一阶段之否定，故屡能出新。循此历史线索，则中西两史都各有其可以一目了然者，对应时期的内容绝无吻合之可能，因为都有其自身的发展规律。这是指两种社会文明相遇以前的情形，所以西欧在十六七世纪已进入近代史期，而中国不必在当时也出现了"资本主义萌芽"。然而及至两种文明一旦相遇，有了参照，问题就多了。黄氏以1800年论，在西欧为拿破仑时期，在中国为嘉庆年间，两个社会相较，中国已瞠乎其后。其实还可前推到十五六世纪，西欧科学已逾乎中国多矣。徐光启之所以师事利玛窦，非独关天主教义，而尤在科学技术方面，当时的西欧已有了伽利略、哥白尼等，而开普勒、牛顿者流也很快就要出现了，然而中国则无此类相应人物。

准此，所谓"历史的长期合理性"依我看也就是自然规律一类。在一个孤立的时期内发生的某些事件或现象也许很突兀不轨，但放在长时期里则不见得有多么突出的意义，于历史的整体并起不到突破的作用，历史的整个线索亦不见得因而中断，历史还是朝着自然的目标前进。一个个人，乃至一个民族，在历史进程中表达了各种与历史相等或相矛盾的心意，历史仍是按照自己的计划，然而却是不自觉地行进。历史似乎是盲目的，但却有它的不自知的一定之规。历史中不乏插曲，然而插曲再多再长，也仍然还是插曲。康德有言及此，而黄先生之"历史经验必于长期因果关系中得之"，而非一时偶然可致，亦与此相合。

同时，黄先生提出的"历史的长期合理性"还包含着一层带有革命意义的因素，即社会变革的因素，即现代化的因素。中国社会几乎是自我循环地运行了几千年，终于在世界性的产业革命大潮里进行一场自我革命，这场革命的"技术性格"，用黄先生的话来表述，就是要从一个"不能用数目字管理"的社会转变为"能用数目字管理"的社会。这种变革从全人类、全世界范围上看也是"历史长期合理性"的体现。对于一个地区、一个民族亦如是。依黄氏所言，"当代中国的一个不容否认的事实便是：虽然直到 20 世纪 20 年代，中国社会还一直是不能用数目字管理的社会，但现在则正在变成能用数目字管理的社会。许多迹象表明，中国历史虽在前述几章中以其与西方文明史绝不相容为特点，但终于找到了联结点而与后者扣在一起"。我想这也是"历史长期合理性"的应有之义。我很喜欢我们的古典文化，甚至为它感到骄傲，然而它解决不了现代化的根本问题，乃是无情的事实。在这方面，西方走在了前头，也是无情的事实。因此，中国文化需要更新，"苟日新，日日新，又日新"，其中也包括人家"用数目字管理"的那些"技术性格"。

至此，中国的大历史，王船山视为"合古今上下皆安之，势之所趋"，便从19世纪中叶起开始发生断裂，中国历史再也不能回避同西方的关系，并且由此而走上了一条改组社会的革命之路——历经洋务运动、戊戌变法、辛亥革命……以至今日的改革开放，都是在不间断地改变那旧秩序。黄先生认为，中西两史各有其轨迹，在两种文明相遇之前几乎两不相涉。明了这一点是必要的，可以避免彼此生硬地套用类比。但是不能止于此，止于此便不能解释人类历史进入近代史期就是进入了世界性的整合趋向的时期。因此黄先生的中国大历史观念还有第二层意思，即世界史和中国史之不可分。黄氏认为，天下各国，无论大小，无论其归趋被称为"资本主义"还是"社会主义"，都要从农业社会经由商业活动而进入工业社会，则无例外。因此，可以说："自从鸦片战争以来的中国历史便是一连串的进行改弦更张的持续努力，以迎接这一挑战。吾人铭于心的解决之道，端在于使展现在一个浩漠大陆的中国文化传统同外洋影响实行某种融合。"

由于有"历史的长期合理性"作为观察历史的钥匙，所以黄氏对于前人走过的道路都宁可视为历史中的必然（我们叫"历史的局限性"），对于要突破历史运命而其计不售的改革者，不作人身的、感情化的批判。我想，一个历史学家该当有一副冷静的头脑。

1993 年 5 月 10 日

不见人间宠辱惊

——读《顾准文集》

　　最近得到一本《顾准文集》，除几年前已印成单行本的《希腊城邦制度》外，把顾准其他遗稿都收进去了。这是件大好事。我一口气读完，忍不住要写些感想。

　　顾准，二十年前已经作古了，生前并不是"名人"，估计知道他的人不见得很多。根据整理遗文的他的弟弟陈敏之写的传记，顾准于1915年生于上海，早年参加革命，在相当时期内都是做财经方面的实际工作；新中国成立后，他已成为一位司局级干部了。先是随军回到上海，很快调到北京，继续做财经工作，旋进入经济研究所做研究工作。从1952年直到1974年底逝世的二十二年当中，顾准遇上了厄运，屡次挨批挨斗，两次划成右派，"文革"时更惨，几乎被弄得家破人亡……然而，他在这样的艰难困顿之中竟一头埋进中外史籍里去了。《希腊城邦制度》就是他的读书笔记，虽以不寿而未终篇，但经过陈敏之整理后的印行本，已足见他把希腊城邦史摸透了。《文集》中的另一大部分是顾准以通信的方式给陈敏之寄去的学术笔记。这组文稿，共十八篇，都是1973、1974年抱病写的，陈敏之冠以《从理想主义到经验主义》的总标题。《顾准文集》广涉文史哲政经，就中西文明作了深刻的历史思考,其中不乏对马克思主义的一些理论问题的颇为明辨的反思。

《文集》全豹,读者会自己去领略,我想说的只是我为什么喜欢这本书,并深为折服和感动。

首先当然服的是顾准的那种精神。过去常说,日子不好过的时候就去读书;话好说,真的做起来却不易,一心一意地做到底尤不易。顾准做学问的一个重要动机是反思过去,在那种年月对不可动摇的东西进行反思,岂不是犯了天条!更何况对于早年投身革命的人,作这样的反思其内心的痛苦恐怕比挨批判乃至皮肉之苦更甚。他说:"人要有想象力,那千真万确是对的。没有想象力,我们年轻时哪里会革命?还不是庸庸碌碌做一个小市民?不过,当我们经历多一点,年纪大一点,诗意逐步转为散文说理的时候,就得分析分析想象力了。""我转到这样冷静的分析的时候,曾经十分痛苦,曾经像托尔斯泰所写的列文那样,为我的无信仰而无所凭依。"[1]"从诗意到散文",多少人都有过这种体验;痛苦过后,原来许多似是实非的事情就可能弄得明白些了。像顾准,终于豁然于原来的"理想主义",其实不过是"庸俗化了的教条主义",于是,"不再有恩格斯所说过的,他们对黑格尔,也对过去信仰过的一切东西的敬畏之念了"[2]。应该说,一部《顾准文集》都是这些肺腑之言的注解。这是真正的"解放思想",想穿了也就释然了,也就达到了最高级的解脱。

---

[1] 《顾准文集》,贵州人民出版社1994年版,第404页。
[2] 同上书,第405页。

我喜欢这本书，当然还由于有些问题恰是我脑子里常常思考的。例如像中国历史上到底有没有"资本主义萌芽"这回事。中国人、外国人都争论这个问题。吾国史学界见仁见智，意见不一，但正统意见似说是有的，具体地说在明朝已有了那"萌芽"，甚至有的说在宋朝就有的，说《清明上河图》上画的那些汴京市井、舟楫之利就是"萌芽"。至于明朝，材料更多了，元末明初徐一夔写的《织工对》之类就反映了当时江南手工业工场的情况，并以此为"萌芽"的证明。学理上的问题在这里且不深究，只是这问题的背后似乎潜藏着一个如何看待西方文明的影响的问题：如果中国历史真的可以自己产生资本主义，则何须借助西方文明？当然事实是中国社会之变，又确实是由于有了西方文明的闯入才促成的。梁漱溟先生是最崇尚传统儒学的，连他也说过"假使中国没有西洋文化进来，则再过二千年其生活仍不变"。

反正事实是中国社会是在接触了西方文明才大变的，相反的情况在历史上则已无从证明。然而若是按照顾准的办法，从东西文明史之差异入手，那么，随着研究的延伸，问题便可水到渠成地了然于心。顾准写这些东西的时候，脑子里不一定先伏下一条线，只是一篇一篇地写下去，所以行文很随便，并没有太考究。可是一路下来，东西两条线就分明地浮现出来了，此所谓西方之所以为西方，而我们之所以为我们。西方历史是非"言必称希腊"不可的；一如中国历史必讲先秦。以后各自的发展都同自己的源头有关。《文集》中有诸如西方议会史何以为中国所无、中西对民主观念的歧异、"人间世的基调是进化，革命则是进化受到壅塞时的溃决"，以及学术自由之促进科学等各式各样问题，顾准都在历史里探寻其源流和究竟，而非即兴的泛泛之论。今天的欧洲的青年肯定认为苏格拉底、柏拉图同他们没多大关系；中国的青年或许觉得看自家的孔老墨韩倒不如翻翻人家的海德格尔和哈贝马斯。这都自然得很。问题是若要把事情想得深一些，说得圆一些，则必自文明的源头始。

　　搞清楚这些历史问题，并不是好古。顾准把眼睛盯着希腊罗马，目的却是要弄清楚，我们是怎样变成今天这种样子的。我相信我没有曲解死者，顾准并不仅仅是"为学问而学问"。《文集》中那篇《希腊思想、基督教和中国的史官文化》堪称全集的点睛之笔，把两种文化分道扬镳之处点出来了，两种文明各走各的路。希腊思想引向科学与民主，而"史官文化"则通向专制主义。"史官文化"是从范文澜那里借用过来的，按顾准的解释，那是为"政治权威"服务的文化："所谓史官文化者，以政治权威为无上权威，使文化从属于政治权威，绝对不得涉及超过政治权威的宇宙与其他问题的这种文化之谓也。"[1] 这种文化孕育成形于商、周，汉武帝时期该是"史官文化"首次趋于完备的时期，董仲舒、公孙弘与有力焉；孔子首倡私人办学，至此又复转为官办。唐太宗命孔颖达修《五经正义》，应是"史官文化"的第二次完善化。至朱夫子《四书章句集注》之成为官定教科书，官学之结合便成为中国历史不可动摇的精神传统了。对照当时"文革"官学气焰之飞扬跋扈，那种"史官文化"的历史承

---

[1] 《顾准文集》，第 244 页。

接在顾准的心目中一定是极其清晰的。希腊思想则不同，它给予基督教文化的是理性；承续希腊思想的西方传统文化虽然给"上帝"留下了最终裁决权，可是毕竟把"上帝"以下的广袤的万千世界交给了人间。欧洲中世纪的历史告诉人们，基督教文化并不排斥"宇宙问题"的研究，而且特注重文教之功，欧洲许多名牌大学诞生于基督教鼎盛时期，而且学术研究之风因而大昌。我们常引伽利略、布鲁诺等之被迫害而指证宗教与科学之两不相容，引宗教裁判所之镇压理性主义而确证宗教之鼓励愚昧，这些都是事实。但是却因而忽略了另一种事实：文艺复兴后最早把自然科学带进古老中华帝国的，也恰是宣讲"天主教义"的利玛窦、汤若望等耶稣会士。所以就基督教的总体精神而言，无论是旧教，还是新教，尤其是在与理性结合的时候，它至少并不杜塞科学的道路，较之中国"史官文化"之束缚思想，把人的思想牢牢地禁锢在礼法道统之内，其对科学与进步之推动作用，固可不待马克斯·韦伯而后可明矣。

事实上，基督教文明越是理性化，留给"上帝"的实际地盘就越少。这是我们中国人所不易明白的，以为宗教既是"鸦片"，则是彻头彻尾的海洛因无疑。其实，阿奎那写《神学大全》已经把早期基督教神学中相当一大部分分给了世俗的思想家。世人只侧重说阿奎那继承和总结了圣奥古斯丁以来的神学，却不看他"修正"了奥古斯丁。所以，基督教文明有妨碍科学的一面，也有鼓励科学发展的一面。信如顾准说的，"解析几何的发明者笛卡尔是17世纪的人；莱布尼茨是微积分的发明者，是18世纪的人；他们都是理性主义者，都把理性的力量归结为上帝的威力。数学和逻辑学不是直接掌握自然的实验科学本身，然而它们是实验科学的不可缺少的工具。基督教固然阻碍了这方面的研究（例如某些教皇之所为），然而，既然它的前提是'真善'，它的存在本身就是鼓励这方面的研究。事实上，确实有许多科学家是虔诚的基督教徒，他们研究的目的，是想要证明上帝哩"。①紧接着，顾准反问："这是'史官文化'所能做到的吗？'史官文化'固然杜绝了宗教发展的道路，可是同时杜绝了无关于'礼法'的一切学问的发展的道路。倡导史官文化的人，只看到宗教是迷信，他们不知道基督教的上帝是哲学化了的上帝，是真的化身。不知道正因为中国史官文化占统治，所以中国没有数学，没有逻辑学（应该说'没有科学'。——陈注）。"②

所以，所谓"史官文化"也者，其核心是宗法、封建社会的"礼法"，这于今日社会进步是有百害而无一利的。一个社会之发展，经济固是基础，而如果作为上层建筑的"礼法""道统"之类依然支配着社会，则经济发展也会受到限制。这是一条人们烂熟于心的马克思主义的原理。所以，换言之，如果旧制度的法权不变，依然是"天王圣明、臣罪当诛"，纵使经济上有发展，也无由产生资本主义生产关系的"萌芽"。旧说这本已有之的"萌芽"是被外国侵略扼杀的，其结果倒是开脱了中国历史上皇权专制的责任。顾准懂得历

---

① 《顾准文集》，第 246 页。
② 同上。

史，更有"文革"的切身体验，因而对所谓"史官文化"之窒息思想和妨碍进步，感触特深："我们有些侈谈什么中国也可以从内部自然生长出资本主义的人们，忘掉资本主义并不纯粹是一种经济现象，它也是一种法权体系。法权体系是上层建筑。并不是只有经济基础才决定上层建筑。上层建筑也能使什么样的经济结构生长出来或生长不出来。资本主义是从希腊罗马文明产生出来，印度、中国、波斯、阿拉伯、东正教文明都没有产生出资本主义，这并不是偶然的。"[①]顾准是做财经工作出身的，却得出不能以经济因素单打一地决定社会进步的看法，这在今天怕也有参考意义吧。

由此，我联想到，对中国传统文化思想的历史评价，也该从它对社会进步到底起何种作用出发，而不应大而化之地讲博大精深。我甚爱我国的传统文化，爱到痴迷的程度，但若论它对历史的前进有何作用，却不能以"感情"代替"理智"，不能有嗜痴之癖。中国历史那样长时间的自我循环，传统文化的束缚是无法推诿的原因。这是历史的事实。因此，中国传统文化自有其固有价值，但其价值却不在于能否促进现代化，不在于狭隘地看它有用或无用。问题比较复杂，这里就不多说了。

对于希腊思想的民主主义传统，顾准也有分析，至少有雅典民主的传统与斯巴达"民主集体主义，集体英雄主义……"两大潮流汹涌其间。这种见解固然来自历史，然而也同顾准的切肤之痛有密切关系。他对斯巴达式的民主的评

---

① 《顾准文集》，第318页。

论，其实就是对"文革"式"大民主"的声讨。我只能抄下他自己的话以见其激愤之情：

> 我对斯巴达体系怀有复杂矛盾的感情。平等主义、斗争精神、民主集体主义，我亲身经历过这样的生活，我深深体会，这是艰难环境下打倒压迫者的革命运动所不可缺少的。但是，斯巴达本身的历史表明，借寡头政体、严酷纪律来长期维持的这种平等主义、尚武精神和集体主义，其结果必然是形式主义和伪善，是堂皇的外观和腐败的内容，是金玉其外而败絮其中；相反，还因为它必定要"砍掉长得过高的谷穗"，必定要使一片田地的谷子长得一般齐——它又不精心选种，不断向上，却相反要高的向低的看齐——所以，斯巴达除掉历史的声名而外，它自己在文化和学术上什么也没有留下，甚至歌颂它的伟大的著作，还要雅典人来写。①

即使是雅典的民主，在尔后历史的发展中，也变了味儿，成了古老的美好梦境，因为人类历史并非一直是城邦史，就连在它发源的希腊，"城邦"也已成了历史陈迹。马克思在设计未来社会时，常想到雅典式"直接民主"的启示，甚至觉得1870年的巴黎公社就有点儿"直接民主"的味道。然而，"可惜马克思在这个问题上没有更经验主义一些，过分理想化。理想的灵感又从来不是凭空可以来到的

---

① 《顾准文集》，第257页。

（所谓太阳底下无新事），他不免取法于他深爱的雅典；然而雅典民主的条件又不存在了，结果反而被挂羊头卖狗肉的僭主们所利用，真是遗憾！"。[①] 顾准这段话写于1973年6月，幸而没有被当时的"有司"发现，否则少不得要加上一行"借（洋）古讽今"的罪名。

读《顾准文集》，我想到了明人祝枝山的一句诗"不见人间宠辱惊"，所以他能心静如水；但却没有"何时总入烟霞去"般地逃遁现实，所以书中滋味同现实的感触会自然撞击流淌在一起。这些文稿并没有作太多的加工，全是为了探索人类历史发展的轨迹，有感而发，必得有此求真知而忘荣辱的胸怀，才能如此超脱于那种年月的文化思想的重压而时发独立而超前之想，才能够淋漓畅快地思接千载，视通万里。

几年前读顾准的《希腊城邦制度》时，只觉是本好书，并不曾引起我如今天般的注意。如今这本文集，看着看着，竟不禁为之击节者再，有感于先得我心者再；读至痛切处甚至禁不住扼腕而叹。总之对之肃然起敬。因想在我国这种屈大夫、太史公类的知识分子，自不止顾准一人，许多人或因所治非关"热点"问题而为时潮所淹，或者因无人发现遂尔湮没不闻。顾准身后，遗著得以整理传世，并有王元化、陈敏之诸先生作序、介绍生平，虽然首次印数只有三千，这份文化财富总算保存下来了，差可告慰顾准于九泉了。

1995年3月

[①] 《顾准文集》，第259页。

读汪熙老《英国东印度公司》

今年4月，汪熙教授以近著《约翰公司——英国东印度公司》（上海人民出版社2007年版）惠我，当时我刚出版了修订后的《欧洲文明的进程》，觉得英国东印度公司的二百五十年的历史是欧洲近代史不能绕过的，但我知识欠缺，只能写一个大致的轮廓。所以得到汪老此书，便立即披阅，不料遽患心衰，两个月后才从头到尾通读一过。得识这一段历史的全景，对于历史有兴趣的人，当然是一件很愉悦的事。

我读后首先感触的，是汪老以耄耋之年，在身体又欠佳的情况下，完成这部学术性很强的专著所表现出的治学毅力。这部著述实为我国西洋近代史研究一大创获。就我所见，我们还没有这样对英国自1600年起二百五十年的"东印度公司"资料如此翔实厚重的专门著作。"东印度公司"于17世纪初先后在荷兰、英国等西欧国家成立，在角逐过程中英国终于显露出最见锋芒的头角，从而在印度洋区域揭开了欧洲近代文明史由西向东的大幕。英国的1688年"光荣革命"又加速推动了文明的脚步。可以说，"东印度公司"的成立标示英国进入近代的起点，而其终结则标示英国步入资本主义的盛年。

英国"东印度公司"的资料在西方汗牛充栋，重要的在于选择具有能说明问题的材料，以说明这个从中世纪转向近代的朝代特征。下述七个章节，我以为，对全书起了"路标"的作用。它们是：（1）"教皇子午线之争"，接下来是西班牙无敌舰队败于英手，从此老牌海上强权易手；（2）"伦敦的罗斯柏瑞街——公司的筹备与设立"；（3）"英法在印度的斗争"，以法国势力从印度消退告终；（4）"东印度公司统治下的土地政策"，由此引发印度古老而固结的社会根基的动摇；（5）"一个庞大的英印帝国出现"；（6）"由商人经营向国家控制转移的东印度公司"；（7）最后以"维多利亚女王的公告"宣告东印度公司的终结，此时，英国已成雄踞世界的"霸主"，"东印度公司"已无实际意义。

汪老不仅写了英国东印度公司本身的二百五十年的历史，而且写了印度在这一时期的变化。我认为这是该书的一大特点，因为英国凭借东印度公司在印度的行动，悄悄地动撼了印度传统社会的基础。马克思曾言英国之于印度的作用有二：一是动摇其凝结已久的社会结构，二是在此基础上建立现代的西方式的结构。这两个作用都实现了一部分，迄今仍可见其影响。

写这样的专著，充分调动史料是非常重要的。没有细节，历史的魅力就减少了。例如，从商人行为转为国家行为，该书逐一介绍了几个英国政府的"法案"：早期管理模式——国会逐步战胜王权的1773年"管理法案"；1775年修订的"管理法案"；1784年"印度法案"——从董事会手里转移到政府手里；1813年和1833年两次颁布的"法案"，等等。最重要的应属 1858 年的"改进印度管理法"。根据此法，东印度公司所属领土统归英国王室，印度事务大臣可直接在全印发布命令。几个"法案"连缀下来，一步一步地实现了由国家监督委员会统管一切，印度即由此变成不列颠王国的殖民地。

英国东印度公司的二百五十年历史，对英国资本主义早期和其后的进程，提供了一个有力的侧证。在这期间，世人眼看着英国强大起来，它在岛内实现了贵族与王权的制衡，至"光荣革命"，再至"工业革命"，最终一路把英国推向近现代的法治社会。也是在此时期，自由空气得到流动生长的土壤，哲人和科学家迭出，文艺繁荣。培根、牛顿、洛克等等，以及在各个领域的实践，成为西欧大陆如法国等出现的启蒙时代的榜样。

汪熙老累年治史，极重史料的汇集和选取。从史料入手是史学首要门径，然后才谈得上史识。汪熙教授谆谆告诫学生们："正确的观点只能从历史事实中得出来，离开事实的观点十有八九是错误的，而且离开了事实也不可能产生正确的理论。"常见有论"史与论"的关系者，或云史从论出，或云论从史出。我想还是论从史出是正道。否则，拍拍脑袋便出"思想"，然后到史料中去实用主义地找"证据"，岂不是本末倒置吗？汪老在复旦大学美国研究中心主持"中美关系研究丛书"（已出三十种），便非常强调"史料、观点、构思、表达"的先后次序和贯通，着重提出：在史料问题上要防止"孤证"，"孤证"乃史学之大忌。这是汪老见道之论。史料所在，妍媸自见，史家据以得出的观点，自然不妨见仁见智，百家争鸣。

《约翰公司——英国东印度公司》一书有一学术贡献不可不提，即正文后的"附录"，中收"东印度公司大事记"（1450—1842年），"历届全印度总督名单"（1774—1858年），"历届英国首相名单"（1721—1865年），"照片目录"（其中不少照片颇有史料价值），"参考书目"（中外文书达百数十种，外文书最早的有19世纪60年代的英人旅印日记）。"附录"所载，均可补益读者对正文的理解。

汪熙老治史，特别是在西洋近代史方面，给我们树立了一个勤耕不息的榜样。他经验阅历之丰、藏书读书之多、上下求索之勤、提掖后进之诚，灼灼可见。近几年我每次到上海拜会他，看他坐着轮椅打电脑、梳理资料、兴致盎然地讲述他正计划还将做什么，毫无倦意，我想，唯"壮心不已"四字可以当之。

草成此文，衷心祝老人健康长寿，为我国史学继续作出贡献。

2007年8月

陈衡哲和她的《西洋史》

2002年，我在北京大学国际关系学院给本科生开了一门"欧洲文明史论"的课。在第一堂课开始时给学生开的参考书目中就有这本陈衡哲著的《西洋史》。我对学生们说："到现在为止，中国人写的《西洋史》当中，我还没有见到比这本书写得更好的。陈衡哲（1890—1976）是谁呢？她是'五四'前后的一位新文化女战士，文学、历史、哲学兼通。"五年后，中国工人出版社重印了这本《西洋史》的插图本，除正文外，前面有孙郁的"推荐序"，附录中重印了胡适当年写的《一部开山的作品》和陈衡哲本人写的《我幼时求学的经过》二文。现在我郑重地向读者，特别是年轻的读者们，推荐这本别开生面的《西洋史》。我相信，看了这本书，一定会满怀兴味地在欣赏它的文笔的同时，获得许多历史知识。

陈衡哲写这本书是在上世纪20年代初，"五四"新文化运动还在感染着她和她同时代的才俊们。那个时代，出现了许多笃学深思、思想活跃的青年学者，国家民族的命运和世界的大潮一起涌进他们的头脑里。他们抱着崇高的情怀从事文化教育的工作，他们在了解和介绍国外的各种知识和思想时，没有什么功利之心。可惜，他们许多人在1949年以后的数十年间在国内竟然几乎湮没无闻。多亏了"改革开放"，像陈衡哲这样的人和他们的书或文，才部分地出现在读者面前。我初见辽宁教育出版社重印的这本书的小开本时已是1998年，那一年我已经六十八岁了。在读这本书时，我大喜过望，慨叹以前我竟一点儿也不知道有这样一本好书！

陈衡哲早年留学美国，读世界史，回国后执教北京大学、北京女子师范大学、东南大学、四川大学。比较出名的著作有《小雨点》《文艺复兴小史》《衡哲散文集》等。《西洋史》初版印于20年代初，到1927年已印了六版，流传之广可以想见。

她在书中谈到写这本书的目的时这样说："历史不是叫我们哭的，也不是叫我们笑的，乃是要求我们明白它的。"（《西洋史》，中国工人出版社2007年版，第3页。以下除另注明外皆出自此书）整个的书就是要叫人"明白的"。

第二次世界大战刚刚过去，中国又陷在内战中了。这本书便作于"内战的四川"和"齐卢（鲁）战争"的"炮声炮影"之中。

她在原序中说，近年来读史的结果，"深悟到战争是一件反文化的事"，因此写史的动机之一便是"揭穿武人政客的黑幕，揭穿他们愚弄人民的黑幕"（第3页）。《西洋史》不纯然是"战争史"，但作者是抱着上述的良知来动笔的（另一动机是教育学生）。

这本书最突出的特点，也是优点，就在于它的"写法"。文学和历史，现存的分科是两科，陈衡哲则是文学家写历史，所以是"史中有文，文中有史"。胡适说："陈女士是喜欢文艺的,所以她作历史叙述的文字也很有文学的意味。叙述夹议论的文字,在白话文里还不多见。陈女士在这一方面的努力很可以给我们开一个新方向。"(第296页)下面顺手引一些原话,以征胡适的这些评语。

如讲古希腊城邦时殖民地的形成:

> (希腊因城邦的发展,社会发生了重大的变化)此时国中的农民,因被贵族的欺凌,日益贫苦。有饭吃的变为穷人,穷人就卖田卖身,成为贵族的奴隶。但这个情形岂容长久?希腊的地势,本来是港湾罗布,交通便利,现在却成为那些农民的唯一生路了。于是走!走!走!他们有向东走的,有向南走的,也有向西走的。他们无论走到什么地步,都可以遇见他们同乡人的商站;他们便住了下来,把那些希腊商场变为希腊殖民地。国内贵族的压力愈大,农民离国的也愈多,而希腊的殖民地,因此也就布满了小亚细亚的东南岸,黑海的各岸,以及地中海的北岸;而爱琴海及克里地群岛就更不消说了。意大利的文化也是在此时下的种子;而那个小亚细亚沿岸的伊奥尼(Ionia),又是与后来希腊的文化极有关系的。(第56页)

古希腊殖民地的地图随着人员的到处流动就这样展开了。作者分层次地摆出了一个立体的希腊文化:因宜分不宜合的地理而产生无数小城邦;因无数互相竞争的自立小城邦而一方面产生了一群爱自由的小民主国,另一方面得到

政治上的破产，却产生了一个"空前绝后的优美文化"。（第78页）

又如罗马文明盛极而衰，但又影响深远，这是人人都知道的，但是作者不满足于平铺直叙，更不简单化地评说。她写道：

> （罗马衰落了）但是诗人说得好，"落红不是无情物，化作春泥更护花"。上古的末年，西罗马的文化，却并不曾以此忘其天职，结果是中古末年古文化的大复活。意大利的文艺复兴，又何尝是无情之物呢？……（它）走入了西欧各土，后来便在那里发芽展叶起来，为近代产生了一个灿烂的文化。（第208页）

陈衡哲由此抒怀："武力的胜利在一时，文化的胜利在永久。意大利所受的委屈，不过数百年，而他在文化史上的功绩，却真是千古不朽的了。"（第208页）作者的广阔的文化史观跃然纸上，她的视野不囿于一时一事，而是动态的，跨时空的。她写文艺复兴时期的人文主义者彼特拉克时说他常常心驰神往地将身移置到古文人的社会中去（所谓"复兴"），长怀着那"怅望千秋一洒泪，萧条异代不同时"的感慨。（第188页）

这类亦史亦文的例子，书中甚多。在我这类年纪的人，读来颇觉有滋味。习惯于当前时文的青年可能觉得有些异样，但相信反会有新鲜感。书中佳什如山阴道上，目不暇接，任读者自去采拾。

在欧洲近代史中，英国革命和法国革命的比较至今仍是一个时髦话题。有些论者往往不究国情，不问革命起源和复杂的过程，统统直奔革命的爆发点和某些后果，在加以有倾向性的"比较"时，每每感情用事或以偏概全，以致好就一切都好，糟便从头糟到底。近几年来，此间以英国革命批评法国革命的声音越来越多，大体上是认为法国革命是以暴力（攻打巴士底狱）起，以暴力（白色恐怖）终。我以前也是这样认为的，并说过英国革命是"文火炖"，法国革命是"猛火炒"那样的比喻，其实是多少缺少了史识。法国的情况与英国不同，那时想走英国的道路也走不了。英国革命在书中没有用"革命"二字，而是从"大宪章"起写它的源起，国王与贵族怎样经过若干次较量的反复，怎样发生了好几年的内战，才最后从荷兰迎来了新国君。其间历史翻过了三四百年。英国的"光荣革命"当然没有流血，但前此国王与议会的内战已流了不少血，国王查理比法国的路易十六先一步被送上了断头台。法国自古以来便有王权专政的传统，法国的贵族不像英国的贵族，他们的权势阶层是附着于王权的臣子，他们没有独立到足以限制国王权限的能力，以致社会的各种矛盾冲突终于汇成一种迅猛的冲击力，打开了革命的口子。这种冲击力造成了革命者的分派和内讧，不仅互相残杀，而且被殃及者无数。"温和派"的罗兰夫人沉痛地说："自由，自由，多少罪恶假汝以行！""革命"在猛火之中燃起，后遗症却长期延续下来，最倒霉的还是"革命派"口口声声代表的人民，他们受到的折腾和折磨，文字难以表达。在尔后几十年的反复中，资产阶级才逐渐成熟起来。

历史是叫人明白的。陈衡哲在英法两种革命上着墨甚多，而且是在历史进程中把两个革命的异同，客观地交代清楚。她说：法国革命的结果是："（一）旧制度的毁灭，（二）平民的失望，（三）中等社会的大交鸿运。第一项是一件收束以往的史迹，第二、第三项，却是此后百年间欧洲社会上的一个大问题的开端。法国革命在欧洲历史上的位置，如是如是。"（第 327 页）作者略带调侃地说，法国革命虽不免流了许多血，闯了许多祸，委屈了许多人士，做了许多可笑的改革，但对于它所举的"三个标鹄（自由、平等和博爱）"，"大致终算是达到了"。（第 327 页）

陈衡哲这些评论是否公允，专家们可以评说。我理解她的意思，如果没有法国革命这样的"大地震"，"自由平等博爱"这类口号可能还不能很快在旧大陆传播开来；这些法国革命时期的口号，在法国以及其他欧陆民族，无论谁当政，真心也好，假意也罢，都不能避而不谈。小拿破仑在竞选时的"招贴"，上面通栏就大字写着这三个口号；这表示，这些口号已经深入人心了。就像我们今天，民主自由已没有人能公开否定了。

英国道路也好，法国道路也好，都是要改变旧制度。路径不同是历史造成的，不是谁说了算的。

从 1848 年到 1914 年这六十多年是欧洲头绪最繁多、形势最多变的年代，大国竞争与制衡，各类同盟相互牵制，战争与外交交织，政治危机迭起，其间又有德意志和意大利的统一，巴尔干地区的复杂斗争，殖民地的激烈争夺，等等，把欧洲搅得周天寒彻。昨天还是朋友，今天反目成仇的事，比比皆是。同时这一时期又是民主理念迅速普及、工业革命长足发展、科学技术文学艺术空前繁荣以及各种流派的"社会主义"同时或先后登场的时期。许许多多的事件交错，纠缠成一团乱麻，既需要梳理得条分缕析，又要说明各种因素相互之间看得见和看不见的丝丝联系，实在是件很吃力的工作，比写譬如"文艺复兴"、宗教改革，都更有其难处。

写历史是很难的。难处之一在于历史材料是"死"的，时代愈久远材料愈是"死"的。你可以搜集之、挖掘之，但你绝不能凭空"制造"之。然而，如何认识和处理这些"死"材料，使它"活"起来，那就要靠史家的想象力、认识力以及文采风华了。古人说，治史需要有史德、史识和史才。陈衡哲可说具备这三者了。

历史是复杂的，由于"国际的混乱"，《西洋史》更是复杂的，所以不能只拘泥于某一种史观，我十分赞同陈衡哲在给胡适的信中所说的：

> 你说我反对唯物史观，这是不然的；你但看我的那本《西洋史》，便可以明白，我也是深受这个史观的影响的一个人。但我确（实）不承认，历史的解释是unitary（一元的）的；我承认唯物史观为解释历史的良好的工具之一，但不是他的唯一工具。(《胡适来往书信选》，中华书局1979年版，第252页)

我认为这段话至少对我有指导意义。以"多元"代"一元"，无疑是破除各种"八股"，也是解放思想的重要"法门"。我前些时候曾想过，写"学术"文章为什么一定要有既定的格式和语言呢？为什么一定要依从某一种"理论框架"那样起承转合呢？为什么不能把"散文"写进学术呢？使学术论文展现作者的"个性"呢？我一直努力这样做，只是才疏学浅，难有显著成效。因此当我第一次读到这本书的时候，我即暗想：这正是我想做的。

这本书，依作者"例言"，其范围以"文化的欧洲"及"纯粹欧化的美洲为限"。也就是从希腊罗马到1914年。后来由于想把美洲另出一册，所以现在的《西洋史》没有包括美洲。遗憾的是，另出一册的美洲，作者似乎终于没有腾出手来。

最后在这一章里有两处引起了我特别的注意。

第一是对欧洲小国的关注。北欧三国以及西班牙、葡萄牙、荷兰、比利时、瑞士等在历史进程中有它们的位置和影响。自从央视"热播"《大国崛起》以来，"大国"和"崛起"之声甚嚣尘上，人们的眼光都聚集在"大"国上了。我不禁想到，为什么很少有人去看看"小国的魅力"呢？要讲"市民社会"等时髦名词，小国可能比大国更有资格。《西洋史》中有这么几句话：

> 这三国（指前述的瑞典、挪威和丹麦）在近世欧洲政治上的地位，是很不足轻重的，但他们在文学上的贡献，却可以算是第一等。他们的大学，不但大大影响了欧洲的思想及人生观，并且已经超山越海的侵入我们的青年界了。挪威的易卜生（Ibsen），已成为我们

的老朋友，不用说了；此外如丹麦的童话大家安徒生（Andersen），丹麦的批评家白兰得斯（Brandes），都是不单属于一国一洲的人士，他们是应为全世界所公有的。（第363—364页）

满脑子只有"政治"的人可能要说："文学算什么？"但是他们不知道，一个没有文学的民族很可能是弱智的。

第二是《西洋史》的最后一章《欧洲与世界》，已经不自觉地透露出"全球化"的前景。陈衡哲写道：

自十九世纪下半叶以后，欧洲历史的重心点，已由欧洲本土渐渐移向世界，所以我们对于这时期中欧洲历史的注意点，也就侧重在他与世界关系了……十九世纪的欧洲历史，便成为世界化，而世界的历史，也就不得不以欧洲为中心点了……十九世纪欧洲的文化，如民治主义等，也就无限止的输入到世界各国了，这也是助成欧史世界化的又一原因。（前面提到"世界化"的第一原因是"工业革命"）（第367页）

作者是太重视精神、文化了，大量的史材终是要托出时代的精神。这种关怀时时在夹叙夹议中自然流动出来。如她读到中世纪和近代的区别时，把"中古"比作"戴着面罩，关在小屋子里"的僧侣，近世却是一个享受"现在"和"此地"之美的"强健少年"。像这类写法，读到此处，能够就此放手吗？

读者当然不会忘记此时大西洋彼岸的早已建成世界第一个宪政民主的联邦共和国的美国文明正是欧洲文明的延伸和创新。前面谈到,作者本来是打算把《美国和南北美洲》另外成书的。

中国工人出版社重出的插图本《西洋史》的封面上写着"大师写给大众的经典历史读物"。我想,它当之无愧。

顺便提一下,书中有一处错误,是作者弄错了,即宗教改革期间的伊拉斯谟的生年,两处误置为 1304 年。他的生卒年应分别为 1469 和 1536 年。

最后,我要向读者郑重推荐孙郁先生为这本书写的"推荐序"。这可不是一般的序文。它很扼要地告诉读者这是怎样的一本"奇书",以及陈衡哲写书的社会气氛和她本人的心思,还有陈衡哲、任鸿隽一家人与胡适的交往。那一代知识界的精神世界促成了一种令我们羡慕的自由流畅的人文氛围。这篇"推荐序"肯定有助于读懂和欣赏这本《西洋史》。

2008 年 1 月 24 日

中西史学一通人

——读雷海宗《西洋文化史纲要》有感

最近在我的书桌上摆着上海古籍出版社策划的"蓬莱阁丛书"中之一种：雷海宗撰《西洋文化史纲要》。翻阅之余产生了一些感想。

雷海宗这个名字，有好几十年极少有人提起了，现在的中青年人更少知道他。在1952年"院系调整"以前的清华园，雷海宗在学生中是与潘光旦、梁思成、陈岱孙、冯友兰等等许多教授齐名的。当年我非要上清华大学不可，主要就是因为清华园里有这些受人推重的学者。梅贻琦的名言——"所谓大学者，非谓有大楼之谓也，有人师之谓也。"——今天已是人们耳熟能详了。雷海宗便是梅先生说的那样的"大师"。

"院系调整"后，清华文科名师当然都"分流"到其他高校和中科院哲学社会科学部去了；大部分到了北京大学；雷先生则被调到天津南开大学历史系，这是南开大学的幸运。不过几年后，雷先生也和许许多多的老学人一样被打成了右派。后来摘了帽子，没几年，雷先生就辞世了。他没有赶上"文化大革命"，否则也难逃此劫。

这部《西洋文化史纲要》是雷先生20世纪30年代在

武汉大学的讲课提纲，当时正是武大的鼎盛时期，名师如云。这可不是一般的讲课提纲。它有纲有目，纲举目张，每纲每目的下面都缀上一句画龙点睛的话。有些历史基础的人，一看眼前就自然而然地会出现一幅生动的西洋历史长卷。我没有听过雷先生的课，据为这本书写"导读"的王敦敏先生说，有人形容雷先生是"其声如雷，其学如海，史学之宗"。看了这份"纲要"，竟使我感觉到，雷先生就在眼前讲课。

这份七十年前的讲课"纲要"把西洋文化史分为酝酿时期、封建时代的盛期和末期、旧制度时代和欧美文明时代。这种分期法与习惯的希腊罗马时期——中世纪时期——近代时期……有所不同，更加凸显了文化和社会的变化。雷先生在"封建时代"之后添了一个"旧制度时代"，而不是从封建时代一下子跳进近代，这是因为在文艺复兴、宗教革命以后，欧洲大陆确实出现了一段"君主专制国家之兴起"的时期；然而也正是在这一段时期（相当于十七八世纪），"新科学之初兴""新哲学之初兴""新文学之初兴"同时登上了西洋的历史舞台，这是时代的悖论，也是向新时代的召唤，表明"旧制度时代"注定要被新的文明时代所取代。

雷先生在"旧制度时代"之后径直进入了西洋文化的"欧美文明时代"（1815 年后），从而完成了雷先生的西洋文化史的完整体系。特别引起我的注意的是，最后一章"西洋文化之新局面与新趋向"的最后一节是这样写的："全世界各民族文化之大转机，（A）西洋文化势力之普及全世——势力且将日增；（B）西洋文化命运与人类命运之打成一片。"

（原无标点，标点是我加的）雷先生在70年前已经触及了"全球化"的问题。

很可惜，这只是一份讲课的"纲要"，并不是讲稿本身。听上过雷先生的课的人说，雷先生是不照本宣科的，上得讲堂，先把从何年到何年（相当于中国的何朝何代）写在黑板上，然后就开讲。因此没有写出的讲稿传世。但就只这本"纲要"，印成书已近400页，而且才气四溢。

雷先生是兼通中西的，他在教西洋史的同时还开过中国古代史，如先秦史、秦汉史等课。那个时代的学者，都是学兼中西的，即使是理工科的教授也都有相当坚实的文史科学养。中国的近代教育本来是重视"通才教育"（liberal education）的，但是近半个多世纪以来发生了变化。单就史学而论，分科即相当刻板，治中国史的，粗知世界史已不错了；治西洋史而懂中国史的，可以说几乎是凤毛麟角。而在世界史一科，又细分为国别史，几乎互不相涉。近来更有一种现象，蜂拥般地投向"美国史"，并且无论有无主客观条件，都去弄"中美关系"，从一些高校史学系的博士、硕士论文的题目中可窥见这种畸形现象的蔓延。我想，原因固然很多，但原因之一可能也是长期以来忽视"通识教育"、分科过细、泾渭分明、急功近利、追逐"热门"。好比一个口腔医生，只会看"门牙"，不会看"槽牙"，你以为这位牙医是称职的吗？这是事关教育的另一问题，此处不赘。不久前看到钱伟长先生答《光明日报》记者问，他主张拆掉某些科系之间的"墙"。我非常拥护。

在西洋史中，中世纪是头绪最多、最难梳理的，但它却是近代资本主义诞生的"前提"史期。我个人对之倾心久矣；以为那是一段非常引人入胜的长时期；欲在深层理解近代，那是不可绕过的。但我"眼高手低"，力不能胜，只能"述而不作"而已。西方史学界也把中世纪当作一门"攻坚性"的学问，足见其难。雷先生负笈域外，实际上综合了西方学术界当时最新成果而出以己意，他的讲授"纲要"用了很大的篇幅讲他称之为欧西"封建时代"从"盛期"到"末期"的中世纪。其眼界涉及这个长达十世纪之久的时代的政治文化、经济生活、农业和工商业、基督教教会和文明、"神道学与书院哲学"（今所谓神学和经院哲学）、科学与教育、市民社会之诞生等等的演变，条分缕析，眉目昭然。如果有幸亲临雷先生设帐，一定会觉得那就相当于一部欧洲中世纪的"百科全书"。

雷海宗先生执教鞭几十年，虽少有专著，但论文甚丰，广涉中西文史诸科。朱自清先生《诗言志辨》在论及先秦时期的"外交赋诗"时，特引用了雷先生在《古代中国的外交》一文中的一段话。这段话把鲁文公十三年郑、晋、鲁、楚诸国国君以赋诗为媒介相互应答的情景，写得简洁而又生动，可征雷先生的史学造诣是有着深厚而纯熟的国学根底的。他的讲课，如当时有人笔录（这样的人如健在也有七八十岁了！）加以校核整理，定是史学中的一部经典。我还想，如果有哪家出版社把雷先生的论文汇集起来，包括讲课笔录（如果有的话），辑印成书，亦当是一件嘉惠后学的善举。

2002 年 2 月

读赵复三译《欧洲思想史》琐记

　　复三兄以十余年之功、于逆旅万里之遥，每怀乡土之念，在执教鞭的同时，精心选译世界名著，如《欧洲思想史》《文化史》等；并将在各国流传数十年的冯友兰先生早年在美国授课的《中国哲学简史》的英文稿重译为中文（后者早有中译本，此类传世名著不惮有多种译本）。复三兄兼通中西，年届八十有此创获以嘉惠来者，思前想后能不令人感怀、欣慰！

　　我得奥地利学者弗里德里希·希尔的《欧洲思想史》的中译本时是在 2003 年甫出之时。译者在译此书期间的来信中，即极言此书不同一般的特点，后得见译书，更觉其言不虚。两年来，时时披阅，有些章节一读再读，此时我已写了两三本有关欧洲文明的小书，其浅薄自不必说，然因而对这本到手的巨著中的许多卓见，油然而生会心之感却是自然的。读书之乐，亦在乎此。译此书大不易，盖其中既博且约地涵盖了哲学、社会、文艺，特别是基督教等等。若不深通其奥妙，而只凭一本字典、一个电脑，照葫芦画瓢是绝对办不到的。

　　对此书，我不敢言"评"，只能写一些读后的"琐记"。

　　弗里德里希·希尔，此间知其人者谅不多。我至今仍缺少足够的资料以详其人。他曾两次入狱。一次在奥地利被希特勒占领时期因其反纳粹的立场被捕，著作被毁；再一次是在战后被苏联占领军"错捕"关进苏占区的监狱。这本书写成于1953年，1966年被译为英文。中译本交香港中文大学出版社面世已在出书的半个世纪之后了。

作史必依"时序"，但又不能全依"时序"；尤其是"思想史"中在某地、某时比较突出的集中出现的某种思想，不能圈限在某时某地某人；欧洲，各民族比邻而居，思想之纵（时）的承续和横（空）的流走传递，是一种常态，同时各民族各地区各个人的思想又必定有其独特之处。希尔在书中的每一章都细致地照顾到方方面面的交织和冲突。读时既感到各民族各有特色而又声息相袭，别而不隔。

希尔把欧洲思想史列出了若干个有代表性的"题目"，每个"题目"把它们的来龙去脉弄清楚，不只是写一个个的思想家的生平、著述，而是把这些"精英"放在社会的大环境里。希尔全书都注意"精英"（上层）和"低层"社会，使读者感觉到其间有许许多多可感而不可见的"线"把"上"和"下"联通起来。这些"线"有一种相同的"感应"，这种"感应"在宗教改革以后到19世纪以前的欧洲社会历史，几乎是一种自然天成的现象，"上层"精英，"低层"社会都卷在里面了。普通民众"跟着感觉"走，希尔经常用"属灵派""热诚派""虔敬主义派"等"细别"来区别他们的在同一信仰下面的不同的思想倾向、心态以及生活方式。读到这些地方自然感觉到时代在前进，不着痕迹地向前迈进。而思想家们则站在"高处"，俯察这一切，抽象这一切。这种上下"沟通"，希尔的书里比比皆是。这在中国的思想史似乎不易做到，"四书五经"代表了中国的传统上层文化，人们常讲"儒"家文明，姑且不论"儒学"的内涵及其变迁，以中国人口之多、疆土之广、史俗之异，究竟有百分之几的人可称为"儒文化"的属民呢？孔孟说的话恐怕很难找到它们与社会底层的芸芸众生的联系了。希尔把1601—1800年时期的德意志称作"内心的王国"，"内心"二字深可考究，此即上面所说的，承宗教改革而萌生出的"内心"信仰及其震荡和变迁，在大小德意志邦国的大小君主和民众的心底，藏得极深但也最突出。法兰西的"启蒙运动"表现为爆发式的形态：民众因积怨既久而"启蒙"，思想家们恰恰先为此作了思想舆论的批判准备，这种"结合"促发了猛烈的行动。希尔区别为"上层启蒙"和"低层启蒙"；"上层"见之于思想的、言论的；而"低层"则见之于冲动的、情绪的。而德意志人则是心中的静中之动。这一章，我以为是希尔写得最精彩的一章：在这一章里，不仅"知识精英"同"社会低层"是声气相应的，而且破碎的、没有"国家"边界的德意志也不是一片孤立的、隔绝的土地，荷兰的、英国的"自由空气"和法国的智慧，通过各自的渠道流进了德意志。作者形象地说，当时的伦敦是"欧洲的首都"，汉堡是"伦敦的郊区"。表面上古板板的德意志那些浪漫主义的艺术家、深不可测的哲学家、科学家等等的"灵魂"都在"内心"里亮出来了。

希尔的"思想史"颇具散文笔法，他在写到18世纪中叶的艺术家温克尔曼揭示了古代世界里的"高贵的纯朴和宁静的伟大"时，肯定想到了古典的内在之美。讲歌德对一个造访的旅行者自称他"在哲学和自然科学上是无神论，在艺术上是异教徒，在感情上是基督徒"时，他想到的是文化的多姿多彩。讲康德说"一个纯粹以理解来指导的国家就像一个孤岛，处于虚幻、权力梦、冒险梦的汪洋大海之中。这个汪洋大海既是刑罚、毁灭的深渊，又是自由和无限的汪洋。人的理解只限于那个可以量度的小岛，而人的灵魂却要去探索那个汪洋大海"时，他肯定是震撼于思想家默想之深邃和胸襟之开阔远大……

在德国思想家们的启蒙思想中有本地民众心态的滋补，有大小宫廷文化的气氛，有法国的理性主义激情，有英国泛神论经验等等，甚至还有东欧的"虚无主义"的不经意的影响——一切的一切都了无斧凿痕迹地融化在心灵里。德意志在那个时候并没有现代意义的"国"，统称为"国"，其实并不确切；但邦邦连属，同气相求，语言互通，以至有同类的"心性"。而所谓"国"者，实际是"族类"的意思。（西文的"国名"是我们中国的称谓习惯；法兰西、英吉利……何尝有个"国"字呢？）

希尔有一二章讲意大利的"文艺复兴"，不过他没有用这个习见的概念，而是用了"从但丁到马基雅维利：意大利的政治人文主义（1300—1527）"这样的标题。还有一章的题目叫"阿奎那的时刻（1225—1274）"。这两章放在一起，欧洲的中世纪就活起来了。他不是孤零零地写阿奎那或任何一个人，而是先讲足那个时期的社会状况和思潮：神学人文主义已见苗头；以巴黎大学等为各路神学家的集散点，各种宗教思想得以相互交汇和交锋。因而在朦胧之中透露出思想的萌动。希尔把那种社会文化背景交代充分之后，再把阿奎那的神学的、人文的，乃至政治的思想"托"出来，这个阿奎那便不仅仅是一个集圣奥古斯丁以来神学之大成的神学大师，而是一个有血有肉，没有游离于社会之外的"活人"了。

此时我想起上世纪70年代初调到外交部翻译室工作期间，听到一位"资深"翻译说，他在给周恩来总理接见外宾做翻译时，听周总理说应该好好研究一下阿奎那。他没有听懂是什么意思，只回到办公室"照本宣科"地向大家"传达"了。他无意，我却独独记住了这句话。当时的政治气候还不可能看什么基督教神学的书；但这话我一直记得很牢。"文革"后我进入中国社会科学院欧洲研究所后，便特意找到阿奎那《神学大全》和《反异教大全》等的英译本，另外，商务印书馆已在60年代编译出版了一本阿奎那的政治思想论文集。我把这些书都看了，我印象最深的，是阿奎那把认识的对象分成三个层次：最普通的世俗事务，一般人就能认识；再高一层（或再深一层），普通人无能为力，需靠"天使"才能认识；至高无上的顶层，"天使"也办不到，就唯有上帝才能认识了。当时以我浅薄的理解，阿奎那这不是把人的认识和上帝的"万能"分开了吗？这不是意味着有相当部分的世间事物可以不通过神来认识吗？我那时正做着别的事情，没有深究下去。

现在看希尔的"阿奎那的时刻（1225—1274）"我想起了这个故事。他特别标出一个"阿奎那的时刻"，与布罗代尔认为欧洲从13世纪起开始向新时代移动的看法不是可以相表里吗？不同的是：布罗代尔侧重在物质，而希尔讲的是思想。

"阿奎那的时刻"接下来便是"从但丁到马基雅维利：意大利的政治人文主义（1300—1527）"了。在这段时期里，无论是诗人、画家，还是建筑师，都若隐若显地，然而却活泼泼地、色调明快地牵连着一种愿望，如果把蒙在上面的那种朦胧的面纱揭开，那就是题目上说的几个字——"政治人文主义"；这是潜伏在这个时期的"精神世界"里的一条线。希尔说，这些"政治人文主义者"，"竭力推进人文学科，希望借此培养提高人的品质，但首先需要在政治圈里清除腐化，才能保持人文学的纯洁性"。这话说得含蓄却又透辟，颇堪咀嚼。它把但丁、卜迦丘、佩德拉克以及拉斐尔、达·芬奇等巨匠的核心精神揭示出来了，而且把"人文"和"政治"的关系，一语讲透；如果"政治圈"充满"腐化"，"人文精神"势必蒙上污垢。

希尔在这里使用了"政治人文主义"这个概念，相当高明，涵盖至为丰富，具有欧洲意义。历史的历程，无论何等曲折、坎坷、诡谲，把欧洲——特别是西欧——的社会发展史，抽象而又抽象，终归离不开这个"政治人文主义"的延续和发展。新世纪的市场经济、民主政治、人权观念，归根到底都可以牵到这条线上去。中国历史传承里没有"政治人文主义"，所以也就没有那后三者。

一位青年学者曾问我：西欧的"封建"与中国的"封建"有什么不同？我想，她是按照所谓历史"唯物史观"成习的"权威"论点把秦始皇以后二千年叫作"封建时期"

的；与西欧的"封建"对不上号。如她看了这本《欧洲思想史》，可能会明白。欧洲的"政治人文主义"恰是在"封建时期"萌生和成长的；它的"后续"就是近现代了，中国则不同，我认同这样一种观点：中国的封建是在秦"废封建，立郡县"以前，秦以后二千多年是朝代相因的皇权专政，王夫之所谓"垂二千年而弗能改矣"。此处不多赘。希尔此书的许多章，特别是第十七到十九章（"英格兰——欧洲大陆的平衡砝码""法兰西——欧洲的潜力""内心的王国：德国"）说得十分明白，从社会思想上讲透了。

照我看，这本书有两个非常醒目之处，一是把欧洲的思想（intellectual）史按若干个具有欧洲特点的主题，厘清它们的脉络和它们之间的交错联系；因此不是单一的沿时序发展写史的，而且照顾到各民族各地区之间的交流。即既有作为"一"的欧洲，又有作为"多"的欧洲。欧洲的众多国族之"多"都为作为"一"的欧洲作出了"贡献"。比如看完第十四章的"西班牙精神的兴起与没落"，就会觉得西班牙的贡献大得很，中古时期这是个阿拉伯文化和希腊文化进入西欧的最重要的"口岸"；看完第十七章"英格兰——欧洲大陆的平衡砝码"，更会发现这个英伦三岛的"小欧洲"，怎样以它走在前面的步伐，明明暗暗地影响着"大"欧洲的历史；西欧大陆发生的规模宏大的文化思想运动，莫不能在古老的盎格鲁-撒克逊-克勒特的历史中找到先期的种子，从基督教"神学革新"到"从神到人"的理性经验，及其对世俗社会的无声影响，还有从"大宪章"以来的"分权"观念和实践，莫不悄悄地潜流般地渗进大陆，起了潜移默化的作用。当然不是单方向的流动，如果没有陆地欧洲的作用，也不可能有人们所见到的英格兰。对此，希尔有一段很形象生动的描述，大意是说，英格兰不属于"欧洲"，从来自认为是另一个世界，围绕在大陆边缘上，就像陈列在法国拜约博物馆的挂毯上的彗星，被认为是 1066 年诺曼人征服英格兰的先兆：当时人们认为彗星一出现表明将要出现危机，英格兰正像彗星出现那样，就要介入大陆来了。这个古老的民间传说所传达的"信息"何等活龙活现地描出"另一个世界"与西欧大陆的关系。

第二个值得赞赏的特点，作者和译者在各自的"序言"里均明言之，就是把思想和社会结合起来，"思想"既是"思想家"们的思想，同时又是不与社会脱节的。这说起来容易做起来很难，难就难在"社会"上面，前面说过，作者脑子里常有一个与"上层"思想相对应的"低层"社会，而偏是这个"低层"最难把握。在我国，老一辈史家中如范文澜先生等提倡写"人民"的历史，但始终没有拿出服人的作品来，充其量不过是"帝王将相"加"农民起义"。仍是"两张皮"。其间一个很重要的客观原因，可能是缺乏属于所谓"人民"的史料。希尔写《欧洲思想史》有一个方便条件，即基督教文明在信仰上是民众的，即使"泛神论"等"异教"倾向也是散渗在民众当中的，这方面的文字资料很是不少。看到了这些，就感觉到了有个"社会"的存在。因此看希尔的书常会产生一种隐隐约约的印象；欧洲的思想史，同时是它的社会史；还离不开教会史，至少在 18 世纪以前（含 18 世纪）教会的变迁在相当程度上反映了社会思想的变化。

翻到这本书的最后一章："19世纪以来（1789—1945）"；开头的几句话，很是奇崛："19世纪是在第二次世界大战末欧洲城市的残垣断壁中才告终结的。照海德格尔的看法，'它是近代历史中最黑暗的一个世纪'。其中每一件事都是暧昧不明的，既盖有过去的印记，又含有未来的胚胎。这个时期的思想家中，难得找出哪一个在思想上不流露出反人文主义和反基督教情结的。另一方面，在反基督教的思想家中间，又几乎都为基督教的发展提出新的建议。"

19世纪终结于1945年，我很认同这个看法。今天，七十岁以上的老人如我者回首晚近几十年的历史，也越来越会有像希尔和海德格尔回首"19世纪"那样的感觉："每一件事都是暧昧不明的。"随着时间的向前推移，有些事将会越来越明朗起来，人的认识会随之越来越清晰起来。因为原来不知道的，后来知道了。但是，有些事则可能永远要"暧昧"下去。

希尔最熟悉的是德意志的历史和欧洲的中世纪，他本人是基督徒，基督教文化在他的思想里扎根太深了，对于基督教文明及其在社会上的深广影响了若指掌，尤其对于基督教各派的细别十分熟稔，这对于他审视19世纪以前的古典式的社会思想史，绝对是一种必要的方便条件；因为"上层"与"低层"的微妙的联系，只能在具有社会意义的基督教中去找。希尔于此用笔，游刃有余，得心应手。

但是，当他写到"19世纪以来（1789—1945）"这最后一章时，他似乎感觉到用惯了的思维方法难以驾驭新局面了，基督教作为一种社会信仰从法国大革命起越来越发生了动摇,"低层"的社会(民众)在资本主义快速兴起的时代背景下,提出了许多前所未有的诉求。一种最重要的精神倾向,便是从工人运动中产生的各种倾向的社会主义。

希尔写完这本书时是1953年,他还没有来得及仔细回味和消化刚刚过去的这段时期,因而留下许多空白。正是为此,他的这一章给我以"草草收场"的印象。不过他在文中透露了一句,他准备为所谓的"19世纪"(即从1789至1945年)写一部专门著作,而在这章的开篇几句话,已非常宏括地提到他正在怎样想。作为一个严肃的学者,理当有一种笃学、深思的风格,这是学者的品格,也是学者的天职。

这类书介绍到国内来的本不多,少数的几本大多是侧重在思想家、哲学家个人方面;像这样使思想和社会浑然一体的学术著作,很罕见。难得复三兄选译此书的用心。兹引译序中数语,结此"琐记":

> 21世纪标志世界进入一个历史新时期。现在各国大众的交往增多了,无论在中国、西欧或北美,都可以感到各民族大众之间的思想感情沟通,十分不易。中国不少人的世界知识似还远远跟不上开放形势的需要。展望21世纪,迫切需要加强对世界各民族文化,首先是对西方的了解。现在读经济学、政治学、社会学、心理学、历史、文学、哲学等各学科的,对晚近西方在这些领域里的名家专著,已渐不太陌生。至于西方从古代到现代的发展,这条道路究竟是怎么走过来的?似乎应该是欧洲史的任务去从事介绍。

祈念世间友好和平

——读竹内实《中日关系之我观》

《博览群书》第 1 期中颇有佳作，而最使我深切触动、有感于怀者，是日本日中关系学会副会长、京都大学名誉教授竹内实先生之《中日关系之我观》和与刊发此文相关的常大林先生与竹内实先生之通信二件。

竹内实先生的文章是去年 11 月在北京一次研讨会上的发言；竹内先生用汉语发言，故文章亦为上好的中文。先生讲话时出示了他带来的东汉光武帝赠给日本使者的一枚"金色发亮的小东西"——金印。此物现已在福冈市美术馆展览。同时，福冈市正在构思筹建"中华街"，竹内先生就是受福冈市的委托来讲述此一构思，并顺便讲到这历史佳话的。他发言的题目原为《21 世纪中华街的构思——从日中文化交流史来看的一个考察》，作为文章发表时用了《中日关系之我观》这个题目；先生因古推今，是深有感怀于心的。所以，在文章中特表达"怀古"的苦心说："日中关系，现在有这样那样的现象呈现在我们面前。但是，我想：这现象下面有根底、有底层，而这底层是一贯不变的，我们需要留意这个底层。"这底层就是"日本文化是受中国文化影响的，日本文化的根源、源泉在于中国"。这些带有真挚情感的话是我们经常从日本朋友口中听到的。

竹内实先生讲的是古代。至于近代，则由大林在互致信函中很正确地补充进去了："中国人也不应忘记，在许多方面，特别是近代以来在传播科学民主思想等方面，日本也是中国人的老师。"

这些本来都是很平常的事；但是在今天人人都从自己的角度感受到一种紧张的空气的时候，这些极平实的事和话，竟格外使我觉得是一剂清凉散，有一种久违了的"亲切感"。我自从老病退休以来，早已"淡出"了令人神经紧张的"国际问题"领域的研究，而日益觉得文化，包括各民族文化交流之弥足珍贵；或许"为万世开太平"的希望所在终当寓于恒久的、持续的文化繁荣和沟通，而不在于在时空中一时（即使是在很长的时段中）的政治冲突和利益争斗。这是不是也包含在竹内先生所说的"底层"里呢？

文化与政治，哪个更具有历史韧性呢？讨论这类问题或被讥为蹈空之论。但这是我的一个信而不疑的理念。

读了这两篇文字，不由得想到我平生结识过的为数很少的日本朋友。姑举二事：

上世纪50年代，我受遣随李一氓同志在维也纳一个国际组织中工作，同在一起的有一位来往颇为密切的日本朋友——西园寺公一。他大约与氓公同龄，我属他们的晚辈。西公是日本声望甚隆的贵胄后裔，我们的老一辈如廖承志等都与他相熟。那时在那个国际组织中谈的问题离不开"战争与和平"一类话题。我们的办公室与西公毗邻，氓公与他谈的却都是朋友间的话；我是"小青年"，只有旁听的份儿，但十分欣赏那种友邻间的友睦的气氛。氓公是很超脱的人，西公也是文人气质，彼此撇开时下的严肃而索然无味的话题，很自如地谈文物、风习、书画、美食……我粗浅地感到，中日战争结束虽已十年，政治关系依然紧张，人民之间却在无形的链条的联结中存在着某种难以言喻的情谊。后来，西公蛰居北京很久，住在我们同一大院里，经常见面。我同他差着“辈分”，个人交往不多，但总把他和他的家人看作东邻好友。政府之间的关系之外，人民间的相通的常情常理，本更是天赋的。西公回国后在垂暮之年还不止一次偕同夫人、子女来北京看望老友。

转眼二十多年后，联合国一项决议，把1986年定为“国际和平年”，决定要搞一个关于“国际和平”的文件，由联合国工作人员准备一个草稿，委托设在日本的“联合国大学”组成一个“专家委员会”修订、定稿。我不知何故作为这个“专家委员会”的成员去了日本。大学校长自然是日本人，一位很儒雅的学者。与会的还有英国、奥地利、法国、德国的十多人。日本方面除校长作为主席外还有一位日本的哲学教授。总之，大家都是“文化人”，没有一个“政治活动家”。开会“审订”文件草稿，都是文质彬彬的，没有相持不下的情况，因为都是为了“和平的理念”。有时对某个概念和提法发生歧异，彼此也客客气气，既无疾言厉色，更无尖酸刻薄，终于求同存异，圆满结束。会后举行记者招待会，公推大学校长、英国学者和我代表委员会出席；讲的都是“你好，我好，大家好”一类的吉祥话：祈盼世界永无战争、世代和平。

我忘记了我是在开会时还是在记者招待会上讲了康德的"永久和平论"，引起了那位日本同行的兴趣，会后与我谈了很长时间的康德，颇有共同语言，他送了我一篇他写的关于"永久和平"已译为英文的论文，使我有遇到了知音的感觉。

临别前，校长专门请我一个人吃晚饭，只我们两个人，他穿了"和服"，一切按日式规矩。他说，"联合国大学"的唯一宗旨就是致力于"永世和平"；至于中日两国和人民，他和我都说要"世世代代友好下去"；这在当时是我们这两家邻居常说的话。真十分抱歉，这位大学校长和那位哲学家的名字，我竟已忘得一干二净，实在不应该。

竹内实先生的文和常大林先生的信，使我想起这些点滴往事；中国人和日本人可以交谈的事又多又深，应该体现出一种"超越"的精神和胸襟。

我性喜联想，于是接着想到宋人陆九渊的一段话："东海有圣人出焉，此心同也，此理同也。西海有圣人出焉，此心同也，此理同也。南海、北海有圣人出焉，此心同也，此理同也。千百年之上有圣人出焉，此心同也，此理同也。千百年之下有圣人出焉，此心同也，此理同也。"象山先生真可算是超越时空而大其心了。其实说的不过是人类本有的常理；只不过现实中世事纷扰，把常理打得粉碎了，必待"有圣人出焉"而后才能"此心同，此理同"。难哉！

此系闲话，最后仍要回到竹内的文章和大林的信上来，并用大林的最后一句话结此杂感："内心和平是世界和平亦是中日和平最坚稳的基石。"说得好，"内心和平"是一境界，却又是常人所难企及的，奈何！奈何！

原载《博览群书》2006 年第 3 期

行己有耻与文明意识
——读《宫廷社会》与《文明的进程》

    德国人类社会学家、社会历史学家艾利亚斯（Norbert Elias，1897—1990）于1933年写成了他申请教授资格的论文《宫廷社会》(*Die höfische Gesellschalt*)，未及答辩即去国流亡；1936年他的代表作《文明的进程》(*Über den Prozess des Zivilisation*)在一家当时专营德国法西斯禁书的出版社的协助下问世。或许是战乱的缘故，艾利亚斯在盛年似乎是博学而无所成名，直到60年代才引起西方学术界的很大兴趣，特别得到了法国年鉴派史学界的推许；《宫廷社会》和《文明的进程》两书相继移译为英、法等文本。从这个角度上说，艾利亚斯也算是大器晚成了。

    《文明的进程》的情况，《读书》过去曾有介绍（1991年第8期和1992年第2期）。我最近得暇，粗粗看了这本书和《宫廷社会》，读后归结出一个想法，就是人只有能自我约束，才能成为文明社会的人；行己有耻才会产生文明意识——"耻"，就是知所止，"耻"于做什么、"耻"于不做什么，有所规范，有所约束。这看来被动了些，但却是最起码的，也是最必要的。我们的古训：知止而后有定，定而后能静，静而后能安，安而后能虑，虑而后能得。"得"即止于至善，所以得者，德也，可别训为文明和文明意识，一个有序的社会应该是一个有文明意识和文明秩序的社会。艾利亚斯通篇都讲"知止"与"文明"的关系，他的发明是从人类社会学和心理学接近这个道理。

《宫廷社会》和《文明的进程》都从解剖西欧 11 世纪到 18 世纪的社会结构的演变及其对人的心理影响入手来讲文明的诞生和发展。前一本书是大纲，后一本书是引申。说简明些，就是讲西欧社会怎样从"不文明"到"文明"的过程。

所谓"文明"径直就是"野蛮"的对立概念；它是随着社会的前进而生成、而发展的。艾利亚斯把这个人人都知道的道理提高到学理的水准来解析。他的一个中心思想就是，人与人之间的各种各样的"相互依存"的关系，是人进入文明阶段的第一条件，也是人类走向社会化的关键一步。从此，人不能再像还未脱尽"动物习性"那样"自由自在"了，而是要"知所止"，要受一些自然形成的行为规范的制约。所谓"规范"，不是来自任何前定的计划，不是谁脑子里设计出来的，而是由于社会发展了，随着人与人之间的交往、接触，便约定俗成地形成了某种"约束机制"（mécanisme de contrainte）和"自我约束"（auto-contrainte）的习惯，就好像一种社会成员都默认的不成文的"契约"。作为社会公德的文明意识也就从这里开始了。谁不依这些规矩而恣意行为，谁就会觉得不好意思，在众人面前丢了脸面，从而在心理上感到有一种压力，于是产生了"羞耻之心"（pudeur）。因此，艾利亚斯认为，人际关系

（社会分工）、人的行为的"自我约束"（自律）、人的"羞耻之心"（行己有耻）这三者的连锁效应构成了孕育文明意识的社会的和心理的条件。

"自我约束"，知所止，就会使人讲起了礼貌，进退应对有了许多讲究，言谈举止有了文野之分。其实，人类社会，无论南北东西，从野蛮进到文明，都走的这条路，可以说是人类的共性，不过有早有晚罢了。譬如中国到达"礼"这个阶段是比较早的。《礼记》所谓"礼不逾节，不侵侮，不好狎""道德仁义，非礼不成"，人因而变得"文明"起来；且明确说，"明礼"是"知自别于禽兽"的标志。《礼记·曲礼》讲的便是春秋前后贵族的饮食起居待人接物诸般礼数。

在欧洲，当然同样有这个阶段，最早始于何时，艾利亚斯没有说，他是从西欧中世纪讲起的。艾氏从中世纪留下的文字中摘出了许多关于日常生活琐事和民俗性质的记载，说怎样的举止算是文雅的，怎样是粗鄙的。艾氏的用意是要透过民俗来看文明发展的程度；意在说明，在有这些文字记载以前，这类事似还没有提上日程；后来社会发展到相当程度，人们便十分留意这类问题了，并且也是从贵族之"明礼"开始。按照艾利亚斯的考究，"civilisation"这个词在中世纪的前大半个时期还没有出现过。它是从宫廷里的"礼"（courtoisie）和尔后一般性的"礼"（civilité）衍化而来的。总之，"文明"的源头是"礼"。法语中的"courtoisie"即源于宫廷（court）这个词。"宫廷社会"里有王公，有伺候王公的侍臣（courtisane），上下左右都有一定之规的礼数。侍臣要取悦于皇上，不管心里怎样想，外表都执礼甚恭。所以，"courtoisie"当初有"讨好""献殷勤"的意思，是有意"做"出来的。所以，起初的"礼"带有强制性，知所止是被迫的，日久天长才成了习惯和秩序。宫廷里先实行起来的一些礼仪和应对的规矩，经过贵族、骑士阶层渐渐流传到社会上，市民阶层随着市镇的出现和兴起也学一些"高雅"的仪态和谈吐，于是"civilité"（礼）代替了"courtoisie"。宫廷里的习惯影响社会上的市民阶层，这在法国特别明显，在一些文学著作里常可见布尔乔亚效颦宫廷贵族的描写。德国则不同，德国的市民保存自己的阶层本色比法国的要多。大约到17、18世纪，"文明"这个词普遍使用起来了，不仅取代了前两个字的地位，而且含义也宽得多了。

在艾利亚斯引用的文字里，16世纪人文主义者伊拉斯谟的一本1530年出版的小册子是最具权威性的，及于社会的影响也最广。有些片段不禁令人为之解颐。例如有一节专门讲"吃相"的，说大家在一起吃饭时要有规矩，不要急不可待地去"抢食"（那时还没时兴"分食制"和用刀叉，大家都用手抓）；不要狼吞虎咽地大吃大喝；如果盘子里只剩下一块肉，要懂得谦让；嚼东西时要斯文些，不要吧唧吧唧地作响让人听着不雅，等等。除了"吃相"外，还写了好些其他日常生活里该注意的事，诸如切忌随地吐痰、随地便溺、任意甩鼻涕、在公众场合大声喧哗等等。看到这里，我不由得想到了今天，都快21世纪了，可是这类陋习在我们的"首善之区"还远未绝迹，足见养成文明习惯之难！艾氏用了三章写这些东西，好像有意嘱咐那些不懂社会公德的孩子。这些看起来鸡毛蒜皮，反映的却是当时的民俗和社会进化的状态。艾利亚斯可算小中见大。

总之，"文明"是随着万物之灵的人结成社会关系而来的。艾利亚斯说，只有到这时，人类社会才成为"体现自为自律的人与人各种相互依存关系的总和"（《文明的进程》德文版下册，第 374 页）。至此，人类也就不仅成为社会的人，而且由于思维的缜密化而成为有知识的人、理智的人；人类社会，作为整体而言，亦完全摆脱了天然状态而进入"文明"的社会。用艾利亚斯的术语说，人的社会行为的"心理学化"（psychologisation）走向了"理性化"（rationalisation）。

"文明的进程"既然是随时空的变迁而发展的，"文明"便永远不能是现成的和凝固的东西，而永远处于没有止境的运动之中。任何时期和地区的文明都只是进程中的一个"点"或某一个阶段。社会愈向前进，文明的濡染性和传播性愈强，文明愈要不断吐故纳新。常有这样的事：一些旧的、过时的风习渐渐退去，新的、应运而生的风习悄然流行。而且不同地区（国家）之间，不同社会阶层之间，文明的相互影响、相互渗透，是没有界限的，也是不以谁的主观意愿为转移的。一般说来，走得比较快的总要带动走在后面的，强的影响弱的。当然反方向的运动也是有的，但情况和程度都不同。总之，文明的属性是前进的。我以为，艾利亚斯的书之所以得名正在此。

但是，艾利亚斯由于侧重于西欧社会结构及其对人的心理影响和压力与文明生成的关系，因而对于在社会结构与文明之间起中介作用的"教化"之功说得有欠充分；好像人从动物的自然状态演进为"文明"的人，完全是在人际关系中"自动"完成的。或者说，生物的人之变为社会的人完全是被环境"逼"出来的。这在理论上并不错。问题是在"逼"的同时，也产生了出自人的主观想象力和能动性的"教化"，推动着文明的进步。甚至可以说，假如没有一以贯之的教化，则文明不仅不免是脆弱的，而且肯定不能发展，人的"理性化"程度至少会受到很大的限制，还可能开倒车。

这里顺便提一下，艾氏在书的开头曾用了些篇幅讲"文明"与"文化"是一对相对的命题——"文明"是外表的，"文化"是内在的。这是一种德国的老观念。艾氏引用了康德这样一段话："我们由于艺术和科学而有了高度的文化，在各式各样的社会礼貌和仪表方面，我们是文明得甚至于到了过分的地步。但是要认为我们是已经道德化了，则这里还缺少很多东西。因为道德这一观念也是属于文化的；但是我们使用这一观念却只限于虚荣和外表仪式方面表现得貌似德行的东西，所以它只不过是成其为文明化而已。"（《历史理性批判文集》中译本，第15页）可见，艾利亚斯对"文明"的理解没有超出康德这段特定的话。但是，完整意义的"文明"自然远超出了外表仪礼的范围，而具有了文化的底蕴。我们今天理解的"文明"毕竟不止于墙上贴着的"文明礼貌用语"，而是有文化教育强有力的支撑。没有文化的"文明"是不可想象的。实则康德哲学是极重教化的，康德是非常看重"文明"经过教化之功升华为道德化（理性）的完满性的。康德晚年提出"人是什么？"的命题时，正是认为人类学的归趋最终应该是人的道德的完善化，即本文开头讲的"止于至善"。艾利亚斯在书的结尾虽然也圆上了这层意思，但草草终卷，不免使人有意犹未尽之感。

说得既简明而又全面的，还是莫过于咱们的孔老夫子。一天，他和冉有到了卫国："子曰：'庶矣哉！'冉有曰：'既庶矣，又何加焉？'曰：'富之。''既富矣，又何加焉？'曰：'教之。'"真可谓言简意赅，比管子的"仓廪实，则知礼节，衣食足，则知荣辱"多了一层教化。说实在的，"仓廪实"未必一定能使人"自动地"懂得文明礼貌，"衣食足"同样未必一定能使人"自动地"分辨荣辱。倒是相反的事时常可见；例如直到今日，"为富不仁"者有之，举止去野人不远的西其装革其履者有之，物质极大丰富而精神极度贫乏者也有之。对于人类的这一部分，怕都是缺了"教之"这个环节的缘故。

艾利亚斯的书，我是在住院时随意翻看的，当时看的是法文译本。译者给艾氏的上、下两册分别另拟了书名：上册叫《风习的文明》（*La Civilisation des Moeurs*），下册叫《西方的动力学》（*La Dynamique de L'Occident*）。后来得到了原文本，书名是：《文明的进程——社会生成学和心理生成学的探索》（*Uber den Prozess der Zivilisation——Soziogenetische und Psychogenetische Untersuchungen*）。我的德语水平只够上街买菜用，所以我的理解仍是依法文译本来的，个别地方也查对了一下原文。至少我觉得法译本把原文的章节安排列成相对独立的两本书，终不及原文之浑然一体。

这本书很有趣，提供了历史研究的社会心理学视角。看时就觉得该推荐给可能感兴趣的出版社，出院后得知三联书店已打算请人译成中文，可见已先得我心。我想，若把《官廷社会》也译出来，则艾利亚斯的思想脉络就更清晰而完整了。

原载《读书》1996 年第 4 期

欧洲地位的"边缘化"
——托克维尔的启示

　　相当长一段时间以来，我常有一种印象，报刊上来自欧洲西部的消息所占的比重越来越小了。引起世界普遍关注的"焦点"问题，大多不在欧洲。事实上，自从斯宾格勒发表《西方的没落》以来差不多整整一个世纪当中，欧洲时时处在自信心的危机之中：欧洲失去了19世纪的"鼎盛时期"，这是无情的铁的事实；对于欧洲地位的"边缘化"的现实，欧洲的某种程度的"失落感"，是不难理解的。

　　这使我想到了150年前的阿列克西·德·托克维尔。托克维尔出身贵族，他出生的时候，拿破仑战争已经进行了好几年。他的家族是法国大革命的镇压对象；然而这是他来到这个世界以前的事，所以法国大革命对于他来说只是未曾亲临的历史。他在大学期间听了基佐讲授的"欧洲文明史"，基佐把英国的"光荣革命"作了理想化的描绘，似乎欧洲应该以英国为师，让贵族们自然而然地变成资产者。学生时期的托克维尔对此印象颇深。当时的法国和欧洲已从拿破仑战争中复苏，资本主义经济出现了繁荣景象，工业革命推进到欧洲各地，使欧洲迅速改变着面貌。同时，无产阶级也成熟和壮大了，社会上出现了明显的两极分化和对立冲突。终于

1830 年"七月革命"突然爆发了。这场暴动式的革命掀翻了一个王朝，迎来了另一个王朝——路易-菲利浦亲王为皇帝的"七月王朝"。这时的托克维尔已是政府司法部门的一名法官。1830 年的三天革命使他受到很大震撼，他敏锐地感觉到，从 1789 至 1830 年的革命和反革命的激烈冲突，归根到底是由于中世纪留下的代表旧体制的贵族和各阶层人民之间的不平等。

当时法国正在议论司法制度的改良，而且已有议论美国管理监狱的办法如何可取，于是想派人去考察。托克维尔抓住机会把这项考察任务争取到手，与他的同伴一起前往美国。那一年（1832 年），他只有 28 岁。后来他在回忆录里说，他根本没想去考察什么司法制度，而是想去开开眼界，看看这个新大陆的新国家的人怎样生活；只要拿到一份护照就可以到处走走了。

托克维尔此行不虚，不仅开了眼界，而且大开思路；对于他研究欧洲，特别是法国的历史和社会，美国之行提供了使他的思想产生飞跃的"参照系"。他发现新大陆之所以新，就新在它没有旧大陆那么沉重的包袱，于是愈加感到旧体制在欧洲大陆的根深蒂固。许多新思想出在欧洲，但是真正付诸实施却是在曾是殖民地的北美；欧洲还在王权统治下，美国却从第一天就建立起联邦总统制！他越想越深，因而产生一种使命感，写出了传世之作《论美国的民主》。这本书第一版只印了 500 册，但后来已成为了解美国的必读书，连美国人都视为经典。其实托克维尔写这本书的醉翁之意还在于解剖欧洲旧大陆之旧。

托克维尔回国后脑子里驱之不去的烦恼，是法国七月王朝政府高官们的腐败、贪婪和官僚主义。他在回忆录里写道："这些罪尤都应归咎于统治阶级的天性、它的绝对权力、时代的性质本身。国王路易－菲利浦则为这些罪尤火上加薪。"

曾身为法国科学院院长的托克维尔常有机会接触这位国王。他最后一次见到路易－菲利浦是在1848年二月革命之前不久。在谈完关于科学院的事情之后，托克维尔起身告退。路易－菲利浦让他再坐一会儿，显得很亲热的样子，说："托克维尔先生，既然您在这儿，就让咱们谈谈吧。我想听您讲讲美国。"不过托克维尔没说上几句话，只是国王一个人说个没完没了。国王绘声绘色地描述他40年前到美国——显然是被法国大革命赶跑的——去过的地方，见过哪些个名流，连他们的祖宗三代都说得详详细细，津津有味地说他们姓甚名谁，多大年纪，出过什么新闻逸事，一五一十，无一遗漏，说起来就像昨天发生的事情。说完美国，国王又回到欧洲，一会儿说英国女王如何说话像尖叫，一会儿说一句俄皇尼古拉的坏话，时而讲起西班牙的婚礼怎样使英国尴尬，一下子又跳到了帕麦斯顿……看样子国王并不想听别人说什么，只想叫别人听他一个人侃大山。托克维尔足足听了三刻钟；国王站起身来，感谢托克维尔跟他这次愉快的"交谈"。

然而，托克维尔可不像国王那么"潇洒"，因为当时的形势已经十分紧张了。法国社会可说是一方面是荒淫与无耻，另一方面则是纸里包着怒火。托克维尔从美国回来，同法国的情况一对照，更加感觉到法国早晚要出事，从1789

年到 1830 年革命提出的老问题不但没有解决，而且更尖锐了。他这种感觉日长一日，终于在 1 月 28 日的议会上激动地大叫：先生们，咱们都在火山口上睡大觉哪！一场革命之风马上就要来了，欧洲大地又在颤抖了！什么司法改革呵，都是次要的，最需要改革的是政府的灵魂……托克维尔并不是革命家，但是认为七月王朝的文恬武嬉腐化奢侈已经到了"时日曷丧"的程度。但是，他在讲坛上的慷慨激昂，赢得的却是一片讪笑。

托克维尔称得上是"预言家"，不出一个月，2 月 22 日一场暴动式的群众运动，用了三天的时间把七月王朝推翻了，国王仓皇出逃；巴黎在群情沸腾中成立了"临时政府"，接着宣布成立第二共和国，宪法上堂而皇之地写了"平等，自由，博爱"。拿破仑三世当上了共和国的总统，过了两年，也像他的伯父那样戴上了皇冠，上演了马克思所说的"闹剧"。

托克维尔在短命的共和国期间当了几个月的外交部长，在他挂冠而去之后，他决心做两件事：一是写完他的继《论美国的民主》之后的第二部巨著《旧制度与大革命》；二是静静地写只给他自己看的《回忆录》，把 1848 年革命前后翻腾的时代和他脑子里翻腾的思绪记录下来。他虽然出身贵族，但可能正是由于他出身贵族，才对"旧制度"的顽固和"旧制度"对欧洲社会的阻碍，感到无以复加的刻骨铭心。

托克维尔的第二部著作只写了上半部（《旧制度与大革命》），即以不寿而未能终篇，死时只有 54 岁。

托克维尔生活的那个年代，正是欧洲资本主义经济增长的时候，民主代议制度、立宪主义已经提了好久了，若从法国大革命算起也有半个世纪，可是欧洲大陆大多还是君主制，就连最激进的法国，在拿破仑三世垮台以前，两次共和国也都是短命的。这岂不是怪事吗？可见要清除掉旧垃圾何等艰难！

托克维尔在当时似乎对欧洲的前途并不乐观，美国虽然是欧洲的"儿子"，可是后来居上，他觉得欧洲大陆的将来应该像美国那样，并视之为"民主的典型"。他也观察了沙皇俄国，视之为"专制的典型"。托克维尔预言，在未来世纪（即20世纪）的世界上必将是美国和俄国面面相对。欧洲呢？托克维尔没有把未来预约给欧洲，因为，在他看来，欧洲的"旧制度"包袱太重。

欧洲在世界的顶端看来没安坐多久，它的古老而又有创意的伟大文明，为自己培育了那么多的竞争者；它夹在两大洋之间，在世界大棋局里，自己却显得心有余而力不足了。

1997年12月4日

托克维尔：不自觉的自由主义思想家

托克维尔近若干年来颇为"走红"了。托氏久以其《论美国的民主》和《旧制度与大革命》闻名于世（后者未终篇）。然而把他作为自由主义的思想家来对待则是近期的事。

托克维尔生活的时代，属继暴力革命后并经过拿破仑战争以后的复辟时期。那时的法国，经济繁荣，重工业开始发展，然而财富累累却国库虚空，朝官文恬武嬉、纸醉金迷。朝中之清醒者啧有烦言，社会动荡，群情激愤，有如覆舟之水。托克维尔带着这些印象到美国考察司法（监狱）。当时的欧洲只知道新大陆有个新国家，但新在何处，知之未详。法王菲利浦在革命时逃亡期间也到过美国，但是除了美国的富裕生活而外，对美国民主制度的建树，他一个纨绔子弟当然一无所见，更无兴趣，白逛了一趟新大陆。托克维尔却是严肃的，他到美国的第一个印象是这个民族没有经过笛卡尔却做到了笛卡尔要做的事，欧洲人本来想做而没有做到的事，在大洋彼岸却做到了，而且做得那么有创造性。

本来作为托氏师辈的基佐在写文明史时有个说法，如果法国革命用英国革命的办法，就不致流那么多血。托氏有同感。当然可以说基佐和托克维尔出身贵族，当然不会赞同流血革命，然而至少托氏虽然其祖上有在革命中被镇压者，但他本人却深信不平等必然引发革命，故关键在于建立一套新的秩序。而在美国之所见，正是托克维尔所想要的。也许可以这样说，托克维尔从美国回来写《论美国的民主》的时候，他已经是一个理性自由主义者了。

《论美国的民主》初时不曾引起太大的注意，但很快即引来众多读者，连续再版。在1848年的制宪会议起草第二共和国宪法时，有些具体条文已吸收了美国宪法的一些内容。此时，《论美国的民主》已被共和派出版家巴奈尔印出了第12版，这一版有一个简要"说明"，很可以说明美国对法国共和派的影响。

这个"说明"一开始便说，《论美国的民主》这本书的每一页都向人们庄严宣告："社会的形态在变，人类的状况在变，新的命运在迫近。"它说，托克维尔在"七月王朝"还没有受到革命的震撼时就已预言封建君主制度必将被摧毁，资产阶级的民主将会诞生。"美国的体制对于王朝的法国只不过是好奇的话题，但是对于共和派的法国就应是必修的课题了。""说明"以急切的口吻说，现在的问题已不是法国将是君主国或共和国的问题了，而是将要建立一个什么样的共和国的问题：一个动荡的共和国抑或平静的共和国、一个正常的共和国抑或畸形的共和国、一个和平的共和国抑或一个好战的共和国、一个开明的共和国抑或压迫性的共和国、一个威胁财产权和家庭权的共和国抑或承认这些权利的共和国。这样一个严酷的问题，美国早在60年前已经解决了，欧洲人提出的人民主权的原则已经在美国率先以最直接的方式实现了。"说明"接下来说："正当欧洲的所有国家

227

被战争所摧残或被内部冲突扯得四分五裂的时候，在文明世界中只有美国人民是平和的。当几乎整个欧洲被革命所搅动的时候，美洲却连骚乱也没有；那里的共和体制不为所乱，保住了所有的权利；那里的个人财产权比世界上任何国家都更有保证；在那里，无政府主义和专制主义都同样没有市场。""说明"最后说，此次重印《论美国的民主》不是为了表明法国的共和派该当亦步亦趋地照搬美国的那些体制机构和法律细节，而是从中借鉴其原则。"法兰西共和国的法律可以，也应该不同于在美国通行的法律，但是美国的体制赖以建立的原则，诸如秩序的原则、权力制衡的原则、真正自由的原则、切实和深刻尊重权利的原则，对于一切共和国都是不可或缺的，它们对于一切共和国是共有的；甚至可以说，一旦在什么地方不具备这些原则，那么共和国便不复存在。"

我无法断定这份写在《论美国的民主》第12版前的"说明"是出自出版者巴奈尔之手，抑或就是托克维尔本人所写；重要的是，在1848年欧洲大陆的共和派如何从美国的实践受到启发。美国先于欧洲人实行了欧洲人提出的原则，又"反馈"到欧洲大陆来了。

现在再回到托克维尔本人。他写完这本书之后，从政坛退出，一方面继续《旧制度与大革命》的写作，同时着手写他的回忆录，把一个贵族家庭出身的青年对君主体制、大革命、共和建制的经历和感受记录下来。托克维尔说这是留给自己看的文字，无意公开发表，至少生前不拿出来。这里面没有高深的理论，更无吓人的说教；只是心迹的剖白和这些心迹的时代背景。

托克维尔的《论美国的民主》对欧洲自由主义从经验到理论的总结，是有很大贡献的。历来人们认为自由主义源于盎格鲁-撒克逊的近代文明，即从英国到美国的文明，这是不错的，但自由主义在理论上的严谨性则是 19 世纪的事，其间吸收了法国启蒙思想、德国哲学、早期社会主义的营养，而托克维尔在《论美国的民主》中经过他的思考和过滤所提出的思想，在欧洲最需要的时候起了把理性主义和自由主义结合起来的作用。

最显明的一例便是自由主义经典之作、约翰·斯图尔特·密尔的《论自由》。对密尔此作产生影响的有两方面不可忽视，一是老密尔和边沁的早期英国社会主义的思想影响，再就是托克维尔《论美国的民主》给他的启示。密尔在写"思想和讨论自由"这一章时，便大大发挥了托氏关于"多数暴政"的论点。

托克维尔是一个不自觉的思想家，是一位紧紧随着历史经验而深信旧制度必然灭亡的思想家，是一位从旧制度内看到旧制度命运的思想家。可惜，托克维尔只活了 54 岁，那时他的理论工作才刚刚开始。

1999 年 1 月 17 日

美国独立战争与法国革命有无可比性？
——评苏珊·邓恩的《姐妹革命》

近读钱满素教授《美国革命——一个半世纪的前期准备》（见《社会科学论坛》2007 年 2 月上半月期），文中推介了美国学者苏珊·邓恩（Susan Dunn）写的《姐妹革命——法国闪亮，美国阳光》，推为"精彩的尝试"。这本书所涉内容（18 世纪后半叶两件影响深远的大事：美国独立战争和法国革命）是我感到有兴趣的，于是托人从图书馆找来原文。中译本的题目被改为《美国革命与法国革命启示录》，显得过于"正儿八经"，不如原文题目的醒目和有"个性"。钱教授的评介文章，许多观点，我是赞同的。此外，写此短文，作为读此书的感想，聊为钱文续貂。

第一，这本书，行文随便，容易看下去，是一本通俗读物，不能算是研究美国独立战争和法国革命的学术著作。许多直接引语，多是为了佐证作者的观点而引上一句两句，既不交代背景，又不注明出处，难免有断章取义之嫌，往往只有作者的论断而缺少论证。所以，我时时感到作者有立论武断的印象。见到有外国读者评论说邓恩这本书过于简单化（oversimplification），"法国革命，糟得很；美国革命，好得很"（French Rev. Bad；American Rev. Good）。我看完这本书后，也有这个印象，质言之，毛病出在以偏概全或以此之长比彼之短的偏颇。

第二，北美独立战争和法国革命，先后发生在18世纪临近结束的时候，在当时是非常震动的。把北美的"独立战争"唤作"革命"，是取其宽泛义，与一般的国内革命其实是不能对应的，所以我倾向于如实地称为"独立战争"。它针对的对象是英国对北美的殖民制度，北美的革命领袖们领导的是一场彻底摆脱君主制和建立民主宪政的战争，所以它的宣言叫《独立宣言》。《独立宣言》的大半部分是彻底揭露英国的压迫，申述所以要独立和对英宣战的充分理由。法国支持了北美，反映了法国（还有西班牙）同英国的矛盾。到北美参加战争的拉法耶特受到了美国革命领袖们的极力欢迎，把他看作美国的好朋友。书中浓墨重彩地描写了拉法耶特后来应门罗总统之邀重返美国访问各地时受到悬灯结彩、民众夹道欢迎的气氛，很带有感情色彩。并且说拉法耶特把美国的民主火星带回了法国。法国革命的对象是几个世纪积重难返的王权集权制度及其种种沉重的压迫结构，所以它的宣言简称叫《人权宣言》。法国没有美国的历史条件，它要推翻的不是外国的压迫，而是本国的整个王权制度。在攻破巴士底狱之前，在软弱无能的路易十六的统治下，慑于财政危机、税收沉重、农业歉收等等，虽已在想办法谋求补救，也不乏有人想走英国的道路，但形势不容人，改良政策无一不以失败告终，社会全面危机终于逼出了7月14日的暴动。接下来的"革命政权"又不幸落在了暴君式的罗伯斯庇尔之类的激进派手中，派性和盲动性大发作，致使无数无辜者和

"异己者"惨遭杀戮。这一点，邓恩说得有道理，法国长期王权体系下，没有可能出现杰弗逊、华盛顿般的有政治实践经验的明智的领袖人物。

第三，这本书使我最不能接受的，是作者对启蒙思想家们的菲薄。作者虽然在开始的一处也提上一笔美法革命都是"启蒙时代"的继承者，但整体上否定了启蒙思想家们在历史上的深远影响。作者没有用"启蒙思想家"这个称呼，而是用了当时法国人所说的"哲学家"或"文人"。作者用有长期从政经验的美国政治家如杰弗逊等的诸多优点长处来调侃和批评法国的"哲学家们"，这本身就不对等。约翰·亚当斯说在他当驻法公使时遇到的官员都是些丝毫不懂政治的人，这确乎是可能的；同时又对当时的启蒙思想家们满怀鄙夷，甚至说伏尔泰是"骗子"，卢梭是"色鬼"，孔多塞是"傻瓜"，等等，简直是人身攻击了。作者不加出处地照样引用，不知道她是不是知道伏尔泰是怎样揭露旧制度的：不少启蒙思想家因反对暴政而坐了班房，或被驱逐出巴黎；伏尔泰反对宗教暴政、为平反冤案呼号奔走，他写的赞扬英国议会民主的《哲学通信》被禁被焚，他呼吁宗教宽容的《论宽容》的命运和在民众中的巨大影响。对这一切，邓恩和约翰·亚当斯可能根本不知道，径呼为"骗子"岂不是太随意、太无知了吗？启蒙思想有时可有"立竿见影"的效果，但基本上不是"实用主义"的，思想的力量、精神的力量在于久远，在于对后世的无形的然而是持续的启迪和影响。这本书没有懂这个道理。

第四，美国的经验对于19世纪的欧洲的民主进程起了很重要的榜样作用，这在当时不少的欧洲人都是承认的。托克维尔的《论美国的民主》印行了十几版之多，足可证明。欧洲的政界、知识界自然就与自己做了对照。法国革命发生在欧洲大陆，是欧洲革命的"震源"，欧洲的感觉自然不同于远在大西洋彼岸的美国，法国革命正反两面震撼了欧洲大陆，特别是它的近邻。在普鲁士的康德得知法国革命爆发和《人权宣言》的发表，惊愕得忘记了午后四点钟的习惯性散步，后得知法国发生的"白色恐怖"，他又说但愿今后再发生同样的革命时，千万不再一次付出同样的代价。19世纪中叶遍及西欧和中欧的若干次"革命"几乎都有1789年的影子。19世纪发生的好几次革命都短促地失败了，但这些革命所鼓吹的"自由、平等、博爱"等原则都因一再被提起而留驻在人们的心里，以致连拿破仑第三这样的"骗子"（这才是真正的"骗子"）在竞选总统以及后来称帝时都要用这些口号来欺世盗名。19世纪欧洲与同时代的美国不同，欧洲大陆是各种危机迭出、战争和战争危机不断、工业革命带动经济"繁荣"，也带来社会结构分化，各种"主义"花样翻新。而放眼望去，美国却要平稳得多，除了又同英国打了一仗，此后打了一次南北战争，再没有其他战乱。欧美的这种差异在托克维尔的《论美国的民主》第12版"说明"中概括得非常明白：当欧洲陷于一团混乱之中的时候，只有美国在世界一隅平和地建设自己的国家。民主宪政在美国几乎一马平川，在欧洲大陆则不得不曲折行进，承受历史加诸的重重障碍。

最后，说几句也许是题外话。我们研究国外领域问题的时候，往往由于各有专攻，对自己所研究的领域比较熟悉，感情上和认识上自觉或不自觉地受到影响，因而各有所偏。这是难以避免的。我算是对欧洲的历史和文化略有所知罢，也不免有这类偏颇。我看邓恩的这本《姐妹革命》时，容易发觉她只知其一、不知其二的毛病，这或许是因为我比较了解欧洲而特别敏感。

《姐妹革命》涉及的不过是近代世界史中的普通常识，问题在于怎样写。像这本书那样，自然就得出"好得很、糟得很"的印象；很反映一种非黑即白式的情感和思维方式，作为通俗读物倒还可以，但绝不是严谨的学术著作。

2007 年 12 月

*

辑

三

*

英国外交史论要

一个国家的外交是与它的历史、国内外政治生活联系在一起的。一国外交是它的内政在对外关系中的延续。所以，不存在孤立于这个国家的政治、经济和社会发展之外的"外交"。换言之，外交实质上反映了这个国家对外部环境的要求和为实现这些要求所作的努力。所以，离开了一国的国内政治、经济的发展状况和趋势，外交就失去了依托。如果只孤立地看某些枝节的对外政策如何运作，孤立地看这个国家的外交家们怎样折冲樽俎、唇枪舌剑，那就把外交理解为纯"技术"问题了。

英国是欧洲的最早的民族国家之一，它自建成之日起，甚至在建国的过程中就开始向外扩张，向欧洲大陆扩张，并同其他强国争夺海洋控制权、争夺殖民地。所以，英国外交的形成、发展和变化，是同它的国力消长、势力的膨胀和收缩很清晰地联系在一起的。这对于世界各国，特别是对于大国，是一条共同的规律——当然，具体体现不同，风格各异。研究英国外交，无疑也有助于了解欧洲的国际关系和世界政治的演变。

这本书写的是第二次世界大战结束以后的英国外交史；也就是英国已进入退势以后的外交史。读者每每可以发现这个已是力不从心的大国在外交上的特点。这里且让我们粗略地、综合地反观一下历史上的英国，以便能更恰如其分地了解今天的状况，因为今天是从昨天、前天演变过来的。

一

英吉利以一水之隔，游离于大陆之外，像一只巨帆悬在空阔的海洋上。这是历史上英吉利的形象。

远在蛮荒时期，没有人能确知这些岛屿同大陆有什么样的联系。在有文字记载的历史上，高卢人曾经到过这里。当代表欧洲文明权势顶峰的罗马人踏上这片岛国的土地时，英吉利就注定不会同大陆隔离了。

一方面，作为古老民族的盎格鲁-撒克逊人以自己的独特生存能力繁衍生息，创造自己的文明；另一方面，希腊文明、克尔特-罗马文明以及早期基督文明从海路渗进岛国。

同时，以海洋为依托的古代英吉利也不间断地向大陆探索，寻求和建立立足点。英国同大陆的联系竟是通过诺曼人入侵英吉利而开其端的。随着诺曼人的退却，岛国人反转来渗到大陆。他们和诺曼人以及取得诺曼底统治地位的安茹人一起，却以英国的名义在尔后的两三个世纪里占据了北起诺曼底，向南穿过安茹、阿基丹，直抵卡斯科尼，这一长条从英吉利海峡延伸到比利牛斯山北麓的土地，于是英国在法国的领土上有了自己的领地，向法王称臣纳贡。从亨利二世到查理二世的英王朝不甘心只是法国的附庸，竟要夺占法国的王位，同时与法国争夺尼德兰。一时间，法国竟出现了

238

"一国二君"的局面。对于英国说来，在丹麦、挪威等北欧民族已不足惧的情况下，法国就是英国在大陆立足的拦路虎了。对于法国来说，这些英国领地几如"国中之国"，乃心腹大患。一场"血亲"间的生死搏斗势不可免。英法百年战争充满了史诗般的壮烈故事。烈女贞德守城拒英、终于献身的故事传颂至今。英国在这场胜负交错的百年战争之后，被迫放弃了除加来以外的据点。诚然，这为法兰西雄踞西欧创造了条件，但是海上国家对大陆的干预却从此成为欧洲历史的重要内容。英国外交从此开篇。英法两大民族的这些历史怨尤，包括对海外殖民地的反复争夺，占据了欧洲史的很大篇幅。

英国虽是欧洲最早的民族国家，却没有出现法兰西式的君主集权政治，然而却由于王室与议会的长期争斗和内战，通过一场"光荣革命"，通过王权与议会权力的并存和相互制约，建立起君主立宪政治。这场来自上层、止于上层的所谓"革命"，使英国同最古老的航海国家荷兰结成了既有"亲情关系"，又互为仇敌的对抗关系。前一种关系把英国带进反对法国霸权的所谓"伟大联盟"，并经过西班牙王位继承战争等在大陆进行的战事，从法国和西班牙手里夺得大片殖民地以及对直布罗陀海峡的控制权，从而在大大削弱了法国实力的同时，把一只脚从北向南一直伸到远离英伦三岛的地中海。后者则通过英荷战争把荷兰这个老牌殖民航海大国远远地甩在后面。还在结成"伟大联盟"的开始，在伦敦街头曾流行过所谓"荷兰饮其誉，法兰西得其利，英吉利蒙其耻"类似讥语的歌谣。当时英国势力未张，这几句歌谣不加掩饰地流露出即将投入一场冒险之前的忐忑心情，面对强大的法国，毕竟没有十足的把握。

在与法国争雄的同时，英国在波罗的海地区正进行另一场交易。英国在马克思称之为"开创国际政治近代纪元"的大北方战争中，先联合瑞典与俄国抗衡，继而背弃了"传统"盟友瑞典，从彼得大帝称霸波罗的海的"宏图"中分享一杯羹；英国在俄瑞北方战争中未出一兵一卒轻易地达到了目的。"在欧洲，这是第一次，不仅撕毁了一切条约，而且把这一行动宣布为一条新条约的共同基础。""参加这一瓜分条约，把英国抛进了俄国的势力圈。从'光荣革命'的时候起，英国就越来越被引向这一轨道了。"[1]

乔治王朝首相、辉格党领袖罗伯特·沃尔波尔的儿子霍雷修·沃尔波尔用这样一句话来说明他的时代的特征："现今时兴的，是互相利用。"[2]后来，到19世纪，帕麦斯顿以更完备的语言重申此意，即人们所熟知的"没有永久的盟友，也没有永久的敌人，只有利益是永久的和不变的"；这类意思的话遂成帕麦斯顿的名言，尔后引用者，代不乏人。

揆诸18世纪，英国在列强中联此制彼、联彼制此，先后从荷兰、西班牙、法兰西手中取得足资奠定英国首强地位的"势力范围"，并在俄瑞争强中跻身波罗的海，在以俄国为主的欧洲列强对波兰的三次瓜分中，英国悄然地渔利其间。欧洲大陆的事务再也不能没有英国参加了。在这期间，

---

[1] 马克思：《十八世纪外交史内幕》，人民出版社1979年版，第19页。

[2] 同上书，第5页脚注。

英国受到的最沉重的打击是北美战争。北美独立战争放在世界局势中，实际上也反映了欧洲列强间的争夺，英国的宿敌法、西、荷诸国，都因自身利益关系趁机在北美独立战争中以不同方式、在不同程度上牵制或打击了英国。

不过，英国在历次欧战中终是得手时居多。惠灵顿将军最终于反法战争中借联军之力败拿破仑于滑铁卢。随后维也纳会议期间，英国参与纵横捭阖，折冲于欧洲大陆诸大国之间，强固其海外殖民阵地。其后，克里米亚之战，俄国虎视欧亚；普法战争之后，德意志以统一帝国崛起，后起之美国和日本正在走上世界舞台。群雄逐鹿，英国的对手已不止一两家；诚然，大不列颠在19世纪仍能弁冠列强。议者有云，处在顶峰的英国正面临挑战，它在欧洲大陆上几乎没有打过败仗（百年战争除外），然而它的新竞争者比战败的对手咄咄逼人得多了。

二

无论如何，18世纪可以说是英国资本主义大发展的世纪，为它在19世纪攀上顶峰铺平了道路。当然，它的全盛时期也辩证地孕育着下一个世纪走向下坡的激烈的挑战和竞争。

开始时说过，英国是一个不同于欧陆国家的欧洲国家；那几乎是从地理条件的特殊性着眼的。然而，英国之所以特殊，主要还在于深刻的历史因素。

在欧洲，英国是较早出现唯物主义萌芽的。古希腊罗马文明在盎格鲁－撒克逊民族的土壤里结出了有英国特征的文明果实。马克思和恩格斯说："唯物主义是大不列颠的天生产儿。大不列颠的经院哲学家邓斯·司各脱就曾经问过自己：'物质能不能思维？'"[1]并且指出，作为英国唯物主义者理论的主要成分之一的唯名论，"一般说来它是唯物主义的最初表现"[2]。当欧洲处在中世纪的中期，英国神学中就闪现出了经验主义之光。尽管那光线是很微弱的，却在英国哲学中成长为一种重视经验的传统。及至中世纪宣告结束的时候，这种传统终于产生了作为"英国唯物主义和整个现代实验科学的真正始祖"[3]的培根。

英国的经验主义是唯物主义的一种表现，它在延续中的另一表现便是哲学上的怀疑论。因为当在经验中找不出答案时便陷进了怀疑论。然而，这在一定的历史时期具有革命的社会意义。"唯物主义在它的第一个创始人培根那里，还在朴素的形式下包含着全面发展的萌芽。"[4]如果其中还不可避免地含有神学的不彻底性，那么，尔后经过霍布斯、洛克等思想家的加工，英国的唯物主义便又进了一步。因为，"霍布斯消灭了培根唯物主义中有神论的偏见，而柯林斯、多德威尔、考尔德、哈特莱、普利斯特列等人则铲除了洛克感觉论的最后神学藩篱"[5]。欧洲近代唯物主义发展于法国，法国

---

① 马克思和恩格斯：《神圣家族，或对批判的批判所做的批判》，人民出版社1982年版，第163页。

② 同上。

③ 同上。

④ 同上。

⑤ 同上。

唯物主义则得影响于英国。英国的唯物主义重经验论，法国唯物主义重认识论。英国的经验表明，经验论的唯物主义是"短视"的唯物主义，它很容易陷入怀疑论，因而不可能长足发展。

英国也是一个基督教国家，然而基督教文明在英国也有它的英国特色。它没有像德国那样走向唯心主义唯灵论，英国教会在务实精神的熏染下具有更多成分的象征意义，而较少把它当作一种纯粹的哲学。这一特点对于了解英国社会十分重要。恩格斯对此有过一段非常精辟的论述：

> ……德国人是信仰基督教唯灵论的民族，他们经历的是哲学革命；法国人是信仰古代唯物主义的民族，因而是政治的民族，他们必须经过政治的道路来完成革命；英国人的民族性是德国因素和法国因素的混合体，这两种因素包含着对立的两个方面，当然也就比这两个因素中的任何一个都更广泛、更全面，因此，具有这种民族性的英国人就卷入了一场更广泛的即社会的革命中去。[1]

英国从历史上就是一个既重视传统又十分讲究实际、本能地灵活对待政治社会矛盾的民族。它不会因为尊重传统原则而把自己的手脚捆绑住；在长期政治实践中——其中包括政治力量间的争斗、国内战争和对外侵略等等——英国很善

---

[1] 《马克思恩格斯全集》第 1 卷，第 658 页。

于把传统当作维系民族统一的凝合剂，把传统当作一种精神象征加以推崇；无论是昔日的辉格党和托利党，还是今日的保守党和工党，都是这样对待王室、贵族和资产阶级政权的。从有名的《大宪章》时期起，除了克伦威尔专政时期以外，王权一直受到尊敬。虽然王室曾与议会发生过战争并一步一步变得"徒有其表"，但是它作为民族统一象征的意义不仅没有受到贬低，而且王室的一套典章制度、君臣礼教一直完完整整地保存下来，没有人觉得那与现在的发达的资本主义社会有什么不协调的地方。英国人认为，英国反正已经经过了产业革命，工业资产阶级已经掌握了国家实权，那就让王室和贵族都保留下来为今天的社会服务吧。

恩格斯锐利地同时又极其准确地描述了这种英国特色。"王权实际上已经等于零"，"但是英国宪法没有君主政体是不可能存在的……去掉王权（'主观的上层'），整个这一座人造的建筑物便会倒塌。英国宪法是一座颠倒过来的金字塔，塔顶同时又是底座。所以君主这一要素在实际上变得愈不重要，它在英国人的眼光中的意义就愈重大"[①]。

这无疑是一个非常辩证的道理和事实，英国人灵活地对待传统的态度若干世纪以来已然形成社会习惯。作为王室与议会间的战争的结局，王权诚然被削弱了，但却合法地保留下来。同样，英国资产阶级不想——也不能以反掌之劳消灭贵族，而是把贵族和代表贵族荣誉地位的上院保留下来，加以尊敬。还是如恩格斯说的，"国王的权力愈是削弱，大家

---

① 《马克思恩格斯全集》第1卷，第682页。

对国王就愈是崇拜，同样，上院的政治影响愈是降低，人们对贵族就愈加恭敬"①。

事实上17世纪的英国资产阶级已经在建立殖民地、海军和贸易的同时壮大成为远超过王室加贵族的政治、经济和社会力量，并为18世纪的大发展铺平了道路。在这种前提下，保存削弱了的王权和贵族并加以尊敬，显然有利于新兴资产阶级建立全国范围的统治。

"18世纪综合了过去历史上一直是零散地、偶然地出现的成果，并且揭示了它们的必然性和它们的内部联系。"② 马克思和恩格斯指出，英国经验主义和科学结合在一起，推动了英国社会的前进。英国工商业、航海、殖民等几项关键事业的大发展使这个国家在18世纪实现了从蒸汽机、纺织业、采矿业到钢铁、交通的全面发展，从而带动了整个社会的工业化，并使英国走在欧洲的前列。

羽翼丰满的资产阶级在英国最先发现了适应和推动资本发展的政治学和经济学理论，启发着、带动着欧洲大陆的历史；启蒙思想家孟德斯鸠、伏尔泰等都从英国经验中取得营养。英国本是从大陆汲取了希腊哲学、罗马法律、基督文明，以及数学、天文、航海的滋养，它现在却已走在大陆的前面去了。英国是最早反映出近代欧洲社会的发展方向和规律的国家，所以恩格斯认为，"17世纪英国革命完全是1789年法国革命的预演"。③ 恩格斯这里讲的是资产阶级革

---

① 《马克思恩格斯全集》第1卷，第683页。
② 同上书，第656、657页。
③ 同上书，第660页。

命的实质,而不是讲两个革命的具体表现。

英国的"先走一步",为英国在称雄世界的激烈竞争中争取了时间;就是在群雄并立的 19、20 世纪之交,英国仍能凭借它自产业革命以来积累的实力在世界性的挑战中居于领先地位。

我国"西学第一人"严复在译亚当·斯密《原富》的按语中概括了英国在 19 世纪的世界的地位。他说:

> 欧洲工商之利,廿年以往,必以英吉利为巨擘。英之熟货,几被五洲矣。……近岁以来,德以胜治之余,而民力大奋。格致之精深,冶织之坚善,骎骎乎度英而过。而法、美、荷、义(意大利——引者注)诸邦,亦通变而不倦。顾英虽遇德之勃,与夫群雄竞进之中,乃岿然尚有以自存,不至为所夺而稍削者,则守自由商政之效也。[1]

严复的描述,大致不差;这也是一般人的看法。然而,世界正在迅速地发展变化,几个世纪曾被许多史家认定的欧洲在世界上的"主导作用"已经开始动摇,而英国这个在资本主义世界执牛耳的首强也正在接近它"极盛时期"的后期。如果说 1851 年的伦敦博览会标志着英国实力的顶峰,那么 19 世纪后半叶就是维多利亚时代的晚年了。

---

[1] 《严复集》,中华书局 1986 年版,第 897 页。

三

世界大势，国运兴衰，见微知著。

第一次世界大战爆发前夕，德、美、日纷纷崛起。当英国投入欧洲战争中去的时候，作为敌国的德国和作为友国、觊觎欧洲事务而持弯弓不发之势的"后起之秀"的美国，都以高于英国工业增长率的势头大步前进。临近19世纪末，德国工业产值超过了英国，美国也把英国甩在后面；在诸如电机等新兴工业方面，英国已经失去优势。而且经过一两个世纪的扩张与蚕食并举，俄国已成为欧亚强国。从19世纪中叶起，欧洲的一些历史学家，如法国的托克维尔放胆预言，美国和俄国将是世界上最强大的国家。虽然英国当时还是处在"全盛"时期，它的弱点在当时还没有暴露得十分明显，但是有远见的史学家已经不把未来预约给它了。

第一次世界大战，英国属战胜国，但代价是70%的舰队毁于"一战"，财政金融遭到沉重打击。支撑英国霸业的两大支柱——金融和海军严重受损，失去了昔日的威风。英国是一头受伤的巨兽。后来论者以为，一直绵延于几乎整个20世纪的"英国病"已于此时肇始，这不能不影响英国在世界事务中的能量。

此后的二十多年里，在欧洲大陆的政治舞台上，眼看着巴黎会议上签订制约德国的条款一个一个被撕毁，希特勒的魔影日甚一日地笼罩欧洲，几乎所有国家都围着德国问题奔波忙碌。美国在战后曾有一个十分短暂的退回到"孤立主义"时期，然而它无时无刻不在施加影响，事实上美国正在成为最富有、最强盛的国家，所有的欧洲国家都欠它的债，战败国德国通过"道威斯计划"得到大量的美国私人资本；而"白里安－凯洛格公约"则使美国突破"孤立主义"樊篱，参与欧洲事务。在这样的历史条件下，英国显然没有能力表现出有效的主动性；形成鲜明对照的是它特别忙于处理解体中的帝国内部事务。沉重的经济负担，党派斗争，高涨的、连绵不断的工人运动把英国政府拖得筋疲力尽。唯一使人印象深刻的事，竟然是张伯伦的对希特勒德国的绥靖政策。慕尼黑会议在历史上成为当时的英、法两国政府执行投降主义、对敌姑息养奸的标志。这件事在英国政界聚讼纷纭，虽有丘吉尔的清醒政见，但英国已陷在"绥靖"的泥坑里无以自拔。

在第二次世界大战中，英国再次属于战胜国，仍然是一个受了重创的胜利者。英国进一步露出了老态。在战争期间，英美结成了"特殊关系"，这是合乎逻辑的；因为德国和意大利成为它们的交战国，法国落入敌手，苏联是战时的盟国，却不是"自己人"。客观局势加上英美的历史渊源，使这种"特殊关系"应运而生。然而，明眼人都看得出，在这种"特殊关系"中，罗斯福居于"主帅"的位置；丘吉尔尽管资格老，见识远，观察力超过罗斯福，但由于英国实力式微，他不可能起罗斯福的作用。丘吉尔不止一次地坦率承认，没有美国，英国不可能独自同苏联结盟，也不可能支撑这场空前规模的世界战争。

当战场上形势已定、对德胜利之日在望的时候，西方盟国即分出一部分精力——甚至是相当大的精力开始考虑如何对付当时的盟国、明天的对手苏联了。从讨论战后安排的几次巨头会议中可以清楚地看出，大家都在"一心二用"。显然，在英美一方，英国是兼着"盟友"和"高参"的作用。事实上，丘吉尔早在1941年战事正酣时就明白提出，在打败希特勒以后，西方盟国的第一件事就是结成针对苏联的联合阵线，1946年3月的富尔顿讲话只是丘吉尔对苏战略思想的完整表现。不同的是，这个战略思想只能由美国来牵头实行。

<h1 style="text-align:center">四</h1>

　　第二次世界大战结束后的几十年里，英国在世界外交中的活动天地，不仅不能与19世纪相比，就是比起两次世界战争之间来，也大为缩小了。不过即使如此，英国外交仍有其特色。概括说来，就是在英美关系、欧陆政策、英联邦和殖民地政策诸方面，英国外交的总的趋势均是在被动中争取尽可能多的主动，从不放弃表现主动性的任何机会。

　　从实力变化看，英国已无可挽回地成为一个"中等强国"。战后以美国和苏联两个超级大国的对峙为基本特征的东西方关系中，英国基本上是配合美国的。当然，具体举措容有不同之处——有时，英国不能与美国完全同步同调，如战后初期对华关系；有时"配合"得不大默契，如60年代后半期在越南战争问题上，80年代在美国侵略格林纳达问题上；有时需进行艰苦的讨价还价，如50年代末60年代初的美国向英国出售导弹问题；个别时候关系很糟，及至闹到反目的边缘，如50年代的苏伊士战争等。然而就总体而言，英国是配合美国的，而且在美苏之间起着只有英国才能起的作用。丘吉尔在罗斯福与斯大林之间，麦克米伦在肯尼迪与赫鲁晓夫之间，撒切尔夫人在里根与戈尔巴乔夫之间，英国的作用是显然而独特的，任何别的欧洲国家都取代不了。换言之，每当在东西方关系中美国和苏联形成僵局的情势下，多是由英国穿插其间，谋求转圜的契机。这样做是为了英国的利益，同时也是美苏两家都需要的。

"冷战"局面消逝后，西方的对手不复存在，英国还是对美起"配合"作用，过去针对的是苏联，现在则是在西方的新的全球战略上即在扮演"世界宪兵"角色上起配合作用。西方报纸上常用填补"空白"之类的概念。通俗地说，苏联影响下的地方现在是个"大空白"，西方要把它填补起来，构筑一个以西方强权为主体的"新秩序"。所谓北大西洋公约组织的战略转变，说穿了就是这个意思。在此问题上，英国又是美国的最重要的盟国。法国不是北约军事一体化机构成员，法美之间、法英之间有着深刻的、时隐时现的历史芥蒂。统一后的德国实力逼人，虽羽毛未丰，但潜在的大国意识、强国意识实难掩饰，西方盟国对之都有一种复杂的戒备心态。所以终归还是英美间最易默契。

在英国的对外政策上，有一种克服不了的矛盾。一方面，"冷战"以后，一个超级大国解体了，不存在了，另一个超级大国不可能撑起一个"单极"超级大国"一统天下"之势，"美国治下的和平"（PAX AMERICANA）是不可能的。从这方面出发，英国理应有比过去更广阔的活动天地。

但是，另一方面，机会并不只属于英国，现时的英国比起它的西欧盟国来绝没有特别优越的条件。关键是力不从心，或者叫作心有余而力不足。英国还是竭力抓机会的，如在海湾战争中的主动姿态，又如梅杰首相倡议举行联合国范围内的最高级会议以讨论新形势下的国际秩序问题，等等。但是这样的机会并不多见。而在另一些问题，如在欧洲一体化问题上，在南斯拉夫问题上，等等，德国的作用就显要得多。

在这种总的国际现势背景下，英国外交的"现实主义"就表现为审时度势，努力使自己不处于过分被动、尴尬的境地。知所进退，往往能更好地保住自己的利益。它不拘泥于某些既定的原则。在马尔维纳斯群岛（福克兰群岛）主权归属问题上用武，不惜劳师远征，以显示不列颠的"国威"。在香港问题上则接受了香港须于1997年回归祖国的必然现实，顺应潮流地与中国政府发表了中英联合声明。英国和欧陆关系一直是英国伤脑筋的事——既要加入欧洲共同体，又不想让它束缚手脚。从英国成为欧共体成员国之日起，关系就没有理顺过；英国历届政府都是要在接受欧洲现实的基础上努力保住英国海洋国家的特殊利益。梅杰的举措与撒切尔夫人的做法表现出较大的机动性，然而从实质上讲，始终保持着英国传统的欧陆政策的特色。例如，丘吉尔是欧洲运动的先行者，但在实践上，绝不使英国卷进欧洲大陆的统一进程；麦克米伦在决定申请加入欧洲共同体以前一直想用"大欧洲"的自由贸易区"化"掉"小欧洲"的共同体；而今天的关于欧洲共同体的扩大与深化之争，实质上仍是50年代以英国为代表的主张组织松散的欧洲自由贸易区和法德等国主张组织巩固的共同体之争的继续。淡化欧洲共同体的超主权权限一直是英国的主张。

现在，许多欧共体一体化的条约都签订了，然而，英国方面却时有不谐之音。英国在历史上形成的凌驾于欧洲大陆之上的欧陆政策现在已完全不适用了，英国充分意识到这一点，只是完全甩掉历史包袱，也没有那么容易。英国十分明白，在接受欧洲共同体的大框架的前提下，尽量保住英国的主权，是有可能的；只要坚持，在坚持中作适当让步，谁也不能把它撵出欧洲大陆。

对于史学家来说，绝不可以为，既然有了欧洲共同体，既然都签了字，英国就会成为和法国、德国一样的欧陆成员国；那会把复杂的问题看得过于简单。这个问题只能放在历史进程中去解决。西方舆论盛传国家主权的淡化，把相互依赖和相互渗透同王权观念对立起来，似乎两不相容，这就缺少了辩证法。从马克思主义的观点看，国家将随着阶级的消亡而消亡，然而这并不是今天的现实。当然也需承认，就欧洲共同体的机制而言，确有一部分国家主权"让渡"给联合机制了。在这方面，实践突破了卢梭的主权不可分割论，至少在欧共体内是这样。不过要弄清一点，是否"让渡"，"让渡"多少，这个权力最终还是握在成员国手里。条件不成熟，主权是不会真正"让渡"的。而英国所坚持、所固守的就是不列颠的主权；交出去了，英国的独特地位将化为乌有，英国将化为法德"轴心"的附属物。

英国除了仍与美国保有比其他欧陆国家密切得多的传统关系之外，除了与英联邦成员国保有重要的经济、政治联系之外，英国这种复杂而牢固的心态和处境，在今后的对外政策上绝不是可以忽视的因素。既善于适应环境的变化，又善于在变化了的环境里不与传统的利益观决绝，这是一种应变的"天赋"。

英国前首相爱德华·希思 1971 年 10 月 16 日在保守党年会上讲话中说过这样一段话：

> 我对你们谈的是一个新的世界……在这样一个世界里，历史为我们保留了一个位置。在几次非常紧急的时期，在历史的力量对比发生变化的时候，总是为我们留下一个特殊的位置，因为我们拥有一种特殊的力量。我们的力量不仅仅是收支对照表上的数字，虽然这些也是我们所拥有的；我们的力量不仅仅是有勇气对付逆境，虽然我们曾一再显示这种勇气。我们的特殊力量在于我们深刻理解历史，知道在恰当的时候做恰当的事。

这段话中最重要的是最后一句："知道在恰当的时候做恰当的事。"当然，是不是真做到了"恰当"，那是另一回事——20 年前的形势同今天不同，然而，对于英国来说，却是有意义的。那时希思刚刚把英国带进欧洲大陆，加入了欧洲共同体，东西方关系出现了缓和的新因素——美苏接近、西德宣布了新东方政策等等——英国怎样保持自己的"特殊位置"呢？ 20 年前的希思不能不关心的事情，20 年后的梅杰同样要关心。

"在恰当的时候做恰当的事"，从正面讲，该做的、能做的，一件也不放弃机会；从另一方面讲，不做那种明明"知其不可"却还要"为之"的事。这就是英国外交的"现实主义"的通俗解释。论者常以撒切尔夫人为不妥协的政治家，因此号之曰"铁娘子"，但从总体上讲，并不失英国的传统。英国对外政策每以"灵活"见称，这主要是从帕麦斯顿的那句名言来的，为了利益不拒绝更换盟友，但这并非什么都不坚持。决定的因素是英国的利益。

第二次世界大战结束以来，英国的实力还由于殖民体系的瓦解而受到极大的削弱。这股民族解放的浪潮从亚洲大陆一路卷向非洲大陆，到 60 年代已势不可遏。麦克米伦两次非洲之行，第一次他感到那里笼罩着一层"非洲的迷雾"；第二次再去，他发现的是一股"变革之风"。诚然，新兴的独立国家，凡属前英殖民地的，绝大多数都成为英联邦成员国，然而近几年的事实表明，英联邦成员国的独立程度愈来愈大了，英国实已无力驾驭和控制这个日益松散的联合体。多次英联邦总理会议上，英国的南非政策受到强烈抵制，就是明显的一例。事实上，许多英联邦成员国在国际事务中的立场和观点与英国迥异。

五

反观英国外交史，最突出的印象是它的大起大"伏"——实力强，则外交势壮；实力差，则外交势衰。其实非但英国这样的衰老了的前"老大帝国"是如此，这简直可以说是一条通则。就是说，一国外交离不开它的实力。"自古弱国无外交"是一句夸张性的话,实际上的意思是说,脱离开国家的发展去谈它的外交,去写它的外交史,就谈不到点子上去,就隔靴搔痒。以英国而论,英国在英法百年战争后被迫从它在大陆的除加来以外的领地撤走这是一"伏"。以后它反转手一步步战胜了竞争者走上了世界强权的顶峰,这是一"起"。经过差不多一个世纪的鼎盛时期,又在激烈的角逐中一步步从顶峰滑了下来,成为今天的"中等强国"。这又算是一"伏"。从此,在充满竞争和挑战的当今世界里,任何一个国家都不可能独领风骚,这当然包括英国。英国在国际政治中的这种地位,怕要延续下去了。

综合起来看,英国外交在世界性的挑战中离不开以下三方面因素的制约。

第一个因素是大国对比力量的变化。英国是大国,它的外交必定是首先在大国间周旋,即在同其他大国的联盟与角逐中争取主动。在历史上,英国外交的运作是同它在对外扩张中与其他强国进行全球性的争夺联系在一起的。今天,大国关系摆出的格局,同样对英国外交的发挥有极大影响。

第二个因素是英国势力所及地区的嬗变。英国外交在世界上的影响大小,与它在英联邦、殖民地半殖民地中地位消长关系密切。当"日不落帝国"范围内的地区逐渐出现许多独立国家时,英国的对外关系格局自然相应地发生变化。本来属于"内政"问题的事,现在成了"外交";因此,与之建立国家间外交关系的国家愈是增加,英国外交的代表性便愈是缩小。

第三个因素其实是最重要的也是最根本的因素,即国力的下降。这里只举两例。一个是1921年关于海军配额的华盛顿会议决定美国与英国拥有同等的配额。这表明英国海军不再专美于前；英国在第一次世界大战中已暴露出实力的弱点，美国则赶上来了。第二个例子是第二次世界大战后，在核力量问题上，英国很大程度上必须依靠美国。虽然战后英国的核力量排在美苏之后居第三位，但差距却是非常大的。这两个例子讲的都是军事力量，实际上是科技、经济力量的反映。换言之，在决定国力的科技革命中，英国自进入20世纪起就不仅不能再领先，而且是明显落在了后面。国力积弱，自然不能不严重影响外交的效力。

以上这三个因素加在一起，表明英国走了这样一条曲线——17、18世纪战胜竞争对手，19世纪到达世界强力之巅；而到达顶峰之后也就开始向下运动了。在激烈的竞争中，英国鼎盛时期的"地盘"，在近一个世纪里部分转到了美国手里；部分由于其他列强急起直追而受到了削弱；部分则因势不可遏的殖民地解放斗争而不得不放弃，英人称之为"非殖民化"。

然而，今天的英国还是一个大国，一个发达国家，当然既不是最大的，更不是唯一的。从理论上讲，英国外交还是当年丘吉尔所概括的"三环外交"（即英国和美国、英国和英联邦、英国和欧洲，"三环"中都有英国的作用和地位），不过，"三环"的各自比重和内容都已大有改变。英国仍不能放弃任何一环，又绝不能偏执一环，英国在任何一环中的政策都必定对其他两环产生影响。这是一个蕴含着复杂矛盾的问题。英国比起其他欧洲国家需要更多地照顾同各方面的关系。英国外交正是通过处理这类问题展现其特色的。

外交是内政的延续。这有两层含义。一是一国外交归根结底是为它的内政服务的；二是一国外交的成就归根结底取决于它在内政方面的成就，首先是国力的强盛与否。任何国家的外交都无法摆脱这两层含义，尤其是在激烈竞争的时代。英国历史同样为此提供了有说服力的例证。

六

从一个曾是头号世界大国的地位沦为中等强国，它的外交政策的主动势头、决定世界事务进程的力量，无可挽回地受到很大的、维多利亚时代的英国政治家们无法想象的限制。与美国相比，英国是年长的"小老弟"；与欧洲其他大国相比，英国也不握有优势，而且要经常由于在欧洲共同体内有龃龉而被看作不大安分的欧洲人。像法国这样的欧陆国家，对它总有一种"非我族类"的情绪。而德国在国力上的优势和在地理位置上的得天独厚，显然更是英国所比不上的。欧洲以外的国家，更不再对它另眼看待了。

但是，这一切都不能简单化地得出英国外交已不足道的论断。它是传统大国，传统贸易大国。特别是对于中国来说，英国是中国最早结识的西欧国家。除了如鸦片战争这一类不愉快的事情之外，中英关系——包括政治的、经济的、文化的——在中国的对外关系史中占有重要位置，是毋庸置疑的。更何况，现在还有香港问题，需要这两个在历史纠葛中相识的国家在新的历史条件下走在一起，磋商问题。

了解外界,不仅是历史学家的责任,也为现实所需。这本书的任务之一即在此。

我们希望,这本书多少能反映出英国外交从历史上延续下来的特色。

英国政治,无论是对内还是对外,都具有实用主义的特色,这几乎是论者的共识。所谓实用主义,大体上相近于现实主义,它是与理想主义对峙而言的。记得有一次,笔者在伦敦经济学院见到著名的英国史学家诺塞芝,问他英国外交的理论基础是什么。他笑着说这是个典型的中国式问题。他说,说实话,他不知道英国外交有什么理论;如果有,那就是"实用主义",或曰"现实主义",或曰"功利主义"。可以说,英国不像欧洲大陆那样从某些既定的原则出发,而只是一件事一件事地去办,怎样做对自己有利便怎样做,凡做了的就成为经验。记得麦克米伦说过,欧陆思想是秉承神学家圣托马斯·阿奎那的传统,英国则是秉承弗朗西斯·培根的经验主义传统。那一次谈话,诺塞芝举了两个例子来对比。撒切尔政府出兵打马尔维纳斯群岛(福克兰群岛),理由之一是要保护那里的侨民。这条理由就不能当成"凡有侨民处就需予以武力保护"的原则。譬如香港也有英侨,英国政府的办法就是谈判协商了。所以英国从不让"原则"捆住手脚,至少主观上是这样。

英国所处的地理条件——岛国条件还是不能抹杀的。今天科技发展早已使岛国同大陆的距离不算一回事了。可是一水之隔,却使英国的"岛国心态"不易消失。由于不居于大陆的中心地位,战时庶可偏安,但在力量不济时也容易只被看作欧洲的侧翼。因此，英国人时有一种自成系统的心理状态。他们有意无意地以岛国为出发点的意识，形成了盎格鲁－撒克逊的利益观和安全观，在政治文化上同大陆隔着一条界线；并且不愿意使自己湮没在以大陆为中心的欧洲集团里。从丘吉尔时代的一方面倡导欧洲统一运动、另一方面又拒绝参加当时的共同市场，到今天虽然早已是欧共体成员，但潜意识里总想使共同体变得尽可能的松散，这思路是有其延续性的。当然，这里必须明确，所谓地理条件从来不是单纯的地理概念，而是有其政治、经济、历史文化的内涵的综合概念。

英国可以说从建国起就卷进了国际事务当中，并自认为充当着世界舞台上的主角。它本国的利益常常是通过国际舞台上的角逐而实现的。所以，英国是一个在长期国际活动中扮演主角或重要角色的国家。西方国家都有这个传统，英国尤甚。它在任何时候都不能自外于国际事务，以此来显示其存在，甚至是全球性的存在。即使"日不落帝国"早成过去，它也绝不能放弃任何机会，至少借此向世界宣布，"这里也有我一份"。比如，二次大战临近尾声时英、美、苏三国首脑的紧张活动，丘吉尔就是起了很重要的作用的。甚至可以说，丘吉尔提出了战后"一分为二"格局的构想，并促其实现。如果没有丘吉尔，也许会出现与雅尔塔体系不完全相同的局面，当然不是指大势，而是指某些细节。没有丘吉尔的罗斯福会是怎样的，这就不好乱猜了。英国的作用是历史上延续下来的，如在联合国安理会内它是常任理事国之一，战时列强在战后自然都必定要参加诸如德国问题谈判、各种日内瓦会议、各种裁军会议，等等。对国际事务的卷入，在英国政治生活中已成"家常便饭"，积累了丰富的、娴熟的谈判技巧。就像人们说俗了的——英国出外交家。

要之，英国外交的运作，实受影响于以上三方面之交错因素：经验主义的（或实用主义的）政治文化，内涵政治和经济利益的岛国特征，参与国际事务之丰富经验。

原载《世界历史》1992年第5期

西方文化传统与世界历史

文章的缘起

壬午春节前 2002 年 2 月 5 日，"太平洋学会"小聚。聚会是于老光远先生倡议的，大家议议"国际问题"。会上多人发言，于老时有插话，启迪良多。我在简短发言中讲了我的"世界文明历史观"，略谓现在讲"太平洋"，不能不讲"大西洋"，因为世界早已连成一片了；两"洋"相较，"大西洋文明体系"在"世界历史"中仍处在"中心地位"，意即领先地位。事后我想，我说的不过是事实，只是措辞过简，很容易被加上一顶什么什么"论"之类的帽子，于是有了这篇文章。

我要说的话并不新鲜，中国的近代史是在 19 世纪中叶与西方文明的撞击并接受其影响下启其端的。我在《冷眼向洋——百年风云启示录》的"后记——'全球化'与中国"中曾引用了康有为在《上皇帝书》里的几句话："若使地球未辟，泰西不来，虽后此千年率由不变可也。"中国现在诚然已是今非昔比了；然而，"五四"时期提出的"民主与科学"的命题和任务，仍远未完成；老实地说，"向西方学习"

作为一种有"自知之明"的态度，依然是十分切实的需要。从世界大势上看，"太平洋"属于受"大西洋"影响的一方；从人类文明发展史看，这样的论断，殆非虚语，打开地图一看便可了然。这是历史文化的事实决定了的，并不存"褒贬亲疏"一类的情感因素。学术之学，理论之事，必得心平气静，立足于事实（历史的和现实的）。

李中先生在《太平洋学报》（2001年第3期）上著文《中国文化传统与现代化》，他是从中国文化传统讲起的。我这里则是从"西方文化传统"讲开。

我脑子里的两条线

题目上有"世界历史"四字。什么叫"世界历史"？这题目很大。我读黑格尔的《历史的哲学》好几遍，特别是那篇分量相当于一本专著的绪论，最使我记得住的，是黑格尔说的"世界历史"，归根到底是"精神的"（spiritual），而非"现世的"（temporal）。起初，我们接受的马克思主义的历史唯物史观，毫不犹豫地把黑格尔的这个观点判为"唯心史观"。然而经过相当长时期的反复思索，发现"现世"和"精神"是经常贴不到一起的，"现世"时多要受"人"的主观意图和不由自主的客观形势的控制和左右。而"精神"则是恒久有效的。于是，"精神"（黑格尔称作"世界精神"）便成了人类的理想或理念。换一种方式来表达，就是：不管"现世"中发生了怎样的惊心动魄的事变，"精神"是永在的。在黑格尔的"世界精神"或"精神世界"里，经常出现这样一些所谓"关键词",如理性（reason）、自由（freedom）、正义（justice）等等,并说"世界精神"就体现在这些概念之中。

黑格尔无疑是个百分之百的"欧洲中心主义者",甚至是百分之百的"日耳曼主义者"。他的"世界精神"说到底是"欧洲精神""日耳曼精神"。无论怎样从政治上批判他,他说的"历史是精神的历史"却给了我莫大的启示;它毋宁是"了解欧洲"的一把钥匙,而且可以从欧洲看到世界的前景。欧洲的文化传统是一个世纪一个世纪地通向现代化,乃至"全球化"的。欧洲的文化传统在传承中同源而分流,有批判,有扬弃,但在批判和扬弃中有创新。远的不说,15世纪以来的科学思维和实践、自由民主理念的从胚胎孕育到发芽和生成,这条道路在"精神的历史"里真可谓历历在目。欧洲的这条道路最符合康德和马克思的历史观点——社会发展的观点。在这一点上,康德、黑格尔、马克思是可以连成一条线的。当然马克思是阶级斗争和革命论者,这是不同的。但他们都是从欧洲看世界,他们的历史观是欧洲的经验,先后陆续地散布到欧洲以外的世界。读一些历史,就不难看出,先散布到北美洲,然后是印度洋、太平洋,包括东亚的日本和中国。从世界看发展问题,只能是从欧洲看世界,而不能从中国看世界。这是不是所谓"欧洲中心论"呢?我写《欧洲文明扩张史》,交稿时出版社告诫我千万不要犯了"欧洲中心论"的忌讳;人们是最考究"提法"的,尽管写的都是实录。

这个问题,自从"四人帮"被粉碎以来,我反反复复想了二十多年。在这以前我想不到这个问题。"改革开放"改变了人们的世界观，"实践是检验真理的唯一标准"的大讨论把我从坚缩和困惑中唤醒了，思想解放了。"实践"包括昨天和今天，乃至未来。思想必须包括"思想"的实践。

想了二十多年，其间经历了不少"否定之否定"之类的反复。我是研究欧洲的。有两条线在脑子里经常绞在一起。

第一条线简单说来是"了解欧洲"。例如今天的欧洲有了"欧洲联盟"，甚至有了"欧盟"的共同货币"欧元"。这是欧洲在本世纪的一大创举，它对于世界其他地区的"示范"作用，是很难估量的。这个大创举是怎样实现的；难道它只是个偶然事件吗？欧洲的历史文化是非常深厚的。吾人常说中国文化"博大精深"，这四个字用在欧洲文化上同样是当之无愧的。（不过有一点不同：欧洲文化传统总是向前看的，而中国的文化传统则是经常向着过去的。）

"了解欧洲"应当通其"三史"。一曰"欧洲通史"，"史"指过去，时光是不停流逝的，逝者如斯夫，不舍昼夜，眼下以前即成"过去"，从古至今的历史。司马迁大部分写的是"当代史"；近世还有"未来史"，鉴往知来，是治史之道。

二曰"欧洲思想史"，旁及社会史、哲学史和科学史，这是欧洲的"精神世界"的历史。欧洲的文化传统和传统文化为什么和怎样通向"现代化"和"全球化"，回答这个问题必须借助思想史。恩格斯说只有英国有"社会史"，这句话意思很丰富。现在可以修改一下，改成英国最先有"社会史"，接着，北美（当时还是英国的殖民地）、西欧大陆……

都有了"社会史"。意思是说，不仅限于思想家们的"思想"，而是遍及社会的各阶层民众的精神面貌、生活和思维习惯。老友近日万里来鸿，附寄他近译维也纳大学哲学家弗雷德里希·赫尔（Fredrich Heer）巨著《欧洲思想史》（*The Intellectual History of Europe*）的"中译序言"，说赫尔此书的一大特点就是透过思想史看社会变化。这正是异于纯粹哲学史和社会史的地方。

三曰欧洲艺文史，含诗文、美术等诸科。欧洲"三史"（通史、思想史、艺文史）实际上是欧洲研究的"三科"。现在通称的"国际问题"研究应属于"通史"里的一部分。有此"三史"或"三科"在胸，我便杜撰了"欧洲学"这个学科名称。当上个世纪八九十年代之交杜撰这个称呼的时候，只是冒叫一声，只是简单地想，既然外国人研究中国的学问可以叫"汉学"，为什么中国人研究欧洲不能叫"欧洲学"呢？当时还有一个想法，就是既然把欧洲设在"社会科学和人文科学"这个范围里，就需要有一种长远而深刻的"学术使命"。我总记得贺麟先生的一句话，一方面要对中国的学问有全面系统的了解，另一方面又要对西学有全面系统的了解（原话记不得了）。这是一个非常高的要求，我自知没有能力做到，但虽不能至，心向往之。

恰好 1992 年 11 月，我应日内瓦大学卡普尔教授的邀请去作演讲；他们贴出的"告示"，说我是中国的"欧洲学家"（Eurologist）。从一个角度坐实"欧洲学"在中国学界是可以成立的。

从我本人"了解欧洲"的体验，其间读书之经历，感性之验证，思考之反复，不暇细说，最终集中到一个"焦点"上，就是：欧洲文化传统以及这传统之通向今天的现代化、现代性，都含在这"三史""三科"之中。

上面是我脑子里的第一条线："了解欧洲"。横踞在我脑子里的第二条线，是与"了解欧洲"互为"参照系"的中国。这是一个中国人，特别是受过一些中国传统文化熏陶的人所情不自禁、摆脱不掉的情结。简而言之，就是我在一些书文中、讲话中一再提出的命题："欧洲何以为欧洲？中国何以为中国？"说中国落后于西方，这是人人都承认的，不需要太多的大道理。可是一说世界文明的中心在西方，尽管这是一句大实话，就通不过了；就说是"外国的月亮比中国的月亮圆"论者了，于是就不"爱国"和没有"自信"了……其实这也不是个新问题，少说也有100年了。其实我20来年想的问题都是前人早就想透了的，最终绕不过陈序经、张东荪，尤其是最为靠近的顾准。属于我的只是我思前想后由我自己想明白了的而已。陈序经的"罪过"全在于他公开了"全盘西化"这四个刺眼的字；如果不带任何先入为主的政治偏见去读他写的文章，哪里有要把中国人"全盘"变成西方人的意思呢？他念兹在兹的是要救中国，是最爱国不过的；他无非是说，要救中国，必须虚下心来，取人所长。"全盘西化"已经被赋予特定的政治寓意，而且容易使人作出各种不同的解释，可以不用；然而陈序经所讲的道理，直到今天还是"金玉良言"。今天，我们确实有了不少包括高科技在内的成就，有的还位居"世界前列"，中国从20世纪的"低谷"腾飞到今天的状况，是举世公认的；

但是从总体上看，我们有什么值得沾沾自喜的呢？我们难道不是仍处在"赶"的位置上吗？更何况，这成就的来源最终要到西方去找。中国要同世界"接轨"、要"开放"、要"入世"……其中缘故，还需辞费吗？

一些今天看来很简单的道理，在我脑子里竟是反复翻腾得出来的。我曾经认同过"21世纪是中国的世纪"，是东方文化或中国文化的世纪以及将来有一天西方文明的"危机"要靠东方文化来"挽救"，等等。我也曾认同过某些海外"新儒家"的观点。然而，这些看法终于在我的脑子里没能停留太久，很快就被我自己否定了。在20世纪90年代中叶，我发现我的感情（对中国的传统文化）和理性（对人类社会的发展问题）发生了无法化解的矛盾。中国的传统文化致广大而尽精微，刻着悠久历史的沧桑痕迹；它深邃幽远的哲理、独特的美学价值以及某些可以抽象继承的道德操行，都是可贵的精神财富。对于一个知识分子，它还代表着某种文化学养。有没有这份学养是大不相同的。但是，在涉及现代化以及人类社会发展前途问题时，我们的传统文化和它所形成的"道德"无论如何都是无能为力的。中国没有也不可能从自己的土壤里生发出近代文明，中国是同西方文明有了大面积接触以后才有近代史的，更不用说当代史了。开头时引康有为的话，是他的经验之谈，实早已点破问题的症结。

"欧洲精神"点出了"世界历史"的走向

自从"四人帮"垮台20多年来，在思想解放的不绝如缕的大潮影响下，有一个从影影绰绰到逐渐明朗的类乎"形而上"的问题，在脑子里转来转去，不自觉或自觉地寻觅着答案。这个问题就是：人类社会的发展，到底有没有一个理性的大方向？因为世事纷繁、变化诡谲，常会使人犯迷糊。

我从20岁起开始接受马克思主义教育。历史唯物主义的第一课就是"社会发展史"。我在燕京大学读书时，北京已经解放，是燕大存留的最后一段时期，课程表里已增加了新内容。社会学家严景耀教授（雷洁琼教授的夫婿）讲起了马克思主义的五种生产方式的社会发展史，从猿到人一直讲到世界大同的共产主义社会；当时是闻所未闻，觉得十分新鲜。拿到现在，实际上是一个"世界历史的走向"问题。带着这个印象走了30来年，其间对资产阶级意识形态的反复批判、阶级和阶级斗争、无产阶级专政等"斗争哲学"的发扬，从理论到现实生活，占据了我差不多全部青年时期的心灵，连个"为什么"都不问便以为那是神圣不可侵犯的真理。胡绳院长八十自寿铭，"四十而惑，惑而不解，垂三十年"；我也是"四十而惑"，是在"文革"后期，以前是糊里糊涂过日子的"小公务员"。"文革"后，惑而求解，至1989年的变故之后为一大悟，"跳"出现实的迷雾而求解于人类社会（世界）的大方向究在何处。由此"跳"进了东西文明的全程比较。那过程在思想里的繁复，忽而明、忽而暗，不遑细说，结论却已在不知不觉中形成，简括一句话，就是："欧洲精神"或西方文明，在实质上点出了"世界历史的走向"。"五四"时期提出的德、赛二先生，说到极处，是对"欧洲精神"的高度提炼，"欧风美雨"所及，浓缩而又浓缩，就是"民主与科学"。

对于近世之欧洲，有几点我想着重说说我的意见。第一，是"17世纪"的作用。近世之欧洲，若以世纪论，每个世纪是都有创新的，而17世纪每为人重视不足；实则，这是很要紧的时期。上承着培根、洛克的实验哲学，洛克还根据英国的革命写了一份论"政府"的总结性的文字，起了近代政治文化的开山作用；下则启发了启蒙时期的思想家们。所以17世纪是"启蒙"的"启蒙时期"，是方法论革新时期，近代的科学思维是在这个时期酝酿的。同时，文艺复兴、宗教革命激荡了全欧，使几乎整个社会都动了起来，社会意识、民风民俗……都在发生变化。我读莱布尼茨的关于自然哲学和形而上学的几本书，总隐隐约约地有一种奇特的印象和感觉：在艰涩的语言中埋藏着深深的理性主义的冲动。那种感觉十分引人入胜——觉得一个新的思想时代正在躁动。果然，英国的实证哲学、法国的理性哲学、德国的"古典哲学"，连在一起，造就了欧洲的近代思维。它们在欧洲社会思想意识中所起的润物细无声的作用，非常值得考究。

第二，是启蒙时期（或运动）。这时期素以18世纪的法国为代表，这没有错，但很不完全；它的来源固然有法国本土的思想资源，但直接有推动之功的是英国的经验。这一点也是一般人重视不够的。恩格斯说，只有英国有"社会史"；又说，只有英国是自由最多或不自由最少的国家。这是马、恩亲眼所见并同当时的大陆做了比较以后说出来的。意思是说，英伦三岛的历史人文的独特性，使发端于贵族的"自由"空气，已经弥漫到社会上去了。北美殖民地得风气之先并加以创造，得以先于西欧大陆在实践中第一个发展了民主联邦制，并在独立后得以顺理成章地第一个实现了总统制。

先进必然影响或带动后进，是最普通的常理。当然还可以说英国社会的进步来自荷兰；不过荷兰的影响远比不上后来的英国。

落实下来说，法国启蒙运动的先行者伏尔泰、孟德斯鸠都是直接地接受了英国影响的。影响来自两方面，一是思想上的影响。伏尔泰从青年时的《哲学通信》（又名《英格兰通信》）到晚年的如《路易十四时代》，都历历可见培根、牛顿、洛克的影响之大。而孟德斯鸠的《法的精神》更是洛克《政府论》的深化和具体化。严复著《孟德斯鸠传辨言》说：（孟氏）"……渡海抵大不列颠，居伦敦者且二稔。于英之法度尤加意，慨然曰：'惟英之民，可谓自由矣。'入其格致王会（皇家学会），被举为会员。"（惜孟氏此语的原出处，我尚未查到。）

二是社会风气上的影响。前引恩格斯的话，已说明英伦社会风气比大陆先进，而此又早为伏尔泰等人所目睹：在法国还是王权专政和宗教派斗争和迫害正炽的时候，在英国已是"虚君"的议会民主制和"宗教宽容"；英国的知识分子受到国家和社会的尊重，牛顿的葬礼如同"国葬"，而法国的笛卡尔却孤寂地死去……恩格斯的话无非验证了伏尔泰之所见。欧洲何以有启蒙运动的高潮，原因可以说出好几条，而英国经验是绝不可忽视的。马克思说过，荷兰革命是英国革命的"预演"，英国革命是法国革命的"预演"。反复思之，确有深意在焉。三个国家的"革命"表现形式、经过和后果容有不同，但都是为推翻旧制度、开辟新时代打通道路的，即打通自由和民主的道路。

第三，是西方文明中的"自由"和"自由主义"。作为一种人类向往的理念及其所体现的民主体制，到19世纪下半叶在欧洲（包括美国）已得到了广泛共识。

19世纪的欧洲，说到底仍是黑格尔所理解的"现世"与"精神"的悖论。重温一下这个世纪的欧洲史，也许有助于了解今天。19世纪的"现世"可以简略概述如下：起始十多年是拿破仑战争，中经中叶的发端于法国而后遍及好几个中、西欧的短期革命，稍后是几场欧洲国家之间的大大小小的战争，以及为时不长的"欧洲俱乐部"的"和平时期"；世纪末临近时，几个大国在"裁军"声中把战车的车轮滚滚推向更大规模的战争。恩格斯晚年预言，20年后将有大战，果然不幸而言中，1914年，第一次世界大战终于爆发了。19世纪的欧洲"现世"就是这样在"战争"与"休战"的交替中过来的。俾斯麦说，每个国家，如果不当"铁锤"就只能当"铁砧"。中国人都熟悉，欧洲人还把战火烧到了封闭的中华帝国，从而撞开了帝国天朝的大门。

然而，掀开国际关系的这个表层，人们看到的则是欧洲社会性的变化。肇始于英国的自由精神和工业革命遍及北美、西欧，衍为习称的"第二次工业革命"。并由此可以窥见人类社会的前景。

《共产党宣言》的起首一句："一个幽灵，共产主义的幽灵，在欧洲游荡。"这是一句传诵了一百多年充满了革命诗意的名言。然而，我最看重的却是下面这几段话：

　　资产阶级，由于开拓了世界市场，使一切国家的生产和消费都成为世界性的了……过去那种地方的和民族的自给自足和闭关自守状态，被各民族的各方面的互相往来和各方面的互相依赖所代替了。物质的生产是如此，精神的生产也是如此。各民族的精神产品成了公共的财产。民族的片面性和局限性日益成为不可能，于是由许多种民族的和地方的文学形成了一种世界的文学。

　　资产阶级，由于一切生产工具的迅速改进，由于交通的极其便利，把一切民族甚至最野蛮的民族都卷到文明中来了。它的商品的低廉价格，是它用来摧毁一切万里长城、征服野蛮人最顽强的仇外心理的重炮。它迫使一切民族——如果它们不想灭亡的话——采用资产阶级的生产方式；它迫使它们在自己那里推行所谓的文明，即变成资产者。一句话，它按照自己的面貌为自己创造出一个世界。

　　资产阶级使农村屈服于城市的统治。它创立了巨大的城市，使城市人口比农村人口大大增加起来，因而使很大一部分居民脱离了农村生活的愚昧状态。正像它使农村从属于城市一样，它使未开化和半开化的国家从属于文明的国家，使农民的民族从属于资产阶级的民族，使东方从属于西方。

反复地、耐心地读这些话，马、恩写的岂止是 19 世纪中叶的情况，今天挂在嘴边的"全球化"难道不就是这样的吗？最后一句"使东方从属于西方"如果出自今天某个人之口，定会被扣上一顶"西方中心论"的帽子，但这却是事实。

了解世界，有如剥笋一样，需要一层一层地剥。先剥去所谓"国际关系"这层眼前的表皮，再把"社会"现象剥开，剥到最后，便露出了现象覆盖下的"内核"，即黑格尔所谓的"精神世界"。这个精神世界，照我看，就是从两希文明发端，经过罗马－基督教文明，至盎格鲁－撒克逊的实证、经验哲学，而后衍为"英美传统"的自由和民主精神。在欧洲大陆，古典的"文化传统"加上英国的经验，经过启蒙高潮，汇成了自由、平等、博爱、共和等近代的民主思想。可以毫不夸张地说，自由的思想和民主的制度，在19世纪已覆盖了欧罗巴和北美，形成了一种我称之为"大西洋的文化（或文明或思想）体系"。之所以称之为"体系"，并不是说，统统都是一个样儿，在这个"体系"里当然包含着"同一性"和"多样性"的关系，简单说来叫作"同源分流"。相对于"大西洋"，"太平洋"则不存在这样的"体系"。这是另一问题，此处不多说。

总之自由精神和民主精神，在欧洲的19世纪已经浮出水面，其定义和论证也日渐羽翼丰满。概括地说可以叫作"自由主义"。此处我使用了"自由主义"一词，而没有用"资本主义"。因为"资本主义"是因"资本"而生发出的"主义"；而"自由主义"则重在人的精神。一般讲"自由主义"比较指"英美传统"，而同欧洲大陆的"理性主义"含义容有参差。我使用这个概念乃取其广义而未拘细别。它越出了早期的纯经验阶段，成为一种完整的思想体系和制度。它有以下几个基本点。

第一，自由与人。"自由"的基础是人，是个人，它充分尊重人之为人，尊重个人的权利、利益、意愿；只有个人的意志、创造力、积极性得到充分的发挥，由个人组成的社会才能"文明"起来。所以可以说，"自由主义"是以"个人主义"（不是"自私主义"！）为基础的；这种"把人当作人来认识"（马克思语）的"个人主义"是西方文明的核心。"个人主义"是"自由主义"的前提。

第二，自由与法律。人同时是社会的个人，因此任何个人的自由不能妨碍他人行使自由的权利；亦因此，法律不仅仅是对违法者的惩罚，尤其是对人的权利的保护。

"自由"需要法律来保护。康德有两段话说得最好。我忍不住再做一次"文抄公"。康德说：

> 法律限制我们的自由，只是为了使我们的自由可以和他人的自由以及全体的公共利益相一致。

> 这种自由附带着这种权利，那就是把我们自由还不能处理的各种思想和疑惑公开付诸讨论，而且这样做时，不会被人污蔑为捣乱的有危害性的公民，这是人类理性原有的权利之一，而人类理性，除了人人在其中都有发言权的那种普遍人类理性之外，并不承认其他裁判者。而且，既然我们的状态所能有的改善，要得自这种

来源，所以这样的权利是神圣的而且必不可剥夺的。①

康德实在可以称为一个伟大的"自由主义者"。他把自由、道德、幸福串在了一起，视为纯粹理性的"最高目标"。我觉得这两段话是最精练最浓缩的。后来约翰·密尔的《论自由》，就其实质而言，实是对康德的发挥。

第三，自由与平等。自由与平等终其极是一致的。根据洛克的话，人生来是自由的，因此人与人之间是平等的。这个思想在1776年的《美国独立宣言》中表述为："人人生而平等，他们都从他们的造物主那里被赋予了某些不可转让的权利，其中包括生命权、自由权和追求幸福的权利。为了保障这些权利，所以才在人们中间成立政府。"在1789年的《法国人权宣言》中表述为："人生来是而且始终是自由平等的。因此，公民的荣誉只能建立在公共事业的基础上。"并且提出："法律对全体公民应一视同仁；在法律面前，人人平等。"这些思想到上个世纪已经写进《联合国人权公约》里。

第四，自由与民主。"自由"是一种精神和理念，"民主"还兼有制度上的意义。没有自由精神的"民主"，只是构建了一些机构。当年的普鲁士设有议会和内阁，但最终是俾斯麦和国王说了算；俾斯麦恨透了那些"议会主义"者。所以如果没有自由的精神，"民主"便是个空壳。结合起来，就

---

① ［德］康德:《纯粹理性批判》，韦卓民译，华中师范大学出版社1991年版，第633页。

是以自由为精神，以民主为制度。

这里有必要插入一段美国经验向欧洲的"反馈"。说"反馈"，是因为美国是把欧洲——首先是英国——的经验加以消化和创造而在世界上第一个建立起总统制联邦共和国的国家。法国的托克维尔的一本《论美国的民主》，在欧洲印了十几版，译成了几乎所有的欧洲文字，很使欧洲"轰动"了一阵：欧洲人的理想竟然在北美先实现了。托克维尔在美国的所见所闻，使他感触极深：在欧洲君主们你争我夺、乱作一团的时候，在大洋彼岸的北美，他发现"美国是唯一这样的国家，在那里，人们已能看到一个社会的自然而平静的发展；在那里，已然能够确切地看到各州的起点对各州的未来所产生的影响"。他感到，比起欧洲各民族来，那里流传着"更多的权利观念和真正自由的原则"。[①]

托克维尔从美国回到法国，应召去见法王路易-菲利普。托克维尔本想向国王讲讲美国之行的观感。不料这位"风流天子"并没有兴趣听，却津津有味地大谈其在"大革命"后流亡期间到了美国极尽其声色犬马之娱的经历。托克维尔在回忆录中写道，路易-菲利普兴致盎然地讲完后就"送客"了。这是一段插曲，但于此可见当时美法世风之别。然而，《论美国的民主》不胫而走，广泛流传于欧洲各国，舆论评述甚夥。

在东方的中国，庞大的帝国，尽管密封得严严实实，"欧

[①] Tocquevrille,De la Democratie en Amerique, Souvenirs,Lancien Regime et la Revolution,Robert Laffont,S.A.Paris,1986,p.61.

风美雨"还是不可阻挡地冲进来了，这段历史是人人都知道的。

所以，我认为，从 19 世纪后半期开始，民主变革的精神已跨越民族界限向全世界散开了。试看今日之世界，无论何种社会制度，无论社会处于何种阶段，国家关系何等对立，种族、宗教教派冲突何等毫无理性地激烈而又狂热，自由和民主作为人类的神圣的、理性的精神，有谁能公开加以拒绝呢？

最后仍回到黑格尔的命题上来。黑格尔的历史哲学的大功劳之一，就在于揭开历史经验的表层（尽管这"表层"非常丰富多彩或惊心动魄），让"精神的历史"浮出了水面；这的确是哲学家睿智和深邃之处。

2002 年 3 月

远距离看欧洲

20世纪的欧洲应该说建基于第二次世界大战的废墟上。这个世纪的上半叶不过是19世纪的延伸，欧洲的力量均衡变成了世界大战。

欧洲从1945年进入新的历史时期，这才是欧洲真正的20世纪。在这段时期里，"冷战"的起止占了大半，欧洲在"冷战"落幕后终于走出"一分为二"的格局。

远距离地看欧洲，可以用两个"化"来概括，即在世界上的"边缘化"和欧洲诸民族国家的"一体化"（或"整合化"）。前者讲的是欧洲的国际地位，后者讲的是欧洲内部的关系和发展问题。

《冷眼向洋——百年风云启示录》之二《二十世纪的欧洲》由我执笔，写的就是这个"化"的问题。欧洲聚集着那么多大大小小的国家，历史和现实都很复杂，在文化上是"同源异流"。因篇幅所限，在这篇文章里只扼要就这两个"化"作些说明。

欧洲在世界上的"边缘化"

"边缘化"是一种相对的说法。"二战"后，欧洲是否

"衰落"了的问题不止一次被提出。所谓"衰落"是相对的说法。从时间上说，相对于19世纪欧洲几个殖民帝国居于世界巅峰的时期，"二战"后遍布于亚非拉美的"殖民体系"瓦解了。麦克米伦在短短几年内去了两次英属西南非，第一次感到非洲被一层"迷雾"笼罩着；第二次再去感觉到那里包藏着"革命"。从此，英国开始思考后来所谓"非殖民化"的问题。这是一种英国式的思维方式。法国则用武装镇压的办法，几年后终于被迫承认阿尔及利亚独立，其他法属殖民地也相继获得独立。

"二战"后，美国和当时的苏联决定性地成为超级大国。在"一分为二"的格局中，属于西方世界的西欧相对于美国，确然只能住在盟主大厦的"厢房"。美欧相对的强弱，使欧洲在世界舞台上不占中心地位而"边缘化"，此乃形势使然。

这样的形势不是突然出现的，见微知著，19世纪中叶已经可以见其端倪了。法国的托克维尔到新兴的美国走了一遭，发现了许多欧洲所没有的新现象、新气象、新经验，使他吃惊，回国后写了《论美国的民主》。巴尔扎克以他文学家的敏锐写道："欧洲仍在支配世界；如果欧洲的精神霸权有可能被剥夺，那剥夺者只能是北美。"在19世纪中叶，第二次工业革命为欧洲带来新的繁荣，但是由于"旧制度"和习惯势力太强，在自由的空气和民主建制等方面欧洲已明显地落在新大陆后面了。

19世纪的后半叶美国的进展加快了，眼看就要赶上欧洲了。从1870年至1895年的二十五年间，美国工业在钢产量激增的带动下，先是缩短了与英国的差距，随后便走在了英国的前面。在 19 世纪与 20 世纪之交，美国成了世界上的最大债权国。在第一次世界大战期间，欧洲打得精疲力竭，美国则血气方刚。在交战国都难以支撑局面的紧急关口，美国出现在欧洲战场上了。战争一结束，威尔逊像"救星"一样提出了有名的十四点建议。虽然美国没有加入它自己提出的"国际联盟"，但是具有非常重要意义的是，从今以后，欧洲要在世界上稍有作为，是再也离不开美国了。

第二次世界大战再次验证了这一点。在战场上，美国、英国和苏联分担了东西两线；如果美国不参战，只靠欧洲人去打，那局势会怎样发展，是很难设想的。从丘吉尔和罗斯福频繁的通信中可以看出，丘吉尔心态何等焦虑、措辞何等恳切地盼望美国早日参战，而开辟第二战场、登陆诺曼底，没有美国主导，就根本没有可能。同时亚洲战场也是在"珍珠港"事件后，局势才开始转变。

这些都是人所共知的历史常识，重新点一点是为了凸显美国是怎样从欧洲的"学生"变成了欧洲的"先生"的。

"二战"的炮声在 1945 年终于停下来了。欧洲，像一个埋在瓦砾中的人爬了出来，遍体鳞伤，四顾茫然，元气已经大伤了。欧洲需要面对一个紧急的后续问题：物资匮乏，人民生活十分困难。今天七十岁以上的老人不会忘记 1946—1947 年寒冷的冬天，能源枯竭了，生产停顿了，许多食品需要凭票供应。美国的"马歇尔计划"来了，帮助欧洲渡过了这一道难关。有评论说，马歇尔计划"挽救"了西欧的资本主义。因为那个时期，西欧各国的共产党势力大涨，工人运动此伏彼起，知识阶层普遍"左倾"，丘吉尔称之为威胁政权的"第五纵队"。如果经济在此以后得不到恢复，社会人心动荡下去，共产党或工人党通过选举很有可能取得政权。马歇尔的"欧洲复兴计划"的政治意义正在于此。

一个有决定意义的事实摆在世人面前了，世界已经起了大变化，时代已经起了大变化，时也，势也，欧洲相对于美国，在世界格局中无可逃遁地"边缘化"了。如果把世界比作一个大舞台，欧洲只能是配角，虽然是很重要的配角。许多世界性或区域性的危机，起主打作用的总是美国，且莫说海湾战争、伊拉克战争之类，就连发生在欧洲一隅的小小的科索沃危机，也还是美国打头阵，欧洲起的是陪衬作用，它的精神和姿态是被动的。

至此，所谓欧洲的"边缘化"可作如下概括：在与美国保持"结盟"关系的前提下发挥自己尽可能多的独立和主动作用，尽其可能影响美国在国际事务中和在与欧洲利益相关的问题上的决策朝着有利于（至少无损于）欧洲的方向发展。

欧洲的"一体化"问题

欧洲的"一体化"与"边缘化"不同，属于欧洲国家之间的问题。在欧洲说来，就是欧洲的内部问题。"一体化"integration，又可译为"整合化"，是把诸部分组合起来的意思。本文不提它的思想历史渊源，只说"二战"结束后的情况。"二战"后，欧洲人普遍有一种情绪和愿望，欧洲再也不要打仗了，希望刚结束的第二次世界大战是以欧洲为战场的最后一次战争。怎样能避免新的战争呢？一个主要的想法就是把战略资源由几个有关的国家统管起来，特别要把刚战败的德国，连同它的煤钢等在当时特别重要的战略物资，置于几个相邻国家的监督和统管之下。主持其事的政治家们认为，这是为避免欧洲国家之间再发生战争的釜底抽薪的办法。经过几年的准备，在1955年生效的"罗马条约"，就是为了解决这个战后关系到欧洲未来走向的重大问题而签订的。这是一个体现欧洲智慧的具有战略意义的举措。虽然创始国只有六个（荷兰、比利时、卢森堡、法国、西德、意大利），但它为欧洲的前途指出了方向——走"联合"（即一体化）的道路。"罗马条约"为尔后几十年从"共同体"到"联盟"的发展进程打下了基础，把历史上几个世纪的理想化为现实了。几十年来的发展、组织和法律的逐步完备、共同内部市场的扩大、超国家因素的逐渐增强，其基础都可在"罗马条约"中找到。"共同体"和"联盟"的几个起关键推动作用的条约，无一不是在"罗马条约"基础上加以补充又补充、增新又增新和修改又修改的产物。

"欧洲联盟"把欧洲各民族的命运联系在一起了。"联盟"始建于西欧，东欧诸国在"冷战"落幕后进入制度的"转型期"，成为"联盟"的新成员便成为顺理成章之事。

在战后几十年中，欧洲学会了处理彼此间的矛盾和利益冲突的方法，即使出现了危机，也坚持和善于协商，不使问题严重到不可收拾的地步，更不要说发生欧洲国家之间的战争了。18、19世纪之交，康德提出，只有相关国家都实行共和制，它们之间才不会发生战争，因为人民是不要战争的。康德是理想主义者。他认为，在共和制的国家（即使是"君主制"下的"共和制"）决定战争的是人民而不是"君主"。前几年舆论界曾有关于实行现代民主的国家之间是否可以不发生战争的讨论。讨论在理论上没有结论，但至少在"欧盟"国家之间纵使有再大的分歧，也已经没有了兵戎相见的条件，也不可能有这样的条件了。

处理危机的办法无他，只是反复而不断地磨合、谈判、磋商，以求得各方最终都能接受的妥协。那么多的国家联合起来，大大小小的矛盾不计其数——小至一些具体举措上的分歧，大到原则性的意见冲突——都靠各级各种的谈判去解决。有的可以一拖几年，欧洲人学会了保持谈判的耐性。

20世纪60年代是"联盟"（当时还叫"经济共同体"）的"危机"时期。英国由开始用组织七国"自由贸易区"抗衡和抵制六国的共同体，转为审时度势争取加入共同体。英国为了既取得"共同体"的入门券，又要保持它海外帝国时期留下的特权，同共同体进行了长达近十年的马拉松式谈判，英国几届政府（无论是保守党，还是工党）的申请遭到戴高乐的法国一次又一次的否决。这是一次长时期的英国"海洋型民族主义"和法国"大陆型民族主义"的对峙。这场谈判的记录（我是在伦敦皇家学会的图书馆看到的），很生动地展现了英法两种民族主义从对立到妥协，以及其他国家的各自偏向，是那时西欧国与国关系的一个形象化的缩影。

与英国加入共同体的问题交缠在一起的，还有一场舆论称为"空椅子危机"的"危机"。这次是戴高乐引发的。法国于 1960 年夏建议讨论建立政治联盟问题。戴高乐所主张的"政治联盟"是欧洲的任何形式的联合都应是民族国家的联合，他要尽力弱化共同体的"超国家"成分，而当时的西德、荷兰、比利时等都多少有"联邦主义"的思想倾向，主张加强和加速"超国家"的成分和进度。矛盾即由此产生。谈判多次达不成共识。共同体的各主要会议，法国都没有参加，所以叫"空椅子危机"。半年以后终于达成了"卢森堡协议"，结论是削弱了"罗马条约"的"超国家"因素，戴高乐的主张取得了胜利。

这两次发生在 20 世纪 60 年代的"危机"的详细曲折过程，可以参考我写的《战后西欧国际关系：1945—1984》（中国社会科学出版社）中的第十二章《"六国欧洲"——欧洲共同体的成长和问题》。这两个片段，今天看来，已是三四十年前的历史，但发生在"罗马条约"的最初阶段，就揭示出了欧洲"一体化"进程的性质、内涵矛盾和前景规律，即"一体化"进程无论在其草创时期或在尔后的发展、停滞、再发展的路程中，都是在"合"与"分"的辩证关系中度过的。70 年代是停滞时期，虽然"共同体"的成员因英国等国的加入而扩大了，但是许多涉及国家主权的问题解决不了。石油危机、布雷顿森林体系等等冲击着欧洲金融、经济的运行。英国这个新成员，在许多权益问题上和共同体的理念与政策仍是两股道上的车。西方舆论有种调侃的说法，说英国这样与西欧大陆合拢不到一起，是不合格的欧洲人，是"坏的欧洲人"。

欧洲"一体化"在20世纪70年代的停滞时期，经济、金融的"全球化"大大发展了，高新技术加速度地发展了。美国、日本在世界市场上表现出惊人的飞跃，欧洲明显地被甩在了后面；相比美国、日本，增长率低、失业现象严重，通货膨胀和滞胀现象等使欧洲裹足不前。欧洲人吃惊了，"欧洲衰落"之声又起，一种"危机感"弥漫在欧洲上空。

有"危机感"才有新振作。欧洲的一体化经过停滞、摸索和徘徊，从20世纪80年代起重新启动，采取许多积极推动的措施。如1982年哥本哈根欧共体成员国部长理事会作出关于加强欧洲"内部市场"的决定。1984年枫丹白露欧共体成员国首脑会议作出决定，要求部长理事会立即研究取消"共同体内跨边界的所有海关手续"的措施。1985年布鲁塞尔共同体部长理事会会议决定，争取"于1992年建成一个单一的大市场，为发展企业、竞争和贸易创建一个更加有利的环境"。为此，欧共体制定出台了一份题为《建立内部市场》的详细计划。所谓统一的"内部市场"该是什么样子呢？这份名为"白皮书"的计划的"序言"里说，那就是：成员国间的边境壁垒全部拆除，各国的法规协调一致，有关的立法和税收制度大体协调一致。货币领域的合作进一步加强，并走向统一的欧洲货币，等等。在"内部市场"里要实现"四大自由"，即商品、人员、劳务、资本的自由流通，并且列出妨碍这四大自由的关税以及复杂的各种技术壁垒。

计划终归是计划。列在计划中的细目有的做到了，有的部分地做到了，有的涉及民族的根本权益一时不可能做到。重要的是，有了这份各成员国基本认可的计划，对于促进一体化进程，以及在20世纪90年代由"共同体"转为"欧洲联盟"，起到不可缺少的作用。

到20世纪末，"欧洲联盟"至少有两项成绩可以称道：一是实行了欧洲议会的普遍选举；二是欧洲统一货币的进程有了实质性的进展，欧元和欧元区已成现实，欧元已与美元、英镑一样成为国际流通的货币。英国等国还不属于欧元区，但这只是早晚的事情。在组织机构方面，首脑会议、部长理事会、执行委员会已按程序建立和运行了；欧洲法院的班子也搭起来了。欧洲人有了双重人格：既是某个国家的公民，又被人们称为"欧洲公民"。计划中的"四大自由"在相当大的程度上已经成为现实。

"欧洲联盟"作为一体化的现阶段形式是怎样的状态呢？我认为，"欧洲联盟"说到底仍是欧洲各国的国家"联盟"。它不是"邦联"，更不可能是"联邦"，它的任何"超国家"的举措必须照顾到各成员国的接受程度。复杂的欧盟法律在起协调作用的同时还不能与各成员国的国家法律相抵触。更为复杂的社会问题在于各国的个性是在历史上形成的，更不能强求一致，所以它是带有一定"超国家"性质的国家联合组织。在这个问题上，前有戴高乐后有撒切尔夫人已说透了。欧洲包括那么多的主权独立的民族国家，每个国家无论大小，都有自己独特的历史、性格、感情和特殊的利益。文化上同源分流，而属于自己的那部分文化传统是抹不掉的，那属于各自民族的骄傲。仅"联盟"成员国的不同语

286

言就是很难克服的障碍。"联盟"的重要文件都要译成各种文字的文本，少了哪国的文字，都会被认为是对这个国家的尊严的失敬。当然，"联盟"又是成员国之间复杂的利益结合体，并且在国际竞争中对各成员国都有好处，在这种时候，"联盟"往往是欧洲的综合权益的代言人。

因此，欧洲的"一体化"意味着有"合"有"分"；能"合"者则尽量合之，不能"合"者则听其分殊，待有条件"合"时再择其可合者合之。"欧盟"从一开始起就在处理"合"与"分"、"一"与"多"、欧洲主义与民族主义之间的关系当中，培育和锻炼处理危机的艺术和技巧，欧洲人很少说决绝的话。

欧洲"一体化"在20世纪下半叶上了路，几十年来，不管有多少风浪，它已没有逆转的可能了。最近一次所谓"宪法危机"，荷兰和法国的公民投票否决了德斯坦小组提出的"欧洲宪法"草案，有些媒体大呼小叫，有的评论危言耸听，说"欧盟"要解体了。实际上，那有"偶然"因素，往深一层推想，一体化的"超国家"性总是有限度的，此时提出"欧洲宪法"至少还为时过早，"欧洲联盟"毕竟不是一个国家。

赘语

欧洲在世界上的"边缘化"和对内的"一体化"都发生在20世纪。"边缘化"推动着"一体化"，"一体化"有助于欧洲改善"边缘化"的处境。远距离地看欧洲，就是这两"化"。

　　最后，要补充几句的，是文化的力量。要了解欧洲，它的文化是不能弃之不顾的。欧洲不仅是政治欧洲、经济欧洲，它尤其是文化欧洲。当今流传于世的各种学说，包括政治理论，以及十分繁荣多样的新思潮，揆其根源都可在欧洲找到，这是有长期的历史原因和传统的。只以政治思潮论，19世纪出现的主义、学说，都拿到20世纪的舞台上来实验了。欧洲在20世纪成了政治理论的"大实验室"；对于人类社会，既有经验，也有教训。文化，应该属于"软"力量。然而正是这"软"力量在默默地、然而很有韧性地塑造和决定着一个民族的品格。由文艺复兴、宗教改革、启蒙运动延伸下来的自由、平等、博爱、人权，以及立宪民主共和等等观念，已经在普通欧洲人的心里生了根。任何政党和个人无论左或右，只要不是主张实行极权主义的，认同这些理念，几乎成为天性的一部分，不需要从外面灌输。

　　这是一个非常重要的问题。我们远远地看欧洲，只能看到上面的这"两化"。文化问题是远为深层和隐性的问题，它在深层次里，不容易一下子察觉到它对社会、政治和人生的影响。这篇文章不能在这个问题上展开探讨，所以只作为赘语结束此文。

原载《书屋》2007年第11期

20 世纪欧洲与 19 世纪欧洲之别

20 世纪的欧洲较之 19 世纪，有大不同者数事：

其一，各种"主义"都拿到欧洲来进行实验。资本主义在 19 世纪已经是成熟的制度，思想上是自由主义，经济上是市场经济，政治上是代议制民主。到 20 世纪，这些特点继续推动先进工业国家的科技进步、经济增长。战争曾给欧洲带来两次大灾难；但战争没有毁掉资本主义的特质。资本主义在 20 世纪还有一点不同于 19 世纪，即殖民体系在这个世纪瓦解了，越过了殖民的历史。

欧洲文明在世界文明中的"中心地位"让位给美国，这种趋势在 19 世纪末已见苗头，第一次世界大战时已极显然（威尔逊主义，因美国国内孤立主义而未大举卷入欧洲），第二次世界大战后即成事实。历史上的"欧洲中心"变成以美国为主的美欧"西方中心"。美欧趋同、美欧认同在冷战崩溃后日益成为资本世界的主要趋向。有论者说，这个跨大西洋"集团"，势必成为全球化的主导。此言不虚。因为世界经济增长的规律和经济持续增长的科技革命集中在这里。主动权在这里。

其二，苏联的社会主义进行了长达七十年的实验。它从诞生（十月革命）到成为世界一极，又到衰落和最终解体，为人类文明提供了大量的经验教训。

在这一时期，东欧有企图走改良道路的（如波兰的哥穆尔卡等），也不能改变命运。

其三，法西斯极权主义妄图以武力"统一"欧洲并扩展到全世界，它的"实验"完全失败了。

其四，社会民主主义在资本主义体制内实行改良主义的实验，在代议制民主的体制内提倡"均贫富"和"社会公正"，为自由主义注入了平等的思想成分。从伯恩施坦，经勃鲁姆、勃兰特、密特朗，到布莱尔，百年来越来越向从16世纪以来逐渐生成起来的自由主义靠拢和认同。欧洲的自由主义自法国革命以来即以"自由、平等、博爱"为口号，社会民主主义也是在这个口号下较为激进的、代表底层社会阶层利益的一派，在20世纪的新的政治经济形势下（如经济的持续普遍增长、19世纪的工人状况的根本改变以及由此带来的社会结构的巨大变化等等），自然而然地与自由主义趋同。

欧洲社会民主主义在20世纪的历史是不断走"第三条道路"的历史，不同时期有不同时期的"第三条道路"。例如曾有过共产主义与资本主义之间的"第三条道路"，简言之，是不放弃马克思主义的语汇而在资本主义体制内实行改良政策，如系统的、国家的高福利政策。使福利问题成为人民权利的一部分，而摆脱了单纯"救济"的观念，是欧洲福利国家的根本特点，这个特点很大程度上得力于社会民主主义的提倡和执政期间的实践。

今天布莱尔提出的"第三条道路"不复是共产主义与

资本主义之间的"第三条道路",而是在经济全球化进程中在前此的社会民主主义和自由资本主义之间的"第三条道路",是从前此的社会民主主义进一步向"右"转、实行"自由主义"化的"第三条道路"。它并没有深奥的理论意义,只是进一步摆脱欧洲固有的"左""右"观念束缚的一种说辞。它的用意,说穿了,是为了进一步甩掉前此社会民主主义中还保留着的社会主义因素。

其五,欧洲共同体(欧洲联盟)和最近的"欧元区"是20世纪欧洲的一大创举。欧洲是最早出现"民族国家"的地方(有人把中国说成是"民族国家",非是),突破民族国家的界限,走向主权的联合,又是欧洲的新开端。一个民族分成许多主权国家,在世界各地都有;许多主权民族国家结合在一起,是欧洲的首创。其动力仍在于科学的发展、经济的增长和价值观的认同,使民族界限越来越不那么严格。

其六,20世纪的欧洲,"福利国家"是普遍现象。现有先进工业国家都有自己的社会保障制度。早期工业社会的慈善、救济事业,至19世纪后叶(俾斯麦的德意志帝国)开始有了比较完整而系统的福利政策,这一方面是工人运动斗争所取得的成果,另一方面,从政府方面说,则是为了"堵住社会民主党人的嘴"。这是从"济贫法"之类的慈善救济措施,转向国家政策的一步。至20世纪,社会保障问题被视为公民的一种权利,尤其是与共产党分裂的社会党(或社会民主党)或与马克思主义完全无关的工党,成为"入阁"党之后,更是以劳动者的利益的捍卫者自居,不遗余力地把工人的社会保障问题抓在手里,使之成为这些政党的纲领中最重要的目标之一，尤其是在竞选运动当中，福利问题总是争取选票的最具号召力的政策目标之一。它们在执法期间，借助掌权的地位，增加社会保障的项目和财政预算，在若干领域中实行"国有化"的政策。这些福利项目越来越多，覆盖了公民的生老病死，形成所谓"从摇篮到坟墓"的"福利国家"。社会民主党被选掉、由其他党执政时，也很难削减既成事实的福利项目和相关的预算开支。为福利国家付出日渐其多，至20世纪七八十年代已成尾大不掉之势。都提出要改革，但国民的胃口已越来越大，享受的福利唯恐其少不嫌其多；任何政党又都不能不以此号召选民，以至改革虽为国家财政之所必需，但与政治斗争相掣肘，又与国民的愿望相悖，所以举步艰难。故"福利国家"之形成，终成尾大不掉而需改革，这也是20世纪的事。

1999 年 2 月 28 日

历史是不是"理性"的？

随便从书架上抽出一本唐纳德·D. 胡克写的《历史的狂人》。里面聚集了历史上十几个各色"狂人"：有的是政客，有的纯然是嗜杀者、刺客，等等。政客而又嗜杀，便成了精神乖张、性格暴戾的暴君了。在任意翻览其中一段一段的历史故事时，我有些思想便漫无边际地游走着。然而飘动着的思想却也有个"焦点"，就是：历史是不是"理性"的。

有一点，我深信不疑，即"大历史"（Macro-history）是理性的，但是人们所经历的历史却常常不是理性的。理性批判的历史容易使人产生"宿命"的印象，似乎历史命中注定是按照人的理想意图安排的。所以把历史看成理性的，是一种理想主义，而现实的历史绝对与之不合。如说人类社会是低级阶段向高级阶段发展的，说在这过程中所谓的革命是不可避免的，等等，这都属于"大历史"，是理性的。然而，历史毕竟是具体的人表演各种活剧的舞台，革命是人干出来的。人是理性的动物，是说他有按理性行事的能力，不等于说人先天就是理性的。否则古今中外就没有坏人、败类、疯子了。

因此，历史在人们的认识和评述中，是任人装扮的；不同的人扮演不同的角色，不同的人对历史也就有不同的视角。如道德学家在历史学中归导出道德律；博思深虑者从中看出精神的升华或沉沦；专注于物质的人从中看到器物奇技的代代翻新；尚武者眼中的历史充斥的只有兵燹征伐；唯理主义者说历史是绚丽而有序的；现实主义者则见到的多是丑恶和无序；乐观派说历史是随着文明的脚步向着真善美进化的；悲观派说文明的每一"进步"都带来负面的、无法克服的后果……就这样，人世间出现了各式各样、相互抵牾的历史。不仅如此，几乎没有谁有权对历史作出最后裁判，说这是真的或假的，并不是因为时时有未曾为人所知的新材料发掘出来，而是因为有些写历史的人先就由于种种原因而像《红楼梦》里说的把"真事隐去"，或为"亲"者讳，或者在"仇"家身上泼脏水，等等。至于细节的失真则更加难免。所以我相信冯友兰先生那句话：写出的历史永远与真正的历史不一样。常听说要恢复或尊重历史的真实，这我完全赞成；但接下来的问题便是：我怎么知道那是真实的？想到这里，我忽然发现我可能有被批评为"不可知论"或"怀疑论"之虞。不过，不管我可能受到怎样的指责，历史中确实存有不可知性却是事实，但这也正是"历史学"之所存在的理由。否则，事事洞明，只须有一定本教科书，没有或不容许有两个以上的"版本"，那还要历史这门学问何用？

　　当然，历史首先是"求真"的学问；只是切勿把"求真"看得那么容易。西洋人写历史不像咱们古代"左史记言、右史记事"，多只记帝王的言行，所以有了各种学派。不过学派虽多，说来说去只有两大类：19世纪大多认为历史是沿着自由主义和理性主义的路向前行的；到了20世纪则多认为历史根本没有定向——斯宾格勒在20世纪初就问道：历史是否有逻辑?

20世纪的欧洲史学家们有他们特殊的时代体验——人们相信经验胜于理智，他们认为理性批判的历史过于简单化，太过"天真"，竟然相信人类理智的现实可能性。他们说前辈们（如康德）的头脑像细筛子一样把一切不符合理想的污垢都滤掉了，历史哪里有那么通体透明的! 理智、理性，这些崇高洁白的字眼在历史里常常不免要异化，甚至异化到它们的反面去。否则，我所看到的《历史的狂人》就写不出来了。

所以，我这个常自诩有"历史癖"的人，在历史面前常要犯迷糊，看不清历史究竟是否有真面目和何谓真面目。当钻进历史堆里的时候，"只在此山中"时，有一种醺醺然的陶醉感，可是一旦走出之后便立即觉得"云深不知处"了，发现历史无非仍是一团乱麻，或者懵懵然觉得上了写成文字的历史的当。

只举一个例子：1789年的法国革命。我最早在教科书里看到的，非常简单，无非是一场反对王朝的人民暴动，像咱们的陈胜、吴广一般——这是我十几岁时的认识水平。青年时读了法国史学家米歇尔·索布尔的《法国革命史》，又读了罗曼·罗兰写的以罗伯斯庇尔为主角的文学剧本《七月十四日》（那是在大学时期，记得很感动了一阵子），这些是我得到的关于这场革命的正面印象。那印象就是：法国革命是资产阶级革命的榜样，就像十月革命是无产阶级革命的榜样一样。不过也是在大学时期，还读过狄更斯的《双城记》，再过几年又读了埃得蒙·柏克的《对法国革命的反思》。于是在我的认识中的法国革命的"正面形象"上叠出了一些"阴影"。其后虽然有托马斯·潘恩对埃得蒙·柏克的严厉批驳，但我的脑子已经变得复杂多了。尤其是经过了发生在神州大地的那场"文革"浩劫之后，对"革命的恐怖"已经产生了恐怖，再重温法国革命的后一段历史时，便更加有了不同的感受；特别是对罗伯斯庇尔其人——一个曾狂热鼓吹民主自由共和，未及完成便又亲手把崇高的理想化为齑粉并走向其反面的人——产生了全新的认识。

善良的康德在 1797 年写道：

一个才华横溢的民族的这场革命，是我们今天就目睹它在我们自己的面前进行的，它可能成功或者失败；它可能充满着悲惨和恐怖到这样的程度，以至于一个善于思想的人如果还希望能再一次有幸从事推进它的时候，就决不会再下决心要以这样的代价来进行这场实验了……（《历史理性批判文集》，商务印书馆）

康德老先生真是太"理性"了，"理性"到天真的地步；他没有料到有的人虽然很"善于思想"，却免不了照旧付出代价而毫不惋惜。

有一种说法，说历史从来不是如黑格尔说的是"精神的历史"，而是"行动的历史""实践的历史"。诚然，实践是离不开精神的，对历史进行判断的根据最终总是人的行为。

原载《博览群书》2000 年第 4 期

历史的遗产

在我们居住的这个星球上，欧洲只占不大的面积，但是它"得天独厚"，它的精神财富——特别是从 15 世纪以来的物质的和精神的文明——终于为各大洲的人类社会所享用。

欧洲思想有三种性质。

第一是"批判性"。它的思想在任何时期都带有批判精神。18 世纪末 19 世纪初，康德说，我们所处的时代是一个批判的时代，就是要把一切事物、一切问题都摆在理性的天平上加以批判。他讲的是 18、19 世纪，实际上概括了西方和欧洲思想的根本内核。当然，有好的思想，有坏的思想；有正面的思想，有负面的思想；有理性的思想，有非理性的思想，但是核心是"批判性"，是以各种不同的，甚至相悖的视角对现实的批判。

第二是"辐射性"。西方文化的思想发源在欧洲，欧洲是走在前面的，它是一个海洋性质的地区，北边波罗的海，西边大西洋，南边地中海，绕过好望角到了印度洋以及太平洋。这是欧洲地理位置的优势，因此它的思想比较容易向四外扩散、辐射。欧洲是一个多民族的地方，法兰西、意大利、西班牙、德意志等等大的民族，隔海是盎格鲁－撒克逊，所谓今天的英伦三岛，与大陆隔着一条海峡。这给人一种直觉的印象：海峡另一岸的不列颠本身就具体而微地构成一个"小欧洲"。在欧洲的内部，思想之间的交流、辐射，是从古到今分不开的。欧洲的思想不可能局限在这个国家或那个国家。从 15 世纪开始，天文学、科学、航海，把欧洲与中世纪拉开距离；英国则早在一个世纪以前，以"大宪章"为标志，第一个向王权挑战；哥伦布、麦哲伦、达·伽玛等"探险家"的足迹跨出欧洲、走向海洋，后人从他们的开拓行为证实地球是由大海连接在一起的。欧洲的思想，通过商业、传教、殖民、征服，逐步传到欧洲以外的别的地方去。现在全世界所讲到的科学技术、自由贸易、民主自由、人权、宪政、资本主义、社会主义等观念，没有一个不是源于欧洲的。

第三是"传承性"。欧洲文明的历史一个世纪一个世纪地向前推，这个世纪否定了上个世纪，一个世纪推翻了一个世纪。但对欧洲任何世纪而言，任何一种思想，一个特定的国家，一个特定的民族，特定的思想家，都不是从天上掉下来的，它有一个一贯的东西，它既是断代的又是连贯的。

这三种性质不是彼此隔绝的，互相都有交叉，连贯性里边交叉着反思，交叉着批判，交叉着反传统这方面的东西。连贯与反思是结合在一起的。反思可以加深人们对历史和现实的理解，有助于更好地组织生活。去年，在欧洲就有一场对"二战"的反思。我们常常提出一个问题，为什么德国人能这样进行自我批评，对法西斯主义在"二战"当中所犯的罪行，沉痛地做自我批评，彻底地同过去划清界限，因为除各种重要因素之外，德国人所传承的思想是一条政治人文主义的"总路线"。希特勒是在这条主流当中的"旁岔"，但是这个"旁岔"竟给德国人民、欧洲人民，甚至世界人民造成空前的浩劫。欧洲的思想家和历史学家们都仍在不断研究这段历史的教训。

所以，所谓文明史、思想史，说得通俗一点，也就是"总结经验"，反思过去，把它提升到一个比较高的层次上。黑格尔讲过欧洲人一提起希腊，就有一种家园之感，那是因为欧洲的文化、思想根基在希腊。一位古老的希腊哲学家说过和康德同样的话，世界上一切都是混乱的，只有靠理性来把它们厘清楚。这与十几个世纪以后康德说的，我们处在一个批判的时代，非常相似，这种理性的观念，是从希腊老早就有的，从现在留下来的只言片语就看到了。那么到了柏拉图，到了苏格拉底、亚里士多德，这时希腊的哲学就成为系统。希腊的哲学、希腊的思想，到了亚里士多德时期已非常完备，唯物、唯心、形而上学、形而下学在亚里士多德著作里都有了。

希腊的传统到了亚里士多德以后，也就是亚历山大之后，希腊衰落了，罗马帝国把希腊变成了它的帝国行省，但从希腊接受了希腊的文化遗产，同时有自己的发挥。欧洲进入了中世纪，即公元 500 年到公元 1500 年，这一千年当中，历史学家把它叫作"中世纪"，或者叫作"黑暗时代"。这种说法早已有了修改，因为"中世纪"并不是历史的断裂。"中世纪"这段时间可以分成两段，第一段是公元 500 年到1000 年，这五百年在欧洲是比较混乱而"黑暗"的，基督教文化还立足未稳，没有一个比较能够凝聚力量的思想。后来是基督教文明站稳脚跟。北边的日耳曼民族起初不信基督教，但是这个所谓"蛮族"非常强大，有它横亘于本民族的原始土壤的文化。所以恩格斯讲，日耳曼人向来把自己看作有独特文明的民族，他们已经相当"文明"了。日耳曼人陆陆续续从北向南迁徙、铺开，最大的一次"民族大迁徙"，日耳曼人占领了罗马帝国，与当时已经衰败的罗马帝国人民混杂起来了，这样绵延几个世纪就形成了日耳曼-罗马文化，日耳曼人"基督化"了。所以可以说，日耳曼人的"民族大迁徙""挽救"了古老的西欧文明。

从 10 世纪以后西欧的文化、西欧的思想逐渐演变、发展，成为我们现在所理解的意思。到了 12、13 世纪西欧大陆各个民族逐渐吸收了从东方来的希腊文化。那么希腊文化是通过什么"渠道"流到西欧的呢？是通过一个小小的西班牙。现在都在讲大国"崛起"，哪个国家不是经过很长的时间才"崛起"呢？小小的西班牙当时处于地中海地区商贸关系比较便利的地带。那个时候阿拉伯人甚至小亚细亚的人都是比较先进的，北非这一带也是比较先进的，是他们通过商贸关系，把亚里士多德（的思想）带到了西班牙，在西班牙这块地方确立了一个学派，这个学派叫"阿威罗伊学派"。阿威罗伊是西班牙和阿拉伯混种，亚里士多德的哲学思想，包括阿拉伯数学等这些先进的知识就这样带到了西班牙，这个时候正是西班牙、葡萄牙航海的时代。于是 14、15、16 世纪，先是西班牙、葡萄牙，紧接着是荷兰，然后是英国接踵到了东方的印度洋，成了东西方文化的早期"周转站"。

汤因比说过，这是历史上一个奇怪的现象，基督教的老家在东边，在耶路撒冷，可是它却在西方生了根。这是西方奇特的历史现象，也是世界性的奇特现象，基督教不但在西方生了根，而且成为文化的主要因素，以至于只要一提到西欧文化的变化，基督教神学的变化成为这个时期西欧大陆各个民族思想变迁的一个根据。而基督教一旦成为西欧的宗教，那就家家户户都成为基督教徒，所以欧洲的思想、文化，不是几个思想家的文化，而是民众性、社会性的。

思想史包括什么呢？当然哲学是思想的"精华"，是经过提炼的思想，同时，因为基督教文明是全民性的，所以社会的各阶层民众便在精神上、信仰上以及日常生活上联系在一起了。中国不同，写在书本上的中国思想是属于上层、精英、官僚的，是与底层社会脱节的。西方文明一竿子插到底，有上层知识分子也有普通百姓，上层知识分子和普通百姓无形地、默默无声地有着联系。我们习惯于把某个民族加一个"国"字，这对于历史上的欧洲，其实是不严格的。对德意志而言，要到19世纪俾斯麦统一德意志后才叫"德意志帝国"，"英国"其实是英格兰，或者英吉利，它其实是几个岛组合的——大不列颠及北爱尔兰联合王国。"欧洲"的这个"洲"字也不准确。"洲"是大陆的意思，欧"洲"，那是讲的"欧洲大陆"。"欧洲"翻译成英文，应该是"European continent"。所以在第二次世界大战，1941年丘吉尔说过我们与"欧洲大陆"相伴，是"with"而不是"of"的关系。如果不把"洲"的观念弄清楚，丘吉尔这句话就看不懂。当然从大的观念来讲都是欧罗巴。

欧洲思想成为可以触摸到的，是在 12、13 世纪以后。希腊的文明、希腊的思想以及阿拉伯的东西，通过西班牙、葡萄牙、地中海沿岸一带向西欧开展过来，这是一个方面，另外一个方面就是基督教文明在西欧大陆站住了脚，成为西欧大陆的民众性的宗教，民众性的文化，并且有它的管理组织，那就是教会。西欧的思想从 12、13 世纪开始，便在基督教文明里边先发生了新的变动。人所共知的一切欧洲的进步思想，民主、自由、人权等等，都可以在基督教神学的变化和发展里找到最初的"种子"，如"上帝面前人人平等"等等。宗教神学家，他们也是"人"，是活在这个世界上的"人"，离不开这个社会，离不开人民的生活，所以一些社会问题、人的认识问题、人的感情问题、人的家庭生活、对物质的看法、对神的看法都逐渐发生了一点同"正统"的基督教有些区别的看法，这是在英国最早开始的。马克思说"唯物主义"最早发生在英国，他认为第一个唯物主义者就是邓斯·司各脱，他是公元 9 世纪的英国神学家，以后还有好多，其中一个比较有影响的是索斯伯里的约翰，他在 11、12 世纪到了欧洲大陆，在法国的沙特尔落脚，后来建了一个沙特尔圣母院。沙特尔圣母院是各地神学家们相交流的地方，来来往往，以它为中心，就把这个地方所形成的一种文化圈子叫作"沙特尔派"，实际上是一种"论坛"性质的地方，带有某种人文主义因素，这一点对传统基督教文明可以说是一个小小的突破。

　　差不多在这个时期，在西欧大陆，如以巴黎大学为中心集合了一批带批判性的神学人文主义者。影响最大的那还是在意大利，最有代表性的人文主义者但丁是基督教徒，但是他已经感觉到基督教会里、社会上有很多牛鬼蛇神、妖魔鬼怪，因为他做过政府的官员，他看到了各种怪诞的世象，结合他自己的生活经历，写的《炼狱》《地狱》《天堂》这三本书，读了令人感到惊心动魄。恩格斯说但丁是中世纪的最后一个诗人，是新时代的第一个诗人。有人更形象地说，但丁一只脚跨在新世纪，一只脚跨在旧世纪。据说他在《炼狱》里边所描述的那些牛鬼蛇神，在现实生活当中都可以对上号，西方人有专门研究这个学问的人。但丁应该说是突破基督教神学迷信、采取批判态度的第一个人。在《神曲》之后他写了《新生》。那是一个朦胧的时代，是在黑暗中摸索、梦想光明的时代。

彼特拉克也是一位思想家，但是他留下的东西很少，他提出来"人是根本的"，人是宇宙世界的根本因素，这就是同神对立的了。还有薄迦丘，他写的《十日谈》后来被看作"淫书"，实际上是他对基督教会的揭露，没有批判就没有思想。

再举一个代表人物，就是马基雅维利。他是一个被后人议论纷纭的人物。他写的《君主论》被当作不择手段以达到目的的代表作，但它的核心是推动欧洲民族国家。在罗马帝国以后的中世纪叫作"神圣罗马帝国"，在这个时候没有"国家"，只有民族的观念，有教会的观念，而没有"国家"的观念，但是那个时候西欧的民族都有一种遥远的追求，这个追求也是恩格斯说的，一个民族、一种语言、一种文化，相对集中的人群结成一个政治实体，这个实体就叫"国家"。

马基雅维利生活在这样一个时候，他的著作，他的核心是推动民族国家的孕育和诞生，而民族国家一旦产生，就标志着生产力的发展，也标志着西欧社会迈向一个新的世纪。

这四个人作为政治人文主义者可以说是有代表性的。在这同一时期，在其他方面，比如建筑、文化、艺术等这些领域，都蓬蓬勃勃地发展起来，非常繁荣。"文艺复兴"是跟着这几个思想家的前后脚来到欧洲的。所谓"文艺复兴"，其实外文没有"文艺"这两个字，"复兴"包含两个意思，一个是复兴希腊的文化，再一个是创新，所以叫作"复"兴，就是"再生"（Renaissance）的意思。不过表现在文艺上比较突出。拉斐尔画的"雅典学院"，气势恢宏，再现了希腊繁荣时期的人物形象。达·芬奇等等都是这个时期出现的。在西斯廷有一个长期的画展，从中世纪到"文艺复兴"这个时期，都是宗教题材，前面中世纪时期画的圣母马利亚、耶稣受难，那是苦兮兮的，很哀愁，到"文艺复兴"时期的圣母马利亚变得非常温柔、非常可亲，抱着一个"小耶稣"。人民的思想境界在走向中世纪的反面，社会的发展、科学技术的发展、生产力的发展、人们思想的开阔，到了这个时候反映到人的视觉中了。"文艺复兴"集中表现在意大利，从意大利开始，又扩散出去。所以"文艺复兴"（姑且还叫它"文艺复兴"）实际上是时代的表现，是时代的象征，是从欧洲中世纪跨向近代史、跨向近代时期一个非常关键的阶段。

在"文艺复兴"以后，可以感觉到欧洲的思想非常快地向前推进，向前发展，就是开头说的那三种性质，它的辐射性，它的批判性，它的传承性，非常清楚地表现出来。宗教改革就其性质而言是一次"社会革命"。因为它深入到家家户户，影响及于社会生活，人们的眼界、思维方式都因此发生变化。它本身是宗教问题，但它的影响力要深广得多。当然从德意志的领土引发起来，但影响达到了欧洲的各个角落。马丁·路德发动的"宗教改革"诚然是最集中、影响力最大的运动，但在这之前，在不少地方已发生过规模不等、相当激烈的改革运动，如捷克的扬·胡斯领导的起义。

宗教改革还有一项意义重大的成就，就是统一了《圣经》的文本。这件事首先要归功于与马丁·路德同时代的人文主义神学家伊拉斯谟，他把版本庞杂的《圣经》，做了详细的考订和整理，统一成一本准确的拉丁文的《圣经》，这是对宗教革命的一个大功劳。后来马丁·路德根据它将拉丁文文本翻译成德语。用民族语言翻译《圣经》，这是一个很了不起的事情。它与当时成立民族国家的愿望和趋势是契合的。宗教改革在当时所起的作用，从群众面上来讲，从社会面上来讲，比"文艺复兴"可能更深入，因为它涉及每个家庭，每个民族。在这场运动中，所有的普通人都不能不在新、旧教问题上动脑子。当然后来宗教改革之后，因为新教旧教的分离，在许多国家都发生了新教和旧教宗教的战争，那是很残酷的，法国的宗教战争打了三十年。新旧教徒解决得比较好的是英国。这样欧洲的宗教问题经过 17 世纪的三十年战争慢慢地就形成了有些地方是新教占主要的统治地位，有些地方是旧教占主要统治地位。用今天的眼光来看，南欧这一带差不多都是旧教徒，天主教徒占主要的；法国、西班牙，包括它们的殖民地，像拉丁美洲这一带都是旧教徒，从中部往北走，北欧的一些国家，英国、荷兰等都是新教。历史学家们有一种"共识"，说"三十年战争"结束时签订的《威斯特伐利亚和约》标志着欧洲进入近代史期，大致确定了近代欧洲的"政治地图"。而更重要的，是17世纪以后，萌发了社会思想的全欧性的活动。

在宗教改革以后，接下来是"启蒙时代"。按照一般的说法，"启蒙运动"集中在18世纪的法国，但是它又不仅局限在法国，而是一种"欧洲现象"。欧洲思想的重要性，就是在17、18、19三个世纪。第一个是理性主义成为思想界以及在广泛的社会圈子里判断事务的标准。17世纪是一个很重要的过渡时期，即从中世纪神学到"启蒙"思想的"过渡阶段"。17世纪整个一个世纪，一百年，为18世纪作了充分的理论上、思想上的准备和铺垫。在当时，神学在思想界还是占着统治地位的。神学是什么？神学就是两条：一条"神"是存在的，至高无上的；再一条你必须信仰神，神是看待一切的标准，神讲的话就是"最高指示"，在《圣经》上有一个字是"WORD"，我们可以翻译成"道"。但是在这个时期的人们，不单单是思想家，也包括普通的老百姓都会自觉不自觉地提出一个问题，就是"神是存在的吗"。怎么能证明神是存在的？既然相信"神"是存在的，就要想办法向老百姓、向"异教徒"讲明白"为什么"是存在的。几个世纪以来，许多思想家都在想这个问题。英国的培根、洛克，荷兰的斯宾诺莎都在想这个问题。第一个要把这个问题很明确地摆出来的是笛卡尔。他在"致神圣的巴黎神学院长和圣师们"中这样写道：

> 我一向认为，上帝和灵魂这两个问题是应该用哲学的理由而不应该用神学的理由去论证的重要问题。因为，尽管对于像我们这样的一些信教的人来说，光凭信仰就足以使我们相信有一个上帝，相信人的灵魂是不随肉体一起死亡的，可是对于什么宗教都不信，甚至什么道德都不信的人，如果不首先用自然的理由来证明这两个东西，我们就肯定说服不了他们……①

所谓"自然的理由"就是用"理性的理由"或"科学的理由"来论证。但是，他给自己出的这个题目是不可能有答案的，因为其结果是用"科学的办法"来证明"神"的存在只会越证明越乱，越证明越糊涂，所以是作茧自缚。这不只是他一个人的事，他的后人接着做，从这个世纪初的笛卡尔经过荷兰的斯宾诺莎，到这个世纪末的莱布尼茨都在做这件事情，用科学的办法来证明神的存在，反倒证明了相反的东西。于是扩大来提出问题，就是：是不是一切的认识、对世界的认识、对周围事物的认识都要通过神，都要神说了算？这几个世纪，欧洲的思想就徘徊在这个上面，比如说13世纪的神学家阿奎那被认为是圣奥古斯丁之后，为神学作了总结的人。他在《神学大全》里说人的认识要分三个层次：对很多社会上的事情、世俗上的事情，个人凭自己的认识就可

---

① ［法］笛卡尔：《第一哲学沉思集》，庞景仁译，商务印书馆1986年版，第1页。

以知道；但是比世俗的事情再深一点的就要通过"天使"；那么更深的问题，"天使"也不懂了，要上帝来解答。他把人的认识问题、认识对象分成三个层次，就是很多很多的东西可以不通过神来认识，这个我们现在觉得是很平常的事情，但是在那个时期，在基督教作为一个统治的宗教、一个统治的文明的时代，这是很新鲜的。在这以后，特别在"启蒙"时期，逐渐把"信仰"同"认识"分开了。用康德的话来讲，也是伏尔泰的话，就是宗教、神，是属于"信仰"范畴的，但是哲学、科学则是属于认识问题。这个观点的重大意义就在于把人的认识同宗教的信仰分开了。在高等学校里边把哲学从神学里边彻底拉出来了，康德晚年就写了一篇论文，叫作《学科的建设》，建议把"神学院"和"哲学院"分开。从笛卡尔到莱布尼茨这段时间在我看来是方法论的革命，他并没有解决神是否存在的问题，但是他想要解决这个问题的方法，这种种辩论、思辨的方法，促进了欧洲思想界发展。为什么马克思把笛卡尔看作近代哲学的第一人？因为他从理论上、从哲学上打开了一个缺口，跟神学界限划得更分明了。

18世纪应该说是西欧思想成熟期。启蒙运动在欧洲，特别是在法国最集中。"启蒙"原义就是亮光，法文是lumières，英文是light。柏拉图在《理想国》第七章讲洞穴的故事，好多人本都在洞穴里边生活，突然有一个人看这个洞穴上边有亮光，他爬上去看，太阳光一照眼睛就模糊了，他已经习惯于处在黑暗的环境了，过了一段他才觉得光明真好。及至"启蒙"成为一种思想界和社会各阶层的一种普遍的现象，就成为用理性来判断社会现象的问题。什么叫"启蒙"，就是"敢于"使用自己的理智就叫"启蒙"。康德讲"启蒙"，一个是理性，再一个就是自由。如果没有自由，就不敢把心里面存在的理性判断力发挥出来。可以说康德是把"启蒙"这一欧洲现象作了一个总结的思想家。

"启蒙"是近代欧洲一种相当普遍的文化社会现象。流风所至，出现了许多"论坛"式的文人聚会。这种风气在宫廷里面，在朋友之间，十分普遍。例如有些皇后、公主，利用她们的条件，宫廷的条件来举办"沙龙聚会"，请当时著名的文化名流，如作家、哲学家、科学家、艺术家来随便议论议论，形成了一种社会的气氛。当时出现了很多自由人文主义的思想家，他们打破了沉闷的政治空气，像在一片灰暗中划开了一道光，这道光随着时代的步履越来越强劲，汇成理性的呼声，冲击着弥漫在社会上空的阴霾和邪恶。在启蒙思想家比较集中的法国，王权的专制和宗教"暴政"还占着统治的地位，所以，那些启蒙思想家的思想便是这个民族的未来所望，并且影响所及，成为"欧洲现象"。这种"欧洲现象"继"文艺复兴"和宗教改革之后，进一步把欧洲社会在思想和精神领域里推向现代。一些杰出的文人、思想家开始考虑更深层次的问题。

伟大的伏尔泰的一生最能反映那个时代的声音。他一生坎坷，由于批评王权在国内待不下去了，觉得法国不自由，束缚他，先是跑到别的国家去，很长时间过着漂泊的生活。使他受到影响的，一个是荷兰，一个是英国。他到了荷兰，觉得荷兰比法国空气要自由得多，新鲜得多。荷兰是比较早地进入资本主义社会、比英国在先的航海国家。但是它毕竟比较小，后来伏尔泰到英国住了三年，给他的启发、对他的思想变化起了非常大的作用。《哲学通信》是伏尔泰在英国待了三年，用书信的形式，讲他对英国的印象。这二十五封书信，还有另外一个名字叫《英国通信》，里边就是讲所见所闻，英国的议会、英国的政府、英国的宗教等等。英国的知识分子当中，他着重提了三个人对他影响非常大，第一个是牛顿，第二个是培根，第三个是洛克。他有一段对牛顿的描写，讲牛顿死后的"哀荣"，英国国王为他举行"国葬"，场面非常盛大，伏尔泰对比法国的情况非常感慨，他说在英国知识分子这么受到重视，死后享有国君的待遇，而法国的笛卡尔最后只凄凉地死在瑞典。他说一千年来，最伟大的人物应该属牛顿；最伟大的人应该是用真理来统治人，而不是用暴力统治人的人；那些统治者、政治家哪个世纪也不缺少，而牛顿是几个世纪才能出一个。培根和洛克对他的思想影响同样很大。洛克的名字经常出现在伏尔泰的著作里，直到他的晚年。孟德斯鸠，写了《论法的精神》，提出了"三权分立"的思想。孟德斯鸠的思想来源一个是罗马帝国，他写的《罗马帝国衰亡的原因》，就是从总结罗马帝国衰亡的经验提出一些政治上的理想，为他后来写《论法的精神》作准备；第二个来源也是英国。他看到了英国从13世纪"大宪章"，后来到"光荣革命"，到人权法案等等一连串的思想发展，启发他写出了著名的《论法的精神》。

卢梭则带有"浪漫主义"色彩，他提出来的两个"关键词"：一个叫"人民的主权"，主权属于人民；再一个就是

"普遍公意"，公众的意见，普遍民意。他代表的是比较底层的小资产者，"小国寡民"的民主思想。

伏尔泰、孟德斯鸠、卢梭可说是18世纪法国思想家中最为人们所熟知的代表。除了他们三人外，不能忘掉以狄德罗、达朗贝尔为代表的所谓"百科全书派"的活动。他们编写"百科全书"，是一种自由讨论论坛，是开放式的，通过讨论，传播新知识、新思想，参与其事的有作家、科学家、哲学家、博物学家等等，意见互有异同，甚至不免相互对立，但是"百科全书派"倡导的自由之风，便自然而然地撞碰出理性的火花。"火花"通过出版、印刷业的发展散播到社会上，久而久之，即成为改变人们思维方式和精神状态的无形力量。

"启蒙"的思想传到德国，立即在知识圈内引起热烈而深入的讨论。《柏林月刊》以康德发表论文《答复这个问题：什么是启蒙运动？》为契机，成为各种不同理解的广泛讨论的论坛。

所谓"启蒙"时代，绝不是脱离当时社会现实的凿空的舌辩概念，而是社会发展的相应产物，它同18世纪所发生的产业革命相结合，一个精神的一个物质的，就促成了19世纪资本主义的诞生，18世纪的重要性正在这里。产业革命发生在英国，有一定的偶然性，当时在欧洲技术发展都已经相当地进步了，有些大陆的技术，比如说小小的比利时比英国还要先进一点，但是英国的产业革命有它的特点，它解决了动力革命，却又不仅是动力革命。所以瓦特的蒸汽机一发明不仅是一个工业革命，而且是一个产业革命，其他产业，比如采矿业，就采用了；纺织机发展了生产，促进了原料的供应，运输业也跟上，一个一个的产业资本带动起来，所以工业革命，又叫产业革命。

然后到了 19 世纪，大家非常清楚的这个世纪了。社会的思想更加活跃了，从 19 世纪初期这些古典思想家像康德、黑格尔，与这些带有纯哲学性的这种古典的思想界同时在发生、发展的是大众方面、社会方面的巨大变化。因为有了资本主义的产生，所以就有了无产者，这在《共产党宣言》里边说得清清楚楚，有了无产者，就有了社会主义思想，有了社会主义思想就有社会主义的政党，各种政党，各种牌号的政党。从 19 世纪初期法国的圣西门、傅立叶，英国的欧文开始，逐渐在 19 世纪产生了各种牌号的社会主义，直到出现了马克思主义。19 世纪大规模的工业化进程、市场经济自由化跃进、政治民主、人权理念等等都是很自然的发展。资本主义一旦来到这个世界上很快就发现了这个制度本身有很多问题，如两极分化，工人阶级"绝对贫困化"，等等。因此人的思想单靠历史上古典的哲学思想不能解决问题，于是欧洲的思想开始动荡得非常厉害，各派理论家、政治社会活动家纷纷为寻找出路而奔忙，欧洲形势在 19 世纪迅速而突兀的变化使理论家们异常繁忙起来。为什么呢？因为拿破仑战争之后，欧洲形成几个大国之间的争斗：俄国、英国、法国、奥地利、普鲁士，这五个国家的争斗，争夺欧洲和世界的大权。当时有一种气氛：如果发生战争，将不止限于几个国家，它可能是欧洲性的战争，或者跨欧洲，跨别的洲的战争。人们会感觉到五个国家之间的"平衡"即使是暂时的，也日益难以维持，于是就有裁军的谈判，但是裁军谈判越来越不能达成妥协，特别在巴尔干地区，碰撞得越来越厉害。恩格斯晚年，说现在这些大国都在讲裁军，但是越谈裁军，战争的车轮越向更大规模的战争滚动。二十年后，1914年第一次世界大战爆发，这段历史对于欧洲的思想触动非常大。战争的威胁日益逼近，把表面的平静打得粉碎，把以前的传统的启蒙的、文艺复兴的、基督教文明所寄寓的美梦，统统打碎。尼采发出了耸人听闻的呐喊："上帝死了！"

20世纪欧洲的思想，从深度上来讲，比起前几个世纪来要差得多了。以前的思想家们无论他们的见解何等仁智互见，都在为古典的问题寻求答案，如人本主义和神本主义问题，并且进而昭示世人：人类社会进步需以理性的判断为基础，而民主与自由应是人类的共同理念。但是到20世纪人类所面临的问题不是这些，而是各种美好理念的"礼崩乐坏"，是对未来世界往哪里走的彷徨和无助。

奥地利人道主义作家茨威格写了一本有名的书：《昨天的世界》。在20世纪初战争一步逼近一步、社会一片混乱的时刻，他感觉到前途没有希望，他所习惯的19世纪的那些最诱人的文学、艺术、"文化沙龙"等等，一切的一切，眼看都将被摧毁，而战争一旦爆发，小小的奥地利能够起什么作用？他成了一个"悲观主义者"。同时代的知识分子跟他有联系的，俄国有高尔基，法国有罗曼·罗兰，三个人通信讨论这些问题，当然他们三个人的政治取向是不一样的，但对时局的忧虑，却是心心相印的。希特勒上台后，他完全陷于绝望之中，和他的夫人流亡到了巴西。在法西斯得势的时候，夫妇两个双双自杀。他是悲剧人物，但是从他这本书可以看到当时的那种社会思想情况。

第二次世界大战以后，即 1945 年以后，将是这本书所覆盖的时期，六十年来，欧洲已不是原来的欧洲，它限于对过去的反思。现在还是在这个过程当中。由于还是在这个过程当中，而且形势发展得如此之快，以致无法很快清理完过去，就需应对迎面而来的新问题。所以出现不了很成熟的思想家是很自然的事。或许这就是"后现代主义"产生的原因。

提起欧洲来，总觉得它有相当深度的东西，等待人们去研究，这不是一本书能够解决的。虽然不乏资讯，但不透明的东西仍然很多。历史就是这样，历史注定要留下很多不透明的东西，需要后人慢慢去琢磨、咀嚼。

欧洲在近代历史上，为人类进步作出了两大贡献，推动了文明的进程。一个是在中世纪后出现的资本主义制度的遍及欧洲以及北美的"启蒙时代"，每个民族都有自己的启蒙思想家，18 世纪的法国表现得最集中，也最突出。为数众多的文学家、科学家、艺术家，他们之间的意见不见得都相同或相似，有的还意见相左，人们都知道伏尔泰和卢梭之间闹到互相攻击、"势不两立"的程度。狄德罗领衔的"百科全书"的作者们以各自的天才才能和见识，为文化的法兰西增添了异彩……这些如群星璀璨的天才的政治环境可以说非常不理想，18 世纪的巴黎，用孔多塞的话，还存在着两大"暴政"，即政治的和宗教的"暴政"。王权、法院、教会、御用的书籍检查机构，都可以以某种莫须有的理由，指责、驱逐那些写了于时不合的作品的文人。多少了解一些这段时间的历史的人，可能都了解伏尔泰、狄德罗、卢梭由于一本书、一篇文章而被迫流亡或蹲监狱，他们的著作被禁、被毁。

幸运的是，空间没有（也不可能）被填满，启蒙思想家们的著作依靠印刷、出版业的介入而得以流传。各式各样的"俱乐部"均是文人交流思想的"论坛"，这是当时欧洲的一种社会风尚，无形中散发出自由人文气息，流风所至，声响随之。

历来的说法，习惯于把"启蒙"的时代归之于法国的18世纪。其实，它在那个时代乃是一种"欧洲现象"，许多法国的启蒙思想家受了先于法国便有了"自由空气"和开明知识分子的荷兰和英国的影响和启发，而又反作用于其他欧洲民族。欧洲各民族的"密集"，思想的流动比较容易超过民族界限，以至某个国家的知识巨匠，必既是属于本国的，同时又是欧洲的。谁也不能把洛克、牛顿、笛卡尔、伏尔泰、卢梭、康德只圈在哪一个国家。"启蒙"犹如"候鸟"，预告春天要来了，它开启了言论自由的闸门，正在迎接民主与法治、理性与人权的理念在欧洲扩散开来，并且使条件成熟的欧洲以外的地区也迟早受到感染。

欧洲的第二大贡献是"工业革命"，或称"产业革命"，历史上习惯地称始于英国，不过它也是"欧洲现象"。英国最有资格成为"工业革命"的发祥地，这是包括科技发明、社会人文、宗教司法等等诸多物质的、精神的因素综合促成的。"工业革命"史也成为学术界的专门题目，它同"启蒙运动"的进程交织在整个 18 世纪，成为欧洲现代化不可或缺的因素。详细叙述这两大贡献不是这本书的任务，只是作为必要的历史回顾和"引子"略述如上。今天的西欧虽然在全球化的庞大汹涌的潮流中不像在 19 世纪以前那样居于"潮头"的地位，但它绝对是构成全球化大潮的川流不止的浪花。

今天的欧洲，特别是西欧，可能是世界上最"平静"的地区之一。打开报刊，来自欧洲的比较有实质内容的文字（包括消息、文章）少得可怜。就连有关欧洲的书也很少。欧洲，特别是西欧，难道已经走进历史了吗？

诚然如此，从 16 世纪到 19 世纪，西欧确实完成了从启蒙思想、工业革命到近代的历史进程，19 世纪留下的、需要算"总账"（政治的、经济的，乃至思想、精神的）的任务，交给了 20 世纪的前五十年。1945 年起，经历了两次世界大战的西欧既有美、苏两大国在前，又"丢失"了曾经赖以称雄的大片殖民地，在全球能自由支配的空间大大压缩了。西欧要复兴，只能在这种新的形势里想办法了。

思想家彷徨起来了，各种新思潮于是如雨后春笋般冒出来。不像他们的 19 世纪以前的前辈，他们几乎完全失去了正面审视新局面的勇气。他们的前人曾经批判地对待的问题，如洛克批判"君权神授"、启蒙思想家批判的"政治暴政"和"宗教暴政"以及人类理智和理解力等哲学问题，他们已经不屑一顾了。没有可以立于不败之地的"思想家"的时代来到了。他们必须，也只能在抛弃或批判他们的前人中另辟蹊径。

1945 年以来，进入了实用主义主导的世纪。欧洲不可能再有康德、黑格尔式的划时代的哲学家、思想家。然而，知识分子之具有批判精神和思维习惯，继续维系并发展着社会的自由空气。文学、美术、宗教、电影、音乐、戏剧、舞蹈……以及社会人文科学各门类，称得上是真正的百花齐放、百家争鸣；科学技术则早已打破了民族的界限。欧洲在失去了旧日的殖民地式的"势力范围"之后，在新世纪融入世界。经历了兴与衰、分与合、"一"与"多"的曲折而丰富的历程，无论是欧洲的西半部或是它的东半部都在把主要的精力放在自身结构的调整和调节上，以它丰富的历史经验和智慧为世界文明作出贡献。

*

附录

*

读韩浅记

陈乐民先生的遗稿（手稿）中，有一份自题为《读韩浅记》，收有韩愈专题研究文章9篇（部分篇目既有底稿也有誊正稿），本次借文集新编之机，将其录入整理于此，以附录形式呈现。另，《漫话韩愈治史》《韩愈的散文》及《韩柳史辩始末》诸篇乃陈先生已发表或已收入其他文集之旧文，为便于读者较为完整全面地了解陈先生对韩愈的研究，特将其一并收于此目之下。

——编者注

关于《御史台上论天旱人饥状》

　　《御史台上论天旱人饥状》成文于唐贞元十九年（803）。那几年京畿一带一直天灾人祸，民不聊生。贞元十九年又是一个严重的灾年。但是身为京兆尹的李实却谎报"今岁虽旱而禾苗甚美"，主张照征农民的田赋。刚做了监察御史的韩愈就向唐德宗上了这道疏状，向德宗如实地反映了当地的灾情："夏逢亢旱，秋又早霜，田种所收，十不存一。"因此，"至闻有弃子逐妻，以求口食，拆屋伐树，以纳税钱，寒馁道途，毙踣沟壑，有者皆已输纳，无者徒被追征"。韩愈痛切地说："臣愚以为此皆群臣之所未言，陛下之所未知者也。"他认为必须立即采取措施，"特敕京兆府"停征当年税钱，以便使受灾农民缓一口气。

　　这篇不长的疏状，行文质朴，直陈其事，字里行间充满着对农民的同情，掩饰不住他对隐瞒真相的"群臣"的愤懑，其矛头显然是针对李实的。

　　李实是什么人呢？他是唐高祖李渊之子道王元庆的四世孙，因此是唐王朝的宗室，后来韩愈在任史馆修撰时编写的《顺宗实录》中揭露李实因善于钻营而"骤迁至京兆尹"，其人"恃宠强愎，不顾文法"，而且一旦做了官，便"勇于杀害，人吏不聊生"，因此又是一名酷吏。韩愈戳破了幸臣李实的谎言，自然是会倒霉的。

　　向皇帝反映些民情，一直是韩愈的一种抱负。韩愈在还只是徐州宁武节度使张建封幕下的一名推官时，曾出差往返于徐州、长安之间，目睹水旱兵燹、民生凋敝，便产生了许多感慨。《龊龊》《归彭城》两首诗就集中描述了他的这种心情："报国心皎洁，念时涕汍澜。"但是他当时还不是朝廷的命官，人微言轻，"无由至彤墀"；希望有一天能够"排云叫阊阖，披腹呈琅玕"，到那时，他就将"刳肝以为纸，沥血以书辞"。这些诗固然流露了韩愈的做官心切，然而也是他对国泰民安的盛世的向往。后来当了监察御史以为有了职权，就上了这道《御史台上论天旱人饥状》。

　　然而，作恶多端的李实终于没有得到好下场，在顺宗时受到贬官的处分，老百姓对他恨之入骨，所以"至谴，市里欢呼，皆袖瓦砾遮道伺之，实由间道获免"。

韩愈与平淮蔡之役

平定淮西割据是唐宪宗在位时的一次重要的战役。当时力主出兵讨伐的代表人物之一是御史中丞裴度。韩愈是支持裴度的。

韩愈在元和十一年（816）曾上了一道《论淮西事宜状》，在裴度与宰相李逢吉、韦贯之的论争中助了裴度一臂之力。他在疏状中指出淮西"以三小州残弊困剧之余，而当天下之全力，其破败可立而待"，关键在于早下决心，认为"为统帅者，尽力行之于前；而参谋议者，尽心奉之于后。内外相应，其功乃成"，而"迟疑不断，未有能成其事者也"。不仅如此，韩愈还提出了一些策略方案，其中比较重要的有：讨伐吴元济应该充分依靠与淮西交界的各州人民，因为这些地方的人都有作战的准备，"悉有兵器，小小俘劫，皆能自防，习于战斗，识贼深浅"，所以"若令召募，立可成军；若要添兵，自可取足"，而且"贼平之后，易使归农"，可以立即恢复农业劳动。韩愈还提出对吴元济及其部下要采取区别对待的政策："蔡州士卒，为元济迫胁，势不得已，遂与王师交战。原其本根，皆是国家百姓。进退皆死，诚可闵伤。宜明敕诸军，使深知此意。当战斗之际，固当以尽敌为心；若形势已穷，不能为恶者，不须过有杀戮。

喻以圣德，放之使归，销其凶悖之心，贷以生全之幸，自然相率弃逆归顺。"这不是很完整的俘虏政策吗? 后来李愬破了蔡州，裴度进城后也正是这样做的。韩愈还建议对与淮西相类的淄青、恒冀等道采取安抚政策，晓以大义，把它们稳住，以利于集中对付吴元济。此时的韩愈颇像一位运筹帷幄的将军，他在《原道》《师说》等文章中表现出的"道学气"在这里竟不见痕迹了。方苞说这篇《论淮西事宜状》"指事尽意，不为波澜"，"尚近汉文"，这评语是不错的。

元和十二年（817）八月，在进军淮蔡中，韩愈作为行军司马随裴度到前线督军，淮蔡平，十二月随裴度还朝，以功授刑部侍郎。第二年正月，唐宪宗令韩愈撰写《平淮西碑》，他用了七十天的工夫完成了这篇记述唐军战功的宏文。

韩愈写《平淮西碑》时正是他比较得意的时候，唐宪宗李纯在他的心目中是一位英明的"中兴之主"，裴度则是一位气概轩昂、胸有韬略的"贤相"，所以碑文突出地歌颂了李纯和裴度。这一场威武壮观的战役让韩愈写得十分生动: 李纯之调兵遣将，淮西之役的军事场面，官军入蔡时的军威盛绩，以及唐王朝对被收复的淮蔡的政策，蔡人对唐所施政策的反应，淮蔡被平对其余方镇可能产生的影响，等等，都在碑文中得到充分的描绘。如果说肆虐于唐初的藩镇之乱以安史发难始，则淮西之役所取得的胜利可称为平藩的关键一役，经营了五十年之久的淮蔡割据终于平定，这不能不使渴望出现一个中兴盛世的韩愈为之欢欣鼓舞，奉诏撰写碑文自然更是一种厚遇，所以此文笔墨酣畅地描写了战役的前前后后的同时，也掩饰不住韩愈的由衷喜悦。"既定淮蔡，四夷毕来；遂开明堂，坐以治之"的大一统升平气象，在韩愈看来已见端倪了。

不过，《平淮西碑》的命运并不算好，由于与唐王室沾亲带故的李愬（他的妻子是唐安公主的女儿）对于碑文突出了裴度的作用感到不平，因而毁了碑文，唐宪宗召翰林学士段文昌另拟。过不久，韩愈即因《论佛骨表》坐贬潮州，韩愈踌躇满志的时期是很短很短的。但是《平淮西碑》仍流传下来了，段文昌的碑文反而几乎无人重视。苏轼曾见佚名诗曰："淮西功业冠吾唐，吏部文章日月光。千载断碑人脍炙，不知世有段文昌。"李商隐的《韩碑》："句奇语重喻者少，谗之天子言其私。长绳百尺拽碑倒，粗砂大石相磨治。公之斯文若元气，先时已入人肝脾。汤盘孔鼎有述作，今无其器存其辞。"李商隐生于元和八年（813），韩愈时年四十六岁，李诗与韩文相去不过二三十年。可见唐宋文人都只知有韩碑，好文章是毁不掉的。

这样的好文章却未选进《古文观止》，近人童第德选注的《韩愈文选》亦未收入。沈德潜认为《平淮西碑》实为一首四言长诗，说："昌黎四言，唐人中无与俪者，《平淮西碑》尤为立极。"韩愈此文确有诗的概括性，沈德潜颇有见地。

韩愈《平淮西碑》不公正吗

1983年1月25日《北京晚报》载署名石隅公文——《给批评落实政策》，谈到历史上"全面肯定，不留余地"的"谀词"和"溢美"时说："韩愈的《平淮西碑》就很不公正，柳宗元就针对性地写了《平淮夷雅》。"

韩愈的《平淮西碑》不公正表现在哪里以及柳宗元针对什么而写《平淮西碑》，文章没有说明。实际上韩柳二文并没有本质上的不同。首先，对于唐王朝决心平定方镇之乱及平定吴元济的战绩，韩柳都是歌颂的。其次，韩柳都颂扬了丞相裴度，韩愈本来就是裴度主战派的积极拥护者，并受命为行军司马，他把裴度写为气宇轩昂的"贤相"，着墨较多，而且着重描写了裴度的政见和他处理平定吴元济以后的善后政策。韩愈对时局的分析、战役部署的见解，有许多都是裴度所实行的。（见韩愈《论淮西事宜状》）柳宗元《平淮夷雅》的第一篇也主要写了裴度受命的情景；所不同的是柳宗元的第二篇专门写了节度使李愬率大军在"雨雪洋洋，大风来加"的条件下"蹈彼艰顽"的战功。而韩愈则没有突出李愬入蔡，只把李愬作为参战的诸节度使之一来写了。

然而正是韩愈没有突出李愬，以致《平淮西碑》倒了霉。与唐王室沾亲带故的李愬（他的妻子是唐安公主的女儿）对于碑文突出了裴度的作用感到不平，因而毁了碑文，由翰林学士段文昌另拟了碑文。不久，韩愈即因上《论佛骨表》坐贬，韩愈得意的时期是很短暂的。后来颇有人为韩愈的《平淮西碑》的厄运鸣不平的。李商隐《韩碑》有云："句奇语重喻者少，谗之天子言其私。长绳百尺拽碑倒，粗砂大石相磨治。公之斯文若元气，先时已入人肝脾。汤盘孔鼎有述作，今无其器存其辞。"苏轼曾见佚名诗曰："淮西功业冠吾唐，吏部文章日月光。千载断碑人脍炙，不知世有段文昌。"

韩柳二文都是写平淮西割据之役的杰作，各有千秋。韩愈由于随军出征，把战争的进程写得十分真切、生动，序文用《尚书》笔法，气魄雄浑大朴。柳用《诗经》雅章写法，也别具特色，唯终不及韩愈曾经亲临其境也。

关于韩愈与二王、刘、柳

　　韩愈因上疏言事被贬连州阳山两年后北上移任江陵法曹。在这期间，韩愈写了三首长诗，即：《岳阳楼别窦司直》、《寄三学士》和《永贞行》。这三首诗涉及与韩愈一生有关的两大问题：一、韩愈于贞元十九年（803）出贬连州阳山的始末；二、韩愈与王叔文、王伾、刘禹锡、柳宗元的关系。

　　韩愈到底为什么被贬呢？史书说因上疏谏官市，其他史料多说是因为上疏反映天旱人饥的实际情况，遭了京兆尹李实的谗言。《寄三学士》也叙述了"我时出衢路，饿者何其稠！亲逢道边死，伫立久咿嚘"等情景；但是那时"上怜民无食，征赋半已休"，而且"天子恻然感"，按理不应该由此获罪了，于是韩愈起了疑心："或自疑上疏，上疏岂其由？"怕不是这个缘故吧？想来想去怀疑是柳宗元和刘禹锡把上疏的事泄露给李实，于是受到李实的忌恨，结果招了祸。可谓"同官尽才俊，偏善柳与刘。或虑语言泄，传之落冤仇。二子不宜尔，将疑断还不"。那时柳宗元同李实是有过从的，还曾替李实草拟过应酬性的文章（《为李京兆祭杨凝郎中文》），韩疑及柳、刘虽然莫须有，但也并非完全无因。《岳阳楼别窦司直》也说其被贬是由于"爱才不择行，触事得谗谤。前年出官由，此祸最无妄"。是谁进了"谗谤"呢？当然是李实。"奸猜畏弹射，斥逐恣欺诳"中的"奸猜"，我以为指的也是李实。主席所说指的王叔文，我认为不是，因为那时王叔文还没有得势，更没有当政，怕韩愈"弹射"什么呢？或说指的刘、柳，我觉得更不是，韩与刘、柳间的芥蒂只是韩愈曾怀疑他们言语不慎，"传之落冤仇"，并没有把他们视同"冤仇"，更谈不上"奸猜"了。其实韩愈与柳、刘的私交是很不错的，"同官尽才俊，偏善柳与刘"。

韩愈对王叔文、王伾确实印象不好，《永贞行》里确实是痛骂了王叔文、王伾，所谓"小人乘时偷国柄"，说他们利用了顺宗居丧的困难时机，"一朝夺印付私党"，以至"夜作诏书朝拜官，超资越序曾无难"。这里韩愈抨击的是王叔文的为人，是他的正统观念使然。对于顺宗时的革新措施，从韩愈的观点看他是赞成的，例如复陆贽、阳城的官，罢免李实的京兆尹，除了恶霸"五坊小儿"，减轻农民负担，等等，韩愈都是主张办的。韩愈的《顺宗实录》可作证明。至于夺宦官的兵权，从后来韩愈支持裴度、李愬征淮蔡看，他也是认为不应由宦官主兵的。因此，韩愈骂王叔文，不是由于政见不合，而是对王叔文本人有看法。

当时的王叔文大概是颇有些颐指气使、自命不凡的，以至德宗在位时的重臣都不在他的眼睛里，"元臣故老不敢语，昼卧涕泣何决澜"！按《旧唐书》记载，一天诸相会食，王叔文忽然找他的同党韦执谊（韦也在聚餐）议事，韦去了，大家便停下来等，过一会儿，有人来报说王叔文已与韦执谊"同餐阁中矣"，对此，杜佑、高郢等老臣都惧不敢言，只有郑珣瑜叹息说，我怎么能再干下去呢？于是骑马回府躺在床上不起来了。旧史可能有倾向性，而"文革"期间校订出版的《隋唐五代史纲》说老臣们都以退职相要挟等等，怕是受了当时"批判"老干部的"躺倒不干"来"要挟"造反派之类表述方法的影响，这就难免有失史实了。

那么，王叔文是怎样的人呢？王夫之在《读通鉴论》中是这样评论的：

> 自其执政以后，罢进奉、宫市、五坊小儿，贬李实，召陆贽、阳城，以范希朝、韩泰夺宦官之兵柄，革德宗末年之乱政，以快人心、清国纪，亦云善矣。顺宗抱笃疾，以不定之国储嗣立，诸人以意扶持而冀求安定，亦人臣之可为者也。

这本是好事，但问题何在呢？

> 所可憎者，器小而易盈，气浮而不守，事本可共图，而故出之以密，谋本无他奇，而故居之以险，胶漆以固其类，亢傲以待异己，得志自矜，身危不悟，以要言之，不可大受而已矣。

我想这是有些道理的，用现在的语言说，起码也是不善于团结人；本来可以一起做的事，却故作神秘，排斥旁人；对与己意见不合的人亢傲不合。

范文澜同志《中国通史简编》在简述二王革新失败后这样说：

王伾、王叔文是南方人，又是小官，一向没有声望，骤然掌握朝廷大权，引起众官的憎恨，是很自然的。……唐顺宗病重，很快就要死去。王叔文等在这种情况下执掌政权，思想上还以为大有可为，未免急于求成，见利忘害。不过，他们在掌权的几个月内，颁布的政令，都是改革弊政，有利于民众，也有利于朝廷，唐宪宗给他们极重的处罚，完全从争夺权利的私仇出发，根本不顾及他们究竟犯了什么罪。

这是十分公允的论断。韩愈对王叔文的憎恶，就是站在了元老重臣的一边，而并未详察王叔文的主张的。

韩愈对自己的朋友柳宗元、刘禹锡之追随二王，确有看法，但他是区别对待的。他认为："子厚前时少年，勇于为人，不自贵重顾籍，谓功业可立就，故坐废退。"（《柳子厚墓志铭》）《永贞行》："数君匪亲岂其朋！"所以，对于柳、刘之被贬，韩愈寄予很大同情，特别是刘禹锡正好也被贬到韩愈刚去过的连州，他的感慨自然是很多的："郎官清要为世称，荒郡迫野嗟可矜。"为此韩愈建议刘禹锡去找岐国公杜佑陈情（见刘禹锡《上杜司徒书》）。

因此，把韩愈说成是柳宗元、刘禹锡在政治上的对立面，是把这段历史简单化了。

韩愈和张建封

　　韩愈在贞元十五、十六年（799、800）在武宁节度使张建封幕下当过推官。韩对张是很敬重的，颇仰慕其英武有豪气。韩诗写张建封射猎的《雉带箭》，虽大部直写雉鸡中箭落地的情景，但却处处烘托出张建封"将军欲以巧伏人，盘马弯弓惜不发"的神态。

　　然而，作为张建封幕僚的韩愈并不是曲意逢迎的，提起意见来并不客气。贞元十五年（799）韩愈给张建封写过一封短信：《上张仆射书》，说的这段故事：张曾下令所有下属幕僚必须"晨入夜归"，除生病外不得随意外出。韩愈认为这是一条清规戒律，就写了这封短信，说：对这事我忍了几天，实在忍不下去了；如果我继续压制自己不说出我的意见，"抑而行之，必发狂疾"，非憋疯了不可；用人应该"量力而任之，度才而处之"，如果一个人有可取处，难道能因为他不"晨入夜归"而不任用吗？我韩愈素来"不谄屈于富贵之人"，所以有什么说什么，否则，"言不敢尽其诚"，即使可以"日受千金之赐，一岁九迁其官"，也只不过是升官发财，对你"感恩"而已；至于跟你互称"知己，知己"，"则未也"！这是一篇隽永而幽默的小品，亦可见韩愈憨直可爱的一面。

后来还有一封谏张建封"击球"事的信，用语颇多迂腐。那时候踢球都是纨绔子弟们的一种嬉戏，被认为不是正经事。

这里姑不论两封短信涉及的事情本身有多么重要，有意思的是它们反映了韩愈之敢于向自己的顶头上司直言，那种"抑而行之，必发狂疾"的耿直劲儿。

韩愈不诡随

《新唐书·本传》说："愈性明锐，不诡随；与人交，始终不可变。"

韩愈之"不诡随"集中表现在他的两次上疏和因此而招致的两次被贬。唐德宗李适贞元十九年（803）因上《御史台上论天旱人饥状》，反映了京畿灾情，因而被贬至今广东省境内阳山，"跋前踬后，动辄得咎；暂为御史，遂窜南夷"（《进学解》），由监察御史贬为阳山县令。这是第一次。第二次是距此十六年后的唐宪宗李纯元和十四年（819）因上《论佛骨表》而被贬到"瘴疠之区"的潮州。

韩愈的好友皇甫湜在《韩先生墓志》中说："始先生以进士仕。历官二十有七。其为御史、尚书、郎中、中书舍人，前后三贬，皆以疏陈治事，廷议不随为罪。"

那么这第三贬何所指呢？据《旧唐书》载："德宗晚年，政出多门，宰相不专机务，官市之弊，谏官论之不听。愈尝上章数千言极论之，不听，怒贬为连州阳山令，量移江陵府掾曹。"

《新唐书》也记载韩愈是因谏官市而被贬阳山，均不载前述论天旱人饥事。而从韩愈留下的许多诗文来看，由于如实反映了京畿的灾情而得罪了京兆尹李实，终因被谗遭贬确实可信的。如《寄三学士》《祭河南张员外（署）文》《进学解》等均有追记。洪兴祖所撰年谱、皇甫湜《神道碑》亦详其事。也许贬为阳山令是论天旱人饥和谏宫市的"总账"，两"罪"俱罚了。正如洪兴祖撰年谱云："公之被绌，坐论此两事也。"看来韩愈之谏宫市可能就在这"上章数千言极论之"里面，可惜没有流传下来。这样加上后来的谏迎佛骨，遂成"三贬"。皇甫湜是否此意呢？

　　这几件事都反映了韩愈性格中的人民性。当然《论佛骨表》还反映了他排斥佛老、维护"先王之道"的儒家正统思想，但这较之崇尚佛老，是一种"进取"的态度，在当时要巩固平定淮西割据之后出现的脆弱的安定局面，是有积极意义的。

韩愈的小女儿挐

韩愈以唐宪宗李纯元和十四年（819）因上《论佛骨表》被贬到瘴疠之区的潮州，任潮州刺史，全家都跟着南迁。当时，韩愈的第四个小女儿挐才十二岁，正生重病，也不得不上路，结果死在半路上，就地草草埋在商南层峰驿山下。韩愈到潮州后不久迁为袁州刺史，次年被调任国子祭酒，穆宗长庆三年（823）任京兆尹，是年把挐移葬原籍河阳。

挐的夭折给韩愈留下的痛楚是不可言状的，一直觉得很对不起这个弱女。元和十五年（820）愈被赦北上途中经过层峰驿，在荒山脚下痛哭了一阵，写下了一首哀痛的七律。其序云："去岁自刑部侍郎以罪贬潮州刺史，乘驿赴任。其后家亦谴逐，小女道死，殡之层峰驿旁山下。蒙恩还朝，过其墓，留题驿梁。"诗曰：

数条藤束木皮棺，草殡荒山白骨寒。

惊恐入心身已病，扶舁沿路众知难。

绕坟不暇号三匝，设祭惟闻饭一盘。

致汝无辜由我罪，百年惭痛泪阑干！

后来在把挐归葬河阳时，韩愈又撰写了《祭女挐女文》

和《女挐圹铭》。

祭文可称是一篇血泪文字，比通常人们所熟悉的《祭十二郎文》更加催人泪下，其中有对亡女的哀恸，也夹杂着被贬的感慨，文章写到最后，读者会感到历经困顿颠沛的韩愈已是涕泪滂沱，不能自已了。文章的中间一段，一气呵成，无法摘断："……昔汝疾极，值吾南逐；苍黄分散，使女惊忧。我视汝颜，心知死隔；汝视我面，悲不能啼。我既南行，家亦随遣；扶汝上舆，走朝至暮；天雪冰寒，伤汝羸肌；撼顿险阻，不得少息；不能食饮，又使渴饥；死于穷山，实非其命。不免水火，父母之罪。使汝至此，岂不缘我？草葬路隅，棺非其棺；既瘗遂行，谁守谁瞻？魂单骨寒，无所托依；人谁不死，于汝即冤！……"韩愈痛哭道："汝目汝面，在吾眼旁；汝心汝意，宛宛可忘？！"

这是一篇真情流露的短文，很有感染力，同韩愈载道文章相比，又另是一种文风。而且对于研究韩愈的坎坷身世，也是一篇很有用的材料。铭文更短些，只以极概括的几笔记录下韩愈五年前被贬黜的缘由，用来说明挐病死的时代背景，其中说"愈之为少秋官（刑部侍郎），言佛夷鬼，其法乱治……可一扫刮绝去，不宜使烂漫。天子谓其言不祥，斥之潮州汉南海、揭阳之地"。同时这几句话也表明，韩愈虽已被赦回，但仍认为当时之谏迎佛骨的主张是对的。

从韩愈与欧阳修谈起

欧阳修是很推崇韩愈的，他不满于"宋兴且百年，而文章体裁犹仍五季余习"，立意要有所创新，改革文风，因"得韩愈遗稿于废书篓中，读而心慕焉"，卒成为韩、柳古文运动的继承人。

欧阳修的《醉翁亭记》是他的一篇代表作，但我读到下面这几种话时却有可想：

> 苍颜白发，颓然乎其间者，太守醉也。已而夕阳在山，人影散乱，太守归而宾客从也。树林阴翳，鸣声上下，游人去而禽鸟乐也。然而禽鸟知山林之乐，而不知人之乐；人知从太守游而乐，而不知太守之乐其乐也。醉能同其乐，醒能述以文者，太守也。

这几句写归隐的话，闲适而又狂狷，颇有些戏弄人。

由此而想到韩愈也有写归隐的文章，特别是那篇《送李愿归盘谷序》给人的印象很深，他借李愿之口大大发抒了一通感慨，主要是描写了当时的三种类型的人——

第一种是所谓"人之称大丈夫者"，这种人：

利泽施于人，名声昭于时，坐于庙朝，进退百官，而佐天子出令。其在外，则树旗旄，罗弓矢，武夫前呵，从者塞途，供给之人，各执其物，夹道而疾驰。喜有赏，怒有刑。才畯满前，道古今而誉盛德，入耳而不烦。曲眉丰颊，清声而便体，秀外而惠中，飘轻裾，翳长袖，粉白黛绿者，列屋而闲居，妒宠而负恃，争妍而取怜。

这段话用许多笔墨写"武夫"，写"才畯"，写"粉白黛绿者"……其实写的都是那些炙手可热的"大丈夫"。

第二种是所谓"大丈夫不遇于时"的一类人，这种人：

穷居而野处，升高而望远，坐茂树以终日，濯清泉以自洁。采于山，美可茹；钓于水，鲜可食。起居无时，惟适之安……

第三种是那些阿谀奉承的门客，这种人：

伺候于公卿之门，奔走于形势之途，足将进而趦趄，口将言而嗫嚅，处污秽而不羞，触刑辟而诛戮，侥幸于万一，老死而后止者……

韩愈对这种人的鄙夷跃然纸上。

第二类人的那种隐逸生活诚然恬淡得很，但韩愈要说的，却是希冀有一个"虎豹远迹""蛟龙遁藏"的地方，在这里既没有前述的"大丈夫"，也没有围着"大丈夫"团团转的小人。这是韩愈在还不得意时的一种"理想国",因此如果有这样的地方,他就将"膏吾车兮秣吾马,从子于盘兮,终吾生以徜徉"。这样的归隐生活与欧阳修的《醉翁亭记》是大异其趣的。

《送李愿归盘谷序》是韩文中的精品,欧阳修认为"晋无文章,惟陶渊明《归去来辞》一篇而已",苏东坡则认为"唐无文章,惟韩退之《送李愿归盘谷序》一篇而已",甚至说:"平生欲效此作,每执笔辄罢。因自笑曰:'不若且放,教退之独步。'"刘大櫆说这篇文章"行文浑浑,藏蓄不露",认为它"兼取偶俪之体,却非偶俪之文"。恽敬说:"字字有本,句句自造,事事披根,惟退之有此!"

韩愈的书法

1980年第6期《书法》刊有韩愈的行草书"鸢飞鱼跃"四个字的拓本和草书王维《白鹦鹉赋》的刻本。这是我首次见到的韩愈书法。

同期《书法》有杨璋明文《韩愈的书论及其作品》,介绍了"鸢飞鱼跃"是在被贬为阳山令后所写的自勉词,留下的是石刻朱拓,墨迹已不存。此本是清乾隆四十七年(1782)广东阳山县令何健(湖南长沙人),从一士人家发现其真迹后勒之于石传下来的。何健有跋语曰:"韩公大字,世罕见之,乾隆壬寅,健秉铎阳山,得四字于士人家,为之勒石。"拓片上方中央钤有"阳山县印钤记"的朱文官印一枚,引首处镌有"韩公旧藏"之白文印一颗。

《白鹦鹉赋》草书,杨文称据《寰宇访碑录》记载,此碑在广东海阳(即今之广东潮安),是韩愈出贬潮州刺史时的作品。

这两件作品苍劲雄浑,很有气魄,一如其人和其文。更重要的,这两件都是韩愈被贬时留下的,其飞扬厚重透露出韩愈耿直的品格,与《御史台上论天旱人饥状》《论佛骨表》,以及《送区册序》《祭鳄鱼文》等同时期文章的格调浑然一体,愈可想见退之风骨。

韩愈的散文

杜牧有句云：

> 杜诗韩集愁来读，
> 似倩麻姑痒处搔。
> 天外凤凰谁得髓？
> 无人解合续弦胶。

意思是说杜甫诗、韩愈文，后无来者。他们二人的共同点，一是意新语工，再是都为了某种伦理道德背负着沉重的包袱。他们活得很不轻松。一个"语不惊人死不休"，一个"唯陈言之务去，戛戛乎其难哉"，真是吃力得很。

杜诗韩集，我都是在幼年就开始读的，读多了、久了，知其然不知其所以然地也认同了一些老先生的看法——先秦两汉以来，唯杜、韩而已。讵料几十年后，杜、韩都在"评法批儒"中遭了厄运。杜甫成了李白的对立面；韩愈则沦为被封为"法家"的柳宗元的对立面。那时我很为杜甫、韩愈打抱不平，不过这在当时真是小焉而又小焉的事情。

后来，我颇想给韩愈写点儿"翻案"文章，于是把《韩昌黎集》一目十行地重看了一遍，然而写"翻案"文章云

342

云，却由于"公务"缠身，心有余而力不足了。

大块文章写不出，这里便只说韩愈的散文。

韩愈的知名主要是由于两件事。一是提倡复兴儒学，攘斥佛老；另一件事是倡导与魏晋以来与骈俪文相对立的古文运动。前者反映了韩愈的政治社会思想，属于他的世界观；后者则是体现前者的手段。而后者的成就远远超过前者，所谓"文起八代之衰"。（宋苏轼《潮州韩文公庙碑》）

韩愈是主张"文以载道"的。但对所谓"文以载道"，我认为应该具体分析。如说韩愈的"道"是为封建秩序服务的，这诚然不会错，但是未免失之笼统。恩格斯1890年6月5日在关于易卜生的一封通信中，曾批评过当时有人把法国小资产阶级的特点当作通例，硬套在挪威的小资产阶级身上，他这样说："如果不把唯物主义方法当作研究历史的指南，而把它当作现成的公式，按照它来剪裁各种历史事实，那它就会转变为自己的对立物。"① 同样，对韩愈也不能简单化。韩愈诚然是孔孟之道的忠实卫道者，但是当他接触到现实并把自己的情感融合进去的时候，他每每就飞出了"坐而论道"的樊笼而作不平之鸣。乃有敢于歌哭、激情奔放之作，表现出他的正义感和人民性。他欢呼削平藩镇之乱的战役，如《平淮西碑》；他同情民间疾苦，如《御史台上论天旱人饥状》；他批判宗教迷信，如《论佛骨表》；他为弱者打抱不平，如《为河南令上留守郑相公启》，等等。

一定的时代要求相应的文学。韩愈认为只有先秦两汉

---

① 《马克思恩格斯选集》第4卷，人民出版社1995年版，第688页。

的文风才能反映和针砭现实，所以从消弭骈文的绮靡之风来看，复古倒正是为了出新。历史推动韩愈发扬了萧颖士、独孤及、梁肃等前辈的主张，与同时代的柳宗元等一起，以自己的实践一扫六朝文的纤巧浮华，从此奠定了古文在文学史上的牢固地位，对晚唐以后的散文产生了深远的影响。

说理文在韩愈的文章中占有相当重要的地位。这类文章每每失之枯燥，例如全面阐发韩愈儒家哲理的名篇《原道》就很难引起读者的兴趣。但他有些指谪时弊、驳议谬说的篇章却十分引人入胜，这类文章笔锋常见棱角，具有论战性；一层意思推出另一层意思，使认识逐步深化，又具有思辨性。《原毁》就是一篇与《原道》风格迥异的作品。

文章开始时就摆出了两种截然相反的人：一种人是韩愈心目中理想的士大夫，所谓"古之君子"，他们律己严、待人宽。另一种是"今之君子"，他们对己宽而责人苛刻，并且爱抓人家过去的小辫子，加以打击和诽谤。为什么这些人总要诋毁别人呢？原来这种人害了两种病：一曰"怠"，二曰"忌"，自己不肯上进，还对有高尚修养道德的人，心怀嫉妒，想方设法加以打击。韩愈给这种人画了个素描：

> 吾尝试之矣，尝试语于众曰："某良士，某良士。"其应者，必其人之与也（与"良士"相好的）；不然，则其所疏远不与同其利者也；不然，则其畏也。不若是，强者必怒于言，懦者必怒于色矣。（对别人受到称赞，愤怒溢于言表）
>
> 又尝语于众曰："某非良士，某非良士。"其不应

者，必其人之与也；不然，则其所疏远不与同其利者也；不然，则其畏也。不若是，强者必说（悦）于言，懦者必说于色矣。（听到别人受到指责便喜形于色）

作者从这种人的形象和精神世界中看出一种流行于世的坏风气，就是："事修而谤兴，德高而毁来。"这十个字的确讲得入木三分，也很真实，直到今天我们不是仍然有那种做了好事反而受到讥讽的怪事吗！无怪乎韩愈最后不无愤懑地慨叹道："呜呼！士之处此世，而望名誉之光、道德之行，难已！"

《讳辩》鞭笞了避君讳、避父讳的封建陋习：韩愈劝李贺考进士，有人却非议说，李贺的父亲名晋肃，进士的"进"与"晋"同音，犯了父讳，不应该劝李贺去考。韩愈于是撰文作辩，对这种荒唐的非议进行嘲笑说，如果同音字也要避讳，假如父亲名字叫"仁"，儿子不是连人也做不得吗！这篇文章所辩论的事情在今天当然不成什么问题，但在一千多年前的唐朝，就需要些勇气了。《师说》和《进学解》也是说理文的精品，其中许多话至今仍脍炙人口，例如《师说》提出不分老少应当"不耻相师"的开明的教育思想；《进学解》提出了"业精于勤荒于嬉，行成于思毁于随"的箴言。

《新唐书·本传》说韩愈"性明锐，不诡随"。韩愈的文章也常有这种性格。当发现错误的事，即使涉及皇帝，也如骨鲠在喉，不吐不快，最突出的例子就是"忠犯人主之怒"（苏轼语）的《论佛骨表》，他在文中尖锐地指责唐宪宗兴师动众地带头迎奉佛指骨，致使百姓放弃了正业，竞相仿效，有的不惜"焚顶烧指"以示虔敬，闹得乌烟瘴气。韩愈说如果不加禁止，早晚非闹出伤风败俗的笑话来不可！他说，佛骨无非是一块枯骨，不值得这样供奉，应该投诸水火，免得它继续惑众；如果佛要降罪，就让我韩愈顶着吧！言语铿锵，使人感到韩愈憨直可爱。这篇文章写于平定淮西藩镇之后的两年，淮蔡为乱达五十年终于被削平了，这是唐王朝的一大胜利，但是全国的统一并不巩固，显然这样大搞愚昧迷信活动对于国家的稳定是极为不利的。

韩愈的描写文非常丰富多彩，单纯描写景物的不多，写人状物都离不开对社会现象的或讽或喻，或褒或贬，所以多有不同程度的社会意义。《送李愿归盘谷序》就是十分杰出的一例，它借送李愿归隐抒发了内心对官场的不满。其运用文字的水平在韩文中也属上乘。文章的主体是用李愿的话刻画了全然不同的三种类型的人。第一类所谓"士大夫"这样出场：

> （他们）利泽施于人，名声昭于时，坐于庙朝，进退百官，而佐天子出令。其在外，则树旗旄，罗弓矢，武夫前呵，从者塞途，供给之人，各执其物，夹道而疾驰。喜有赏，怒有刑。才畯满前，道古今而誉盛德，入耳而不烦。曲眉丰颊，清声而便体，秀外而惠中，飘轻裾，翳长袖，粉白黛绿者，列屋而闲居，妒宠而负恃，争妍而取怜。

你看这类权势们的排场：随从们狐假虎威、前呼后拥，把路都堵塞了；门客似在耳边阿谀奉迎、趋炎附势；姬妾们争妍取怜，列屋闲居……文章使用了许多排比句，一气呵成，权贵们炙手可热、耀武扬威的气势一览无余。第二类人是隐居者，他们是怎样的呢？

> 穷居而野处，升高而望远，坐茂树以终日，濯清泉以自洁。采于山，美可茹；钓于水，鲜可食。起居无时，惟适之安……

比起前者的雍容而鄙俗来，是何等超脱而闲适！同上述两类人都不同的第三类人是那种靠拍马屁、抬轿子向上爬的小人，这种人：

> 伺候于公卿之门，奔走于形势之途，足将进而趑趄，口将言而嗫嚅，处污秽而不羞，触刑辟而诛戮，侥幸于万一，老死而后止者，其于为人贤不肖何如也！

一副可怜而卑微的样子跃然纸上，对这类人韩愈着墨不多，而且是在对比了前两种人之后顺便带出来的，但每句话都流露出韩愈对这种没有灵魂的人的蔑视。

最后一段韩愈为李愿祝酒而歌，为全文画龙点睛：韩愈对这个世道真熟悉透了，何等向往像盘谷这样的"虎豹远迹""蛟龙遁藏"的地方呵！韩愈真想给车加足了油，喂饱了马，跟李愿一块儿去优哉游哉一辈子！

韩愈写事的特色是简古而生动。《张中丞传后叙》是为李翰的《张中丞传》写的后叙，是一篇有司马迁之风的史传，文章于简洁中见激情，集中描绘了许远、张巡、南霁云三个大将，突出了睢阳城破、张巡等被执和慷慨就义等几个关键情节，一下子把矛盾推向高处，气氛顿然紧张起来。作者善于抓住人物的瞬间举止来凸显其精神面貌。张巡就义是全文的高潮，但韩愈给予它的只是简练而有力的几笔。

> 及城陷，贼缚巡等数十人坐，且将戮，巡起旋，其众见巡起，或起或泣，巡曰："汝勿怖！死，命也。"众泣，不能仰视。巡就戮时，颜色不乱，阳阳如平常。

"且将戮，巡起旋"六个字写活了当时情景。全篇极少有怪僻字，就像说书一样紧紧扣住读者的心弦。

《毛颖传》也是模仿《史记》笔法的作品，但情调与上一篇完全不同，它亦庄亦谐地借叙毛笔的历史讽喻统治者的寡恩少情，人格化的毛笔辛勤一世终因年老发秃而被辞退回乡了。张籍认为这种"戏谑之言"，不足成章。柳宗元却极推崇，并写了专文介绍。唐朝李肇《国史补》也认为是精品，其才"不下史迁"。这篇《毛颖传》有史传文风，同时又是一篇幽默的寓言，也近于设幻为文的传奇小说，在韩文中是别具一格的。

如说《张中丞传后叙》和《毛颖传》师承了太史公，那么《平淮西碑》的序文则是《尚书》笔法，它以古朴的笔触把淮西战役从决策、誓师到班师回朝的全过程，写得绘声绘色，气势磅礴，确是一篇写战争的宏文。

韩愈写这篇碑文正是他得意的时刻，唐宪宗在他的心目中是一位英明神武的"中兴之主"，裴度是一位气宇轩昂的"贤相"。李纯之调兵遣将、淮西战役之军事场面、官军入蔡之军威武绩、唐王朝对被收复的淮蔡的政策、蔡人对唐所施政策的反应、淮蔡被平对其余藩镇可能产生的影响等等，像电视连续剧一样，一幕一幕地演下去，很是耐读、耐看。韩愈渴望唐王朝出现一个中兴盛世，奉诏撰文自是得了厚遇，因此在碑文里刻意求工、酣畅淋漓地描写了战役的前前后后。韩愈按捺不住内心的喜悦写道："既定淮蔡，四夷毕来；遂开明堂，坐而治之。"一种大一统的升平气象，在韩愈的头脑里已见端倪了。

诚然，《平淮西碑》的命运很糟，由于与唐王室沾亲带故的李愬（他的妻子是唐安公主的女儿）对于碑文突出了裴度的作用感到气不平，便派人毁了韩愈的碑文，召翰林学士段文昌另拟碑文。很快，韩愈即因《论佛骨表》事坐贬。但韩撰《平淮西碑》仍流传下来了，段文昌写的碑文反倒湮没无闻。苏东坡曾见佚名诗曰："淮西功业冠吾唐，吏部文章日月光。千载断碑人脍炙，不知世有段文昌。"李商隐《韩碑》有云："句奇语重喻者少，谗之天子言其私。长绳百尺拽碑倒，粗砂大石相磨治。公之斯文若元气，先时已入人肝脾。汤盘孔鼎有述作，今无其器存其词。"李商隐生于唐宪宗元和八年（813），韩愈时年四十六，李诗与韩文相去不过二三十年。可见唐宋时贤都只知有韩碑，好文章是毁不掉的。

我国古代散文不少是应用文，如墓志铭之类。这类文章率皆因人之请，往往平淡无奇。但是韩愈不拘成法，突破了"谀墓"的旧章，刻画出许多栩栩如生的普普通通的人物，有时插进一两段生动故事，甚至把对死者的善意指责也写了进去。例如：《国子助教河东薛君墓志铭》描绘了能文能武的小吏薛公达在军中比赛射箭的神采；《处士卢君墓志铭》插进了卢公的父亲河南法曹参军卢贻因打抱不平而遭强权迫害的故事；《故太学博士李君墓志铭》举了七个迷信方士金丹而受害的事例，对死者给以惋惜和批评；《南阳樊绍述墓志铭》借评论樊的文章抒发了韩愈自己关于"词必己出"的见解，等等。《试大理评事王君墓志铭》竟别出心裁地在王适生平之后，加上了一段王适求亲的故事，使肃穆的墓志成了诙谐幽默的传奇：

> 初，处士（侯高）将嫁其女，怃曰："吾以龃龉穷，一女怜之，必嫁官人；不以与凡子。"君（王适）曰："吾求妇氏久矣，唯此翁可人意；且闻其女贤，不可以失。"即谩谓媒妪："吾明经及第，且选，即官人。侯翁女幸嫁，若能令翁许我，请进百金为妪谢。"诺许，白翁。翁曰："诚官人邪？取文书来！"君计穷吐实。妪曰："无苦，翁大人不疑人欺。我得一卷书，粗若告身者（文书）。我袖以往，翁见未必取视，幸而听我。"行其谋。翁望见文书衔袖，果信不疑，曰："足矣！"以女与王氏。

文中的三个人物都活灵活现，在墓志铭里演出了一幕小喜剧。

韩愈文章中也不乏矫揉造作、枯燥无味之作。像传世名篇《祭十二郎文》之类，我幼年初读时就不喜欢，几十年后再读，还是不喜欢。原因就是觉得它太雕琢。有些描写感情的文字，要在恰到好处，过了头便觉肉麻，反倒不如"尽在不言中"了。

韩文是极为绚丽多彩的，题材和体裁多种多样，综合来看有哪些特色呢？照我说就是他自己说的两条：一条是"大凡物不得其平则鸣"（《送孟东野序》），即因情而发，言之有物，否则无病呻吟，不管辞藻多么华丽，也算不得好文章。第二条是要"唯陈言之务去"（《答李翊书》），即行文炼字要有创造。在韩愈的大量作品中，瑕瑜互见，但凡比较成功的都不同程度地体现了上述两条主张。此外，韩愈之改革文风文体，虽是适应时代的需要，但他却不像白居易写诗求其"老妪能解"，而是过于执迷于先秦两汉，所以意在创新却仍难免泥古，以致难于完全像他自己所说的那样"师其意，不师其辞"（《答刘正夫书》），有的文章便流于古奥晦涩，正如茅盾同志所说："从韩愈到李梦阳，他们又都逃不出同样的矛盾：他们反对形式主义，但他们自己也陷入于另一形式主义。"（《夜读偶记》）这正是韩愈的毛病。

漫话韩愈治史

　　夜不成寐，随手翻阅唐范摅《云溪友议》，看到其中讲了这样一件事：唐宪宗时史馆里有位叫刘轲的秀才，修史时凡朝中功过，悉欲书之，以冀人惕厉。但是照直写怕惹事，不写又觉得有失史职，因而踌躇不决，整日价无精打采。韩愈见了，正色说："史馆国之枢机也，其如沉湎之醉何！"

　　这样的话，正史里似未见过，倒是见到韩愈在一封信里对同一个刘轲说过另一种意思的话，他说："夫为史者，不有人祸，则有天刑，岂可不畏惧而轻为之哉？"并且说，我老了，史馆的事还是你们年轻人去做吧。后来，这些话被柳宗元狠狠地批了一通："退之之恐，唯在不直，不得中道，刑祸非所恐也。"韩愈好作狂语，容易让人抓辫子。其实，韩愈正是由于太过迂直，所谓"性方道直，介然有守，不交势利"（白居易语），才一辈子被贬三次，最后一次落得"一封朝奏九重天，夕贬潮州路八千"。责以"不直"，未免冤枉。韩愈这里是正话反说。在同一封信里，他讲到了治史的难处，说，在"传闻不同，善恶随人所见，甚者附党、憎爱不同"的情况下，"巧造语言，凿空构立"，岂能取信于人、传诸万世呢？这才是他心里的话。"附党"云云，显指王伾、王叔文朋党用事；韩柳于此不同道（韩恶二王，柳附二王），韩愈固然语带影射，柳以"不得中道"责之，其寓意亦甚明。

其后韩愈还是奉诏修了《顺宗实录》。他上疏说，《实录》"削去常事，著其系于政者……忠良奸佞，莫不备书；苟关于时，无所不录"。这五卷《实录》，确实纵笔直书者有之，皮里阳秋者有之，而其史料价值尤不可忽。陈寅恪先生说："韩退之与俱文珍有连，其述永贞内禅事，颇袒文珍等，其公允之程度，虽有可议，而其纪内廷宦官非属一党及压迫顺宗拥立宪宗之隐秘诸端，转可信赖。"事涉"禁中"内幕，如何便说得！所以新旧《唐书》都说"宦竖不喜，訾其非实"，多次怂恿皇帝下诏"刊正"。不过韩愈的《顺宗实录》终于还是收进了《昌黎外集》，总算没有湮没。

韩愈做史官的时间不算长，只这五卷《实录》还屡遭窜改，就像他写《平淮西碑》，立了碑还要被推倒、碑文被磨掉，让段文昌重写，理由是韩愈写的碑文亲裴（度）疏李（愬）。李商隐《韩碑》中说："句奇语重喻者少，谗之天子言其私。长绳百尺拽碑倒，粗砂大石相磨治。"但那碑文写得实在好，所以"公之斯文若元气，先时已入人肝脾"。后来苏东坡谪官过江陵旧驿在墙上还看到佚名诗一首，其中两句是："千载断碑人脍炙，不知世有段文昌。"可见好文章是毁不掉的。

古之史官需为尊者讳。如李渊初时曾称臣突厥，史官多所讳饰。对于所谓"玄武门之变"，房玄龄等为太宗讳，在上呈史录前做了些手脚，反倒是李世民自己发现"语多隐微"，说要写明才恢复过来的。

冯友兰先生说，写的历史与本来的历史并不是一回事，其间是原本和摹本、原形和影子的关系；写的历史永远要重写，所以历史学家永远有事可做。信是通人之语。

韩柳史辩始末

唐德宗贞元十九年癸未（803），韩愈拜监察御史。冬，贬连州阳山令。

遭贬之由有二说。宋洪兴祖制《韩子年谱》（以下简称《洪谱》）、《顺宗实录》云："是时春夏旱，京畿乏食，实（京兆尹李实）一不介意，方务聚敛征求，以给进奉，勇于杀害，人吏不聊生。""自博士拜监察御史，是时有诏以旱饥蠲租之半，有司征愈急，韩愈与张署、李方叔上疏，言关中天下根本，民急如是，请宽民徭而免田租之弊。天子恻然，卒为幸臣所谗，贬连州阳山令。幸臣，李实也。"依此说愈因幸臣之谗遭贬。

另一说，史云："公（愈）上章数千言，论'宫市'，德宗怒，贬阳山令。"

韩愈被贬，疑受谗谤。疑及柳宗元、刘禹锡传言。《寄三学士》诗云："同官尽才俊，偏善柳与刘。或虑语言泄，传之落冤仇。"时柳刘同为御史。洪兴祖谓，《岳阳楼别窦司直》云："爱才不择行，触事得谗谤。"《永贞行》云："吾尝同僚情可胜。"

又说愈被贬系为王叔文、韦执谊等所排，而柳刘在政治上近王党，与韩愈为两路。柳刘不必为此谤韩，韩亦只疑私下交谈被传出而致祸。此说无明文可证。

顺宗永贞元年乙酉（805），遇大赦，移江陵法曹参军。

宪宗元和元年丙戌（806），夏，召为国子博士。二年丁亥（807），分教东都生。四年己丑（809），改都官员郎，守东都省。五年庚寅（810），为河南县令。六年辛卯（811），行尚书职方员外郎。七年壬辰（812），春，复为国子博士。

元和八年癸巳（813），春，守尚书比部郎中、史馆修撰。《新唐书》云：愈"数黜，官又下迁，乃作《进学解》以自喻。执政览之，奇其才"。《旧唐书》云："执政览其文而怜之，以其有史才，改比部郎中、史馆修撰。"《旧唐书》多了一个"有史才"，所以叫他修史。但是，韩愈入馆不修史。现在该进入韩柳史辩的正题了。

有刘希仁者劝其既入馆，当笔削。

据《洪谱》，韩愈于六月九日有《答刘秀才书》，内云："自古为史者，不有人责，必有天灾。"

全文如下：

　　六月九日，韩愈白秀才，辱问见爱，教勉以所宜务，敢不拜赐。愚以为凡史氏褒贬大法，《春秋》已备之矣。后之作者在据事迹实录则善恶自见。然此尚非浅陋偷惰者所能就，况褒贬邪！孔子圣人作《春秋》，辱于鲁卫陈宋齐楚，卒不遇而死。齐太史氏兄弟几尽。左丘明纪春秋时事以失明。司马迁作《史记》刑诛。班固瘐死。陈寿起又废，卒亦无所至。王隐谤退死家。习凿齿无一足。崔浩、范晔赤诛。魏收夭绝。宋孝王诛死。足下所称吴兢，亦不闻身贵而今其后有闻也。夫为史者，不有人祸，则有天刑。岂可不畏惧而轻为之哉！唐有天下二百年矣。圣君贤相相踵，其余文武之士，立功名跨越前后者，不可胜数。岂一人卒卒能纪而传之邪？仆年志已就衰退，不可自敦率。宰相知其无他才能，不足用，哀其老穷龃龉无所合，不欲令四海内有戚戚者猥言之上，苟加一职荣之耳，非必督责迫蹙令就功役也。贱不敢逆盛指，行且谋引去。且传闻不同，善恶随人所见，甚者附党、憎爱不同，巧造语言，凿空构立，善恶事迹，于今何所承受取信，而可草草作传记令传万世乎？若无鬼神，岂可不自心惭愧；若有鬼神，将不福人。仆虽骏，亦粗知自爱，实不敢率尔为也。夫圣唐钜迹，及贤士大夫事，皆磊磊轩天地，决不沉没。今馆中非无人，将必有作者勤而纂之。后生可畏，安知不在足下？亦宜勉之。愈再拜。

刘秀才对韩愈此信有何回应，不详。第二年，元和九年甲午（814）正月二十一日，柳宗元函愈驳之甚厉。文曰：

正月二十一日，某顿首十八丈退之侍者：前获书言史事，云具《与刘秀才书》，及今乃见书稿，私心甚不喜，与退之往年言史事甚大谬。若书中言，退之不宜一日在馆下，安有探宰相意，以为苟以史荣一韩退之邪？若果尔，退之岂宜虚受宰相荣己而冒居馆下，近密地，食奉养，役使掌固，利纸笔为私书，取以供子弟费？古之志于道者，不若是。且退之以为纪录者有刑祸，避不肯就，尤非也。史以名为褒贬，尤且恐惧不敢为，设使退之为御史中丞大夫，其褒贬成败人愈益显，其宜恐惧尤大也。则又将扬扬入台府，美食安坐，行呼唱于朝廷而已耶？在御史犹尔，设使退之为宰相，生杀、出入、升黜天下士，其敌益众。则又将扬扬入政事堂，美食安坐，行呼唱于内廷外衢而已耶？何以异不为史而荣其号、利其禄也？又言："不有人祸，则有天刑。"若以罪夫前古之为史者然，亦甚惑。凡居其位，思直其道，道苟直，虽死不可回也；如回之，莫若亟去其位。孔子之困于鲁卫陈宋蔡齐楚者，其时暗，诸侯不能行也；其不遇而死，不以作《春秋》故也。当其时，虽不作《春秋》，孔子犹不遇而死也。若周公、史佚，虽纪言书事，犹遇且显也，又不得以《春秋》为孔子累。范晔悖乱，虽不为史，其宗族亦赤。司马迁触天子喜怒，班固不检下，崔浩沽其直以斗暴虏，皆非中道。左丘明以疾盲，出于不幸；子夏不为史亦盲，不可以是为戒，其余皆不出此。是退之宜守中道不忘其直，无以他事自恐。退之之恐，唯在不直，不得中道，刑祸非所恐也。凡言二百年文武士多有，诚如此者。今退之曰：我一人也，何能明？则同职者又所云若是，后来继今者又所云若是，人人皆曰"我一人"，则卒谁能纪传之耶？如退之但以所闻知孜孜不敢怠，同职者、后来继今者亦各以所闻知孜孜不敢怠，则庶几不坠，使卒有明也。不然，徒信人口语，每每异辞。日以滋久，则所云磊磊轩天地者，决必沉没，且乱杂无可考，非有志者所忍恣也。果有志，岂当待人督责迫蹙然后为官守耶？又凡鬼神事，渺茫荒惑无可准，明者所不道。退之之智而犹惧于此？今学如退之，辞如退之，好议论如退之，慷慨自谓正直行行焉如退之。犹所云若是，则唐之史述其卒无可托乎？明天子、贤宰相得史才如此，而又不果，甚可痛哉？退之宜更思，可为速为；果卒以为恐惧不敢，则一日可引去，又何以云"行且谋"也？今当为而不为，又诱馆中他人及后生者，此大惑已。不勉己而欲勉人，难矣哉！

柳宗元对韩愈的批判可称得上"义正词严"，只是有些像"正面教育加大批判"的姿态。而韩愈所论可以让人钻空子、抓辫子的地方很多——如同给柳子厚抓住的那样——但是，如说"传闻不同，善恶随人所见，甚者附党、憎爱不同，巧造语言，凿空构立"等之难以"承受取信"，却是历来的实情。这怕也因被贬阳山等等的经历。其实柳宗元也该知道秉笔直书的难处，因更有所感。两书相较，反觉韩书比柳书多了些真性情。试以王、韦党为例，韩、柳所附不同，如何写法！板起面孔来讲大道理，总觉得有些矜持。

韩愈对柳函有无反应，未得见。

1995 年 12 月 28 日

韩柳史辩始末续一

韩愈还是修了《顺宗实录》，但其遭遇恰证明他在《答刘秀才书》中的担心，并不是没有道理的。

《旧唐书》云："时谓愈有史笔，及撰《顺宗实录》，繁简不当，叙事拙于取舍，颇为当代所非。穆宗、文宗尝诏史官添改，时愈婿李汉、蒋系在显位，诸公难之。而韦处厚竟别撰《顺宗实录》三卷。"

《洪谱》云："按退之作史详略各有意，削去常事，著其系于政者，其褒善贬恶之旨明甚，当时议者非之，卒审定无全篇，良可惜也。史又云：'愈说禁中事颇切直，内官恶之，往往于上前言其不实。'此言是也。"

洪兴祖所言不虚，其谏"宫市"，斥"五坊小儿"等均是，其后更有《论佛骨表》，等等，可证。所以，韩愈对修史的顾虑，不无道理。宗元责以"不守中道"，于"人祸天刑"上大做文章，语虽严峻，而情多矫饰耳。

1995 年 12 月 29 日

韩柳史辩始末续二

韩愈《顺宗实录》（以下简称《实录》），在韩本人言之，是务求必信的。《进顺宗皇帝实录表状》略云：

> 臣愈言：今之所以知古、后之所以知今，不可口传，必凭诸史……去八年十一月，臣在史职，监修李吉甫授臣以前史官韦处厚所撰《先帝实录》三卷，云未周悉，令臣重修。臣与修撰左拾遗沈传师、直馆京兆府咸阳县尉宇文籍等，共加采访，并寻检诏敕，修成《顺宗皇帝实录》五卷，削去常事，著其系于政者，比之旧录，十益六七，忠良奸佞，莫不备书；苟关于时，无所不录。吉甫慎重其事，欲更研讨，比及身殁，尚未加功。臣于吉甫宅取得旧本，自冬及夏，刊正方毕，文字鄙陋，实惧尘玷。

《旧唐书》谓，内臣不喜愈录，帝命韦处厚刊正，与韩表所说恰相反。另文宗令路隋刊正贞元、永贞诸事，《路隋传》有记。

愈深恶王叔文、王伾，《实录》述二王结党极详，柳宗元、刘禹锡附二王，《实录》亦及之。如卷五有云：

叔文，越州人，以棋入东宫，颇自言读书知理道，乘间常言人间疾苦。上将大论宫市事，叔文说中上意，遂有宠。因为上言某可为将、某可为相，幸异日用之。密结韦执谊，并有当时名欲侥幸而速进者陆质、吕温、李景俭、韩晔、韩泰、陈谏、刘禹锡、柳宗元等十数人，定为死交；而凌准、程异等又因其党而进，交游踪迹诡秘，莫有知其端者。

韩柳间隙，实际上是很深的。《答刘秀才书》中所谓"附党、憎爱不同"显有所指；而柳宗元以论史责韩之厉，盖亦有因。

对《实录》，唐孙樵《与高锡望书》略云：

文章如面，史才最难。到司马子长之地，千载独闻杨子云。唐朝以文索士，二百年间，作者数十辈，独高韩吏部。吏部修《顺宗实录》，尚不能当孟坚，其能与子长、子云相上下乎？……今世俚言文章，谓得史法，因牵韩吏部曰，如此如此。樵不知韩吏部以此欺后学耶，韩吏部亦未知史法耶？

钱基博先生撰《韩愈志》，其《韩文籀讨集第六》中有云：

卷六之十，《顺宗实录》：一事之叙，必溯原委；

一人之见，具详生平，皮里阳秋，具见经营，与普通排比作日记簿者不同。本集进《顺宗皇帝实录表状》，自称："削去常事，著其系于政者，比之旧录，十益六七，忠良奸佞，莫不备书；苟关于时，无所不录。"颇能自道其实。惟记王伾王叔文，未能其平；嘉定王鸣盛西庄著《十七史商榷》，力辩之，又过求详实，未能精简老健；亦与生平笔力不称。

陈寅恪先生从治唐政治史评《实录》，以《实录》于揭露永贞内禅之隐秘甚有用，曾著文《顺宗实录与续玄怪录》，载《北京大学四十周年纪念论文甲编》。我未之见。寅恪先生《唐代政治史略稿》（手写本）第 174 页有云：

> 宪宗之皇位继承权本不固定，其得立为帝，实由俱文珍等之力，而文珍又与李忠言异趣，故内廷之文珍等竟胜，则王伾王叔文固不待论，而外廷之士大夫韦执谊、刘禹锡、柳宗元等亦不得不退败矣。韩退之本与俱文珍有连，其述永贞内禅事，颇袒文珍等，其公允之程度虽有可议，而其纪内廷宦官之非尽属一党及压迫顺宗拥立宪宗之隐秘诸端转可信赖。唯其如此，后来阉寺深不欲人知之，所以屡图毁灭此次禁中之政变史料也。

《实录》的史料价值，陈寅恪先生于此已备言之，足补旧史笼统记事之缺；而韩柳之不同道亦已明矣。故韩柳史辩，非关治史之方，"人祸天刑""恐在不直"，均托词也。

唐代朋党是唐代政治斗争一大特点，几无是非可言。王伾等上论官市，韩愈亦有谏，意见并无不同，所不同者，"附党"之故，韩非党，且恶之，此是韩柳异道之故。近治史者多偏二王，命为"永贞革新"，此诚左右画线法，甚幼稚也。

另，白居易《韩愈比部郎中史馆修撰制》有云：

> 大学博士韩愈，学术精博，文力雄健，立词措意，有班、马之风。求之一时，甚不易得。加以性方道直，介然有守，不交势利，自致名望。可使执简，列为史官。记事书法，必无所苟。仍迁郎位，用示褒升。可依前件。

又，宋蔡启《蔡宽夫诗话》云：

> 退之阳山之贬，史不载所由，以其诗考之，亦为王叔文、韦执谊等所排尔。所谓"伾、文未揃崖州炽，虽得赦宥常愁猜"是也。时柳子厚、刘禹锡同为御史，二人于退之最为厚善，然至此不能无疑。故其诗云："同官尽才俊，偏善柳与刘。或虑语言泄，传之落冤仇。二子不宜尔，将疑断还不。"盖伾、文用事时，亦极力网罗人物，故韩、柳等皆在彀中。然退之岂终为人役者，虽不能自脱离，而视刘、柳终有间。及其为《永贞行》，愤疾至云"数君匪亲岂无朋"，又曰"吾尝为僚情可胜"，则亦见其坦夷尚义待朋友始终也。

宋马永卿《嫩真子》云：

> ……既贬未几，有八司马之事。使退之不退，与刘、柳辈俱陷党中，则终身禁锢矣。或云：退之岂与柳、刘辈同乎？仆曰：退之前诗又云："同官尽才俊，偏善柳与刘。"使其不去，未必不落党中。

宋葛立方《韵语阳秋》亦引《江陵途中》《岳阳别窦司直》《和张十一忆昨行》《永贞行》等，谓：

> 则知阳山之贬，伾、文之力，而刘、柳下石为多……

宋严有翼《柳文序》中云：

> 子厚不幸，其进于朝，适当王叔文用事之时，叔文工言治道，顺宗在东宫，颇信重之，迨其践阼，方欲有为施为，然与文珍、韦皋等相忤，内外诮谤，交口诋诬，一时在朝，例遭窜逐，而八司马之号纷然出矣，作史者不复审订其是非，第以一时成败论人，故党人之名，不可湔洗。

宋王十朋《梅溪王先生文集》中《和〈永贞行序〉》略云：

> 予自少喜读柳文，而不忍观其传，惜其名齐韩愈而

党陷叔文也。退之与柳善，及作《顺宗实录》，未尝假借公议之不可屈也如此。戊辰仲冬二十有二，夜读韩诗《永贞行》，至"吾尝同僚情可胜"之句，则知退之虽恶伾、文，亦未能忘情于刘、柳辈也。予既追和其韵，遂于八司马中独详及柳，盖惜其人而深责之耳。

韩柳之关系，实非黑白可判，王十朋之分析大可参考：

韩愈、柳宗元俱以文鸣于唐世，目曰韩、柳。二人更相推逊，虽议者亦莫得雌雄之。然其好恶议论之际，颇多不同者。韩排释氏甚严，其《送浮屠序》责子厚不以圣人之道告；柳谓释氏之说与《易》《论语》合，且讥退之知石而不知韫玉。韩谓世无孔子则已不在弟子列，作《师说》以号召后学；柳则以好为人师为患，有《师友箴》，有答韦、严二书，且有雪白之喻，又有毋以韩责我之说。韩著《获麟解》以麟为圣人之祥，《贺白龟表》以龟为获蔡之验；柳则作《正符》，诋谈符瑞者为淫巫瞽史。韩碑淮西，归功裴度而不及李愬；柳于裴、李则各有雅章。韩以作史有人祸天刑之可畏；柳则移术以辩之；韩以人祸、元气为天所罚；柳则著论以非之。其指意不同，多此类者。且退之名在子厚《先友记》中，盖其父兄行，且年又长柳，宜以兄事之可也。然韩每及柳则字而称之；柳语及韩则斥而名之尔。抑又何耶？今二文并行于世，学者之所取法，真文章宗匠也。然读其文，切疑二人阳若更誉，而阴相矛盾者，不可以不辩。夫韩柳邪正，士君子固能言之，至于议论，则未可因人而轻重。愿与诸君辩其当否。

十朋这段话，讲的理由充足，特别是"二人阳若更誉，而阴相矛盾"二语，至为精当。然"文化大革命"时判为"儒法斗争"，则只是一派胡言，不得引相比附也。

宋洪迈《容斋续笔》则云：

柳子厚、刘梦得皆坐王叔文党废黜。刘颇饰非解谤，而柳独不然……韩退之于两人为挚友，至修《顺宗实录》，直书其事，云：叔文密结有当时名欲侥幸而速进者刘禹锡、柳宗元等十数人，定为死交，踪迹诡秘。既得志，刘、柳主谋议唱和，采听外事。及败，其党皆斥逐。此论切当，虽朋友之义，不能以少蔽也。

韩柳之异趣，至此可备。再读韩愈、柳宗元论史书，其中二人内心奥秘，乃可彰显。

1996 年 1 月 4 日

*

《读韩浅记》手稿选摘

*

读诗浅记

韩愈和李实

韩愈青一次上疏弹劾是在贞元十九年。起因是上一道《御史台论天旱人饥状》，得罪了唐德宗和京兆尹李实。结果韩愈被贬到今广东省境内的阳山，从一手到任不久的监察御史被贬为阳山令。

那几年京畿一带一直是天灾人祸，民不聊生，而贞元十九年又是一个严重的灾年，身为京尹的李实却谎报今岁虽旱而禾苗苦美，主张农民的田赋照缴不误。身作为监察御史的韩愈别不以为然，向德宗如实反映了情况，建议德宗拨出京兆府得缴的当年田赋，以使农民缓一口气。这时的韩愈同谎报缴治的李实是针锋相对的。不久前，韩愈去任去任监察御史时还曾上书为文章几十篇，赞给李实，以为福兄之望，表示对李实的敬慕。（见《上李尚书书》）但心理发现他欺骗德宗，就毫不讲情面地上疏直谏。

李实是什么人呢？他是唐王朝的宗室，高祖李渊的十三道王元懿的世孙，所以是皇室同族；右来韩愈去任史馆修撰时所写的《顺宗实录》中也揭露他靠巧佞而"骤迁至京兆尹",他"恃宠强愎,不顾文法",而且"勇于杀害,人吏不聊生",所以他又是一名酷吏。在《祭河南张员外文》中则斥之为"婉娈",说他"胁肩帖耳,有舌如刀"……是个十足的小人。可见韩愈上疏实是对李实的斗争。

《御史台上论天旱人饥状》是一篇叙事文,它直陈其事,明白晓畅,在不长的篇幅里叙述了京畿诸县的灾情、被灾地区的惨状,以及救灾的建议等等。韩愈对农民的同情心跃然纸上。韩愈到了偏远的阳山后仍保持着对人民的同情,所以《新唐书·韩愈传》说:"为阳山令,有爱在民,民生子,多以其姓字之。"

《御史台上论天旱人饥状》是有其深厚的生活基础的。因为韩愈在这只是徐州宁武节度使张建封幕下的一名推官时,曾经有比较多的机会接触民间疾苦,他往来于徐州和长安之间,目睹水旱兵燹、民生凋敝,感触颇多。《龊龊》、《归彭城》两首诗就描写了他的所见所闻,并且"报国心皎洁,念时涕汍澜",希望有一天能够"排云叫阊阖,披腹呈琅玕",到那时,他就将"刳肝以为纸,沥血以书辞"……"士韩愈有识了兄老批的身影。些乎那时的韩愈已不是朝廷的言官，人做言接，"无由再彫墤"。因而因韩愈谁些调子是伤感的，低沉的，但却感觉得到韩愈多么恋切地希望出现一个同意民生的境地。

因此，"御史台上论天旱人饥此"是他上监察御史台的一个招网的引发点，一篇拍肝沥胆的奏招；而李实，则是他仕途中遇到的第一个敌手。

这次韩愈因李实上疏而被贬。因作表多语的李实欢毒乙其也谄媚了指言，上顺宗时受到贬官的处分，老百姓对他恨之入骨，因此，"街立谊，市皆请事，皆袖瓦砾疽道伺之，实由间道杂免。"由韩愈十其事，他或许得到了一些慰告己。

一川

韩愈 和 张建封

韩愈曾从张建封幕下当过推官。韩对张是很敬重的，也依仰其英武有气象。韩诗写张建封射猎的《雉带箭》，虽主部直写雉鸡中箭落地的情景，但处处见张建封的英姿。

但作为张建封幕僚的韩愈并不是曲意逢迎的，相处
亦见其风骨不苟气概。在贞元十五年（799），韩愈给张建封写
过一封短信，也正涉及射中箭鸡说的这样一段故事：张
雪下令所有下属幕僚必须"晨入夜归"，除生病外谁也不
得随意外出。韩愈认为这是一亲违毛道理的清规戒律，
就写了这封信，说：我恐怕几天也坚立忍不下去，如果我
硬使委制自己不说出来，"抑而行之，必发狂疾，非患疯
病不可"，用人应该"量力为任之，度才而处之才对"。如果一个人
有了职务，难道非困着他不得"晨入夜归"而不能外出吗？我
韩愈素来"不能自衒于高贵之人"，所以有什么说什么，"若
别言不敢尽其诚"，就算"俯首受千里之辱，一步九迟甚苦"，
也只不过就是"升官发财"，对你"戴思"而已；玉手跟你

王孙知己、知己？"列宗也！"这确是一篇莫可名出处的小
品，虚了几处辞意之想互了爱。

　　沈丰西有一封谭渠达对"学做事"的信，用语都多迂腐。
要之似时场钱亦都是纵横上事、不事出古明尚、被认为不
是在往来可以辞意了谭，记处攀谈要场分伟，据辞意意
今日之足球，平道也晚欸矣。）此为教于向自己的顶头上司
宣言，无谓此的是更值得称许的。即今今日、行抑为引之
且不觉狂疾言之有人处立，此等人谁出罪不见得此因了请
此处为氛，毕竟起少些辞意式的骨亲。

　　　　　　　　　　　　　一月

新编版后记

庚子年，疫情年。

这一年发生了很多事，也使很多该做的事情做不成。

2018年先父陈乐民先生去世十周年时，东方出版社决定出版"陈乐民作品新编"。编纂过程中疫情暴发，地球人轮流禁足，许多行业按下了暂停键，出版行业也不例外。禁足期间我甚至觉得过问编辑工作是否还在继续，文集是否还能顺利出版都是不合时宜的。所以，当陈卓先生6月底忽然与我联系，告知编辑工作已接近尾声时，我竟有些惊喜。

父亲离世后，我打开他自己整理的文件档案，走进他的笔墨世界，整理出版他没来得及发表的文稿。父亲的文档在助手的帮助下整理得很清晰，所以他去世后短短一年半的时间里就出版了《启蒙札记》《对话欧洲》《一脉文心》（三联书店）和《给没有收信人的信》（广西师范大学出版社）；2010年北京画院举办了"一脉文心——陈乐民的书画世界"书画展；2014年三联书店出版了"陈乐民作品"；2018年浙江大学出版社出版了书画集《士风悠长》，同年浙江美术馆又举办了"士风悠长——陈乐民文心画事"书画展。

这一切令人欣慰，但我总有些难言的怅惘、失落，甚至虚无。因为无论是作家还是学者，最高兴的事情是看到自己的作品问世，看到自己的著作有人阅读、自己的字画有人欣赏，能与读者特别是青年读者分享、交流自己的思想。然而我父亲没能看到一年内自己四本书的问世，以及之后文集的出版，也没能看到自己的两次书画展。所以，听大家回忆他的人生、分析他的思想或欣赏他的书画时，我只是一个旁观者和局外人，深感若作者缺席，则一切皆无意义。

时间还是多少拉开了我和父亲之间的距离，使我得以理性地看待他——不仅是作为我父亲，而是特定环境中的一位学者，一个人。2018年，因为要整理出版他的作品新编、再版书画集、整理要捐赠的手稿，我从不同角度深入他的文章、笔记、书信、日记、手稿、字画里，透过这些文字，我得以重新发现他，冷静地审视、描述这位学者。

说他学贯中西绝不为过，他的学术领域涉及国际关系、中国历史、欧洲历史、中西哲学、中西交通史、中西文明比较，他写学术著作，也写杂文。我才疏学浅，论及哪个领域都有班门弄斧之嫌。我只想谈谈从他的文字里我看到了一个怎样的人，以及他作为一个有社会关怀的学者留下的遗憾。

父亲的座右铭是"以出世的精神做入世的事情"。他关注社会，愤世嫉俗，心系启蒙，希望写出的东西多少有益于推动中国社会的进步。他的读书、思考、写作与功名利禄无关，与谏言、智库无涉，因此耐得住寂寞，常常只问耕耘，不问收获，享受的是阅读、思考、书写、绘画的过程，而非结果，真正进入了"我思故我在"的境界。

父亲思考很多问题，写下来，却不急于发表，甚至没想去发表。他留下了几百幅笔墨却没想过示人，这是他自己的一片小田地，是修身养性的"静心斋"，那些长幅和整本娟秀的小楷文钞，透着静和净。这时的他就像打坐的高僧，与世隔绝，物我两忘，脱离了世事纷扰。

退休以后，父亲没有行政事务羁绊，没有课题压力，彻底解放了自己，可他却为尿毒症所苦，透析长达十年之久，每周只有一半的时间可以工作。我想，正是这种出世的精神使他得以把平和豁达的心态与激越的头脑风暴结合在一起，有效地利用了极有限的时间和精力。他的大部分作品竟然是这十年写就的。

父亲越来越注重提出问题，而不是给出答案；更在意先让自己明白，而不是刻意说服别人。看他的笔记和日记，困惑、质疑、反思、自我审视远远多于给出结论。有人说他的文章读起来温润内敛，不那么锋芒毕露、咄咄逼人。我想，这不仅是一种文风，更是一种希望与读者平起平坐探讨问题的态度。很多问题他没有机会讨论，也没有时间找到答案。他说他很寂寞，这种寂寞不完全是无人对话，更是精神上的。所幸他又很享受这种寂寞。

我在父亲的笔记本里发现他记下了好几页的思考片断，不知道准备做什么用。比如：

　　——生活中越熟悉的东西越难捕捉，鼻子尖下的东西往往是最后看到的。人，是每日每时都见到的，但最难了解。古今哲学家都是越研究越糊涂。

——自由总是与责任联系在一起的，对别人不负责任的自由，不是真正的自由。

——我们处于两个世界之间，一个已经死了，另一个则无力生出。为此海德格尔坚持认为，哲学家必须考虑到自己所处的时代，必须意识到这个时代所有的黑暗。

——自然科学越研究越明白，社会科学特别是哲学则越研究越糊涂。哲学是永远不会有结论的"打破砂锅问到底"之学。

——治"西学"不谙"国学"，则漂浮无根；治"国学"而不懂"西学"，则眼界不开。文化割弃了传统，就是贫瘠的文化。

…………

他的一首小诗也是这种心境的写照：

> 初冬一场雪，大地洗纤尘。
> 多病似非病，无神胜有神。
> 新书焉可信，旧史亦失真。
> 老至频发问，解疑何处寻？

其实，无论在什么领域，提出问题往往比回答问题更重要。正是因为不断质疑，父亲不满足于停留在国际问题领域，而转向历史，进而转向繁复的哲学思考。生命的最后阶段，他对康德着迷，自称是斗室中的"世界主义者"，到了羽化登仙的地步。而这时的他已经坐了轮椅，几乎站不起来了。

高楼需要坚实的地基。父亲的国学和西学底子深厚，夯实了相当坚固的地基，可惜没有时间把楼盖到他期待的高度。他年近半百才有机会进入学术研究领域。不要说如果他二三十岁就能开始学术研究，哪怕他晚走五到十年，也会到达一座新的学术高峰。虽然相对于他可以利用的有效时间来说他已算是多产，但由于他与很多同时代知识分子一样，不得不将大把的年华洒在曲折的道路上，他没能成为他所崇拜的民国学术前辈那样著作等身的学者。尽管他潇洒地说"休怨时光不予我，来年可是纵漫天"，但对于他这样一个有如此深厚中西文化根基的人本可以达到的高度而言，不能不说留下了太多遗憾。且不说还有多少"欲说还休"。

父亲是乐观的悲观主义者，或者说是悲观的乐观主义者。他在日记里沮丧地说，他写的这些东西似乎没有多少价值，就像棉花掉在地上一样静默无声。但是他又像很多中国知识分子一样，以为社会总是在螺旋式进步，因此还是知其不可而为之。

幸运的是，父亲生前身后不断遇到文化底蕴深厚、敬业、专业而有理想的编辑，是他们的努力，使得他的著作、他的思想火花，甚至思考碎片得以保留下来。东方出版社这次出版"陈乐民作品新编"（九卷），收入了大量未曾结集的文章，包括未曾录入的手稿，共计12万字左右，同时重新整理、编辑各卷篇目，使得每卷的主题更为突出，内在逻辑更加清晰。

这个庚子年必定成为史书上标志性的一年。而就我个人而言，这一年里最值得回忆的就是父亲这部作品新编的问世。

陈丰

2020 年 8 月 18 日于巴黎